最新民事诉讼法

条文对照与重点解读

包冰锋／著

法律出版社 LAW PRESS · CHINA
北京

图书在版编目（CIP）数据

最新民事诉讼法条文对照与重点解读 / 包冰锋著
. -- 北京：法律出版社，2022
ISBN 978 - 7 - 5197 - 6317 - 6

Ⅰ. ①最… Ⅱ. ①包… Ⅲ. ①民事诉讼法 - 法律解释 - 中国 Ⅳ. ①D925. 105

中国版本图书馆 CIP 数据核字(2022)第 007084 号

最新民事诉讼法条文对照与重点解读 **ZUIXIN MINSHI SUSONGFA TIAOWEN DUIZHAO YU ZHONGDIAN JIEDU**	包冰锋 著	责任编辑 张红蕊 装帧设计 汪奇峰

出版发行 法律出版社	**开本** A5
编辑统筹 法规出版分社	**印张** 11　　**字数** 328 千
责任校对 冯高琼	**版本** 2022 年 2 月第 1 版
责任印制 耿润瑜	**印次** 2022 年 2 月第 1 次印刷
经　　销 新华书店	**印刷** 固安华明印业有限公司

地址：北京市丰台区莲花池西里 7 号(100073)
网址：www. lawpress. com. cn　　销售电话：010 - 83938349
投稿邮箱：info@ lawpress. com. cn　　客服电话：010 - 83938350
举报盗版邮箱：jbwq@ lawpress. com. cn　　咨询电话：010 - 63939796

书号：ISBN 978 - 7 - 5197 - 6317 - 6　　**定价**：48. 00 元
凡购买本社图书，如有印装错误，我社负责退换。电话：010 - 83938349

编写说明

为进一步优化司法资源配置，推进案件繁简分流、轻重分离、快慢分道，深化民事诉讼制度改革，提升司法效能，促进司法公正，2019年12月28日第十三届全国人民代表大会常务委员会第十五次会议通过了《关于授权最高人民法院在部分地区开展民事诉讼程序繁简分流改革试点工作的决定》（以下简称《授权决定》）。《授权决定》授权最高人民法院在北京、广东等15个省（区、市）20个城市的305家法院，就优化司法确认程序、完善小额诉讼程序、完善简易程序规则、扩大独任制适用范围、健全电子诉讼规则等，组织开展为期两年的民事诉讼程序繁简分流改革试点工作。

试点期间，试点法院暂时调整适用《民事诉讼法》[1]第三十九条第一款、第二款，第四十条第一款，第八十七条第一款，第一百六十二条，第一百六十九条第一款，第一百九十四条。试点期满后，对实践证明可行的，应当修改完善有关法律；对实践证明不宜调整的，恢复施行有关法律规定。因此，在试点工作即将结束之际，实有必要将试点实践证明行之有效的做法上升为立法成果。在此背景下，2021年12月24日第十三届全国人民代表大会常务委员会第三十二次会议通过了《关于修改〈中华人民共和国民事诉讼法〉的决定》，并自2022年1月1日起施行。本次修法共涉及33个条文，其中修改调整26个条文，新增7个条文。从内容上观察，有20处修改均与民事诉讼程序繁简分流改革试点工作相关，属于有针对性的专项修改，另外13处修改是为了与《民法典》相关规定的表述衔接

[1] 为方便读者阅读，本书中的法律法规名称均省略“中华人民共和国”字样。

一致。

2022年，正值《民事诉讼法》开始实施之时，为了方便广大法律工作者及法律爱好者更好地学习、理解、适用、研究新修改的《民事诉讼法》，编者编写了《最新民事诉讼法条文对照与重点解读》一书，本书的编写体例与特色之处说明如下：

1. 条文对照

本书围绕最新修正的《民事诉讼法》的重点条文进行解读，尤其针对2021年修正的条文特别整理了新旧条文对照表，使读者可以非常清晰地知晓条文增加、删除、修改的内容。为了便于区分和阅读，本书在对照过程中针对不同情况采用了特殊符号："**黑体**"的内容是新法所增加、修改的内容，"~~删除线~~"的内容是2021年所删除的内容。

2. 重点解读

本书对《民事诉讼法》的重点条文进行专门解读并提炼条文主旨，部分条款特设"实用小贴士"，便于读者把握其核心要义。

3. 典型案例

本书从最高人民法院指导案例、参考案例和公报案例中悉心整理出关于民事诉讼程序的典型案例，便于读者对条文的司法适用有着更为直观的理解。此外，读者可以扫描二维码，进入"有章·案例"，查阅案例的相关信息。值得注意的是，《民事诉讼法》在历次修改中条文序号发生了变动，本书附录部分特收录《民事诉讼法》新旧条文序号对照表，请读者结合使用。

如果本书的出版能够为《民事诉讼法》的学习、应用、研究者提供帮助和便利，将是编者莫大的荣幸。囿于编者的水平和时间所限，本书的不足或疏漏之处在所难免，敬请读者不吝赐教。

编　者

2022年1月

目　　录

中华人民共和国民事诉讼法

第一编　总　　则

第四编　涉外民事诉讼程序的特别规定

中华人民共和国民事诉讼法

（1991年4月9日第七届全国人民代表大会第四次会议通过　根据2007年10月28日第十届全国人民代表大会常务委员会第三十次会议《关于修改〈中华人民共和国民事诉讼法〉的决定》第一次修正　根据2012年8月31日第十一届全国人民代表大会常务委员会第二十八次会议《关于修改〈中华人民共和国民事诉讼法〉的决定》第二次修正　根据2017年6月27日第十二届全国人民代表大会常务委员会第二十八次会议《关于修改〈中华人民共和国民事诉讼法〉和〈中华人民共和国行政诉讼法〉的决定》第三次修正　根据2021年12月24日第十三届全国人民代表大会常务委员会第三十二次会议《关于修改〈中华人民共和国民事诉讼法〉的决定》第四次修正）

第一编　总　　则

第一章　任务、适用范围和基本原则

第一条　【立法依据】[1] **中华人民共和国民事诉讼法以宪法**

〔1〕 条文主旨为编者所加，仅供参考，下同。

为根据，结合我国民事审判工作的经验和实际情况制定。

重点解读

本条是关于《民事诉讼法》立法依据的规定。

制定《民事诉讼法》有两个立法依据：

一、《宪法》是制定《民事诉讼法》的法律依据

《宪法》是根本法，是民事诉讼程序的基本保障，是《民事诉讼法》最重要的法源。《宪法》作为立法依据为《民事诉讼法》的制定提供指导原理，其所确立的各项诉讼原则和制度是规定《民事诉讼法》相应原则和制度的依据。《宪法》中关于公民基本权利和义务的规定是《民事诉讼法》规定诉讼参与人的诉讼权利和诉讼义务的依据，具体的民事诉讼权利由《民事诉讼法》依据《宪法》予以规定和确认。

二、我国民事审判工作的经验和实际情况是制定《民事诉讼法》的实践依据

一是吸收我国民事审判工作的经验。从古至今，我国民事审判工作积累了十分丰富的经验，我国《民事诉讼法》的制定和修改应当吸收过往的成功经验与有效做法。例如，我国《民事诉讼法》所规定的法院调解规则，是我国人民法院审理、解决纠纷的一种重要方式，是长期以来我国民事审判工作的成功经验的总结。早期的“马锡五审判方式”强调依靠群众和调查研究，实行审判与调解相结合，将调解作为审理和解决民事纠纷的主要方式。在1982年颁布的《民事诉讼法(试行)》中，确立了“着重进行调解”的原则，即“人民法院审理民事案件，应当着重进行调解；调解无效的，应当及时判决”。1991年《民事诉讼法》将这一原则修改为“自愿和合法”的调解原则，即“人民法院审理民事案件，应当根据自愿和合法的原则

进行调解;调解不成的,应及时判决”。我国法院调解制度的发展历程,是对调解与判决这两种解决民事纠纷方式不断总结经验并得以正确理解、运用的过程。

二是结合我国的实际情况。结合我国的实际情况,主要是指我国《民事诉讼法》对诉讼权利义务、诉讼原则、诉讼制度、诉讼程序的设计和规定必须符合我国的国情,满足我国民事审判工作的实际需要。民事诉讼立法必须从现实国情出发,从实际出发,要始终把我国改革开放和社会主义现代化建设的伟大实践,作为《民事诉讼法》立法的基础。当然,我们也会借鉴外国的有益经验和文明成果,并采取分析、鉴别的态度,从中汲取一些对我们有益、有用的东西。要使民事诉讼立法真正立足于客观实际,从民事审判工作中最突出的矛盾入手,真正解决实际问题,进一步提高《民事诉讼法》的质量,完善我国的民事审判制度构建。

典型案例

郑素霞与海城市验军管理区大王社区居民委员会农村土地承包合同纠纷案[1]

根据《民事诉讼法》第1条“中华人民共和国民事诉讼法以宪法为根据,结合我国民事审判工作的经验和实际情况制定”和第2条“中华人民共和国民事诉讼法的任务,是保护当事人行使诉讼权利,保证人民法院查明事实,分清是非,正确适用法律,及时审理民事案件,确认民事权利义务关系,制裁民事违法行为,保护当事人的合法权益,教育公民自觉遵守法律,维护社会秩序、经济秩序,保障社会主义建设事业顺利进行”的规定,人民法院审理民事案件,要依法查明案件事实,正确适用法律,保护民事诉讼各方当事人的合法权益。本案中,原、被告双方当事人对原告实际居

〔1〕 参见辽宁省海城市人民法院(2019)辽0381民初6179号案例。

住在被告处以及被告已经于2007年收回之前由原告郑素霞承包的6.25亩粮田两项事实没有异议，法院予以确认。经归纳，本案的争议焦点内容为被告于2007年收回原告承包的6.25亩粮田是否具有法律依据，换言之，原告提出的要求被告返还6.25亩粮田的诉讼请求是否具有事实与法律依据的问题。

实用小贴士

一、宪法是民事诉讼法的立法依据。

二、立足实际情况并不是完全不借鉴域外有益经验和成果，而是要求结合本土情况，将域外有益成果进行本土化改造后予以吸收学习。

第二条 【立法任务】中华人民共和国民事诉讼法的任务，是保护当事人行使诉讼权利，保证人民法院查明事实，分清是非，正确适用法律，及时审理民事案件，确认民事权利义务关系，制裁民事违法行为，保护当事人的合法权益，教育公民自觉遵守法律，维护社会秩序、经济秩序，保障社会主义建设事业顺利进行。

重点解读

本条是关于《民事诉讼法》立法任务的规定。

根据本条的规定，《民事诉讼法》有以下几项任务：

一、保护当事人行使诉讼权利，保护当事人的合法权益

诉讼权利是当事人进行诉讼的基础，为保障当事人能够充分地参与诉讼，必须为当事人实施相应的诉讼行为提供充分的保障。为此，我国《民事诉讼法》规定当事人享有广泛的诉讼权利。比如，当事人在诉讼中可以委托诉讼代理人，享有申请回避的权利，有权收集和提供证据，有权

进行主张、反驳以及为查明案件事实进行辩论，有权对自己的实体权益和程序权益在法律规定的范围内自由处置。并且，人民法院对当事人行使诉讼权利予以保护和尊重。为使当事人更清楚地了解自己所享有的诉讼权利，更有效地实施诉讼行为，法院应该发挥积极的作用。

二、保证人民法院查明事实，分清是非，正确适用法律，及时审理民事案件

民事诉讼通过当事人之间具有“竞争性”的攻击与防御活动，对争议的案件事实、当事人诉讼请求的正当性及合法性展开辩论活动，最终由法院对事实进行认定，正确适用法律作出判决。因此，保证人民法院查明案件事实，分清是非，正确适用法律作出判决，是《民事诉讼法》的重要任务之一。

“查明案件事实”，是法院正确适用法律、解决民事纠纷的前提。民事诉讼中所说的事实，实际上是通过证据加以证明的案件事实。为了保证人民法院能够查明案件事实，《民事诉讼法》对证据的种类、收集证据的程序与方法、证据的审查与认定等问题作出了详尽的规定。

“分清是非、正确适用法律作出判决”，是民事诉讼所要达到的目标。当事人在确定审理的范围、主张事实和提出证据方面承担责任；而法院的任务是在当事人主张的范围内基于当事人提供的诉讼资料，正确适用法律作出判决。

“及时审理民事案件”，目的是从立法上保证法院审理案件的效率性。诉讼的效率价值首先意味着迅速、及时地作出判决。

三、确认民事权利义务关系，制裁民事违法行为

确认当事人的权利义务关系和制裁民事违法行为，是民事诉讼的中心任务。人民法院审理民事案件，就是查明和确认当事人之间的权利义务关系。人民法院确认民事权利义务关系主要通过三种方式：原告请求人民法院确认其与被告之间存在或不存在某种民事法律关系；当事人请

求人民法院判令对方当事人为一定行为；当事人请求人民法院改变或消灭其与对方当事人之间现存的民事法律关系。民事违法行为是指违反民事法律规范和侵犯民事权利的行为。其主要包括三类：一是违反合同或者不履行其他义务；二是侵犯国家的、集体的财产；三是侵犯他人的财产和人身权利。《民事诉讼法》的任务之一就是制裁民事违法行为，保障民事主体的合法权益。

四、宣传社会主义法制，教育公民自觉遵守法律

《民事诉讼法》规定的宣传社会主义法制、教育公民自觉遵守法律的任务，主要是通过以下两个途径来实现的：一是通过案件的具体审理，向参与诉讼的当事人以及参与旁听的群众宣传法律。二是案件的具体判决、裁定公之于众之后，对社会产生一种法制教育效应，人们通过法院的判决了解法律的规定，进而正确选择自己的行为。

典型案例

刘江宁、大连易兴物业服务有限公司物业服务合同纠纷案[1]

上诉人是否有权请求人民法院确认停车费收入、广告设施收入归全体业主共有。根据《民事诉讼法》第2条之规定："中华人民共和国民事诉讼法的任务，是保护当事人行使诉讼权利，保证人民法院查明事实，分清是非，正确适用法律，及时审理民事案件，确认民事权利义务关系，制裁民事违法行为，保护当事人的合法权益，教育公民自觉遵守法律，维护社会秩序、经济秩序，保障社会主义建设事业顺利进行。"故《民事诉讼法》的主要任务是分清是非、制裁民事违法行为，保护当事人的合法权益。根据

〔1〕 参见辽宁省大连市中级人民法院(2021)辽02民终8746号案例。

《民法典》第282条的规定："建设单位、物业服务企业或者其他管理人等利用业主的共有部分产生的收入，在扣除合理成本之后，属于业主共有。"据此，上诉人一审诉请的扣除合理成本后的共有部分收入归全体业主共有，业经法律确认。在上诉人未提供证据证明被上诉人违反法律规定，侵害业主共有权，存在民事违法行为的前提下，其提出的此节诉请实质是对法律规定的确认，且不涉及具体争议内容，并不符合诉的要件，因此，就此节诉请亦应驳回上诉人的起诉，基于上节审理焦点所述原因，法院在本判决中一并处理。

实用小贴士

一、除在民事诉讼立法中规定当事人享有广泛的诉讼权利以外，还必须强调人民法院对当事人行使诉讼权利予以保护和尊重。

二、民事违法行为是违反民事法律规范和侵犯民事权利的行为。

第三条　【适用范围】人民法院受理公民之间、法人之间、其他组织之间以及他们相互之间因财产关系和人身关系提起的民事诉讼，适用本法的规定。

重点解读

本条是关于《民事诉讼法》适用范围的规定。

一、法院主管民事案件应当具备的条件

第一，争议主体的法律地位平等。争议主体的法律地位平等，是确定是否属于法院主管的前提条件。第二，当事人争议的内容具有财产权利义务关系或者具有身份权利义务关系。第三，当事人选择向法院提起诉讼。符合上述条件的民事案件，除法院可以主管以外，其他机构如仲裁机

构也可以审理裁决,法院与其他机关、机构对民事案件处理的权限存在一定的交叉,具体由哪一机构、机关主管,取决于当事人的选择。

二、民事诉讼的主体

民事诉讼的主体包括公民、法人和其他组织。公民是指具有一国国籍并享有该国法律所规定的权利,履行该国法律所规定的义务的自然人。我国公民即指具有中国国籍的人。法人是指具有民事权利能力和民事行为能力,并能以自己独立的财产承担民事责任的组织。其他组织,是指合法成立,有一定的组织机构和财产,但又不具备法人资格的组织。外国人、无国籍人、外国企业和组织也可以成为民事诉讼的主体,他们在中国境内进行活动,必须遵守中国的宪法和法律。

三、法院主管的民事案件的范围

法院主管的民事案件的范围包括以下几类案件:

一是由民商事法律、经济法律调整的平等主体之间发生的民商事权益争议。这类案件是法院主管的民事案件的主要组成部分,如合同纠纷、侵权纠纷、涉及知识产权的纠纷、海商事纠纷等。

二是由婚姻编、继承编调整的与婚姻家庭关系有关的纠纷。这类案件具有一定的特殊性,通常会涉及财产和身份两个方面的内容,如离婚案件、收养案件、继承案件等。

三是由劳动法调整的劳动关系所产生的纠纷。劳动争议发生后先进行劳动争议仲裁,当事人对劳动争议仲裁不服的,可以向法院提起诉讼。

四是法律规定的其他案件。这类案件主要指选民资格案件和非诉案件,包括宣告公民失踪案件、宣告公民死亡案件、认定公民无民事行为能力案件、认定公民限制民事行为能力案件、认定财产无主案件、确认调解协议案件、实现担保物权案件等,这类案件的审理适用《民事诉讼法》规定的特别程序。

四、应当与《民法典》相衔接

《民事诉讼法》应当与《民法典》相协调,才能更好地保障民事主体的民事权益。《民法典》第 2 条规定:“民法调整平等主体的自然人、法人和非法人组织之间的人身关系和财产关系。”该规定体现出民法典对民事主体的三元划分,包括自然人、法人和非法人组织。自然人是指因出生而获得生命,并取得民事主体资格的人类个体,是自然形成的主体。法人是指由法律赋予民事主体资格的组织,是为了自然人利益最大化而在法律上拟制的主体。非法人组织是指未获得法人资格,但是在长期社会生活实践中被逐步认可,并且在法律实践中被承认具有某种程度的民事程序法和实体法上享有权利、承担义务与责任资格的组织。同时,《民法典》对作为调整对象的两大关系的顺序进行了调整,将人身关系放在财产关系的前面,这一调整凸显了民法典的人文主义色彩。

典型案例

德国亚欧交流有限责任公司与绥芬河市青云经贸有限公司合作协议纠纷案[1]

根据我国《民事诉讼法》的相关规定,涉外合同或者涉外财产权益纠纷的当事人,可以用书面协议选择与争议有实际联系的地点的法院管辖。双方当事人在合同管辖条款中约定合同签订地法院作为纠纷的管辖法院,符合法律规定,该管辖条款有效。对于双方当事人在原合同基础上签订补充协议,且补充协议签订地点与原合同的签订地点不同的情况,如果补充协议没有对管辖条款作修改,那么原合同中的管辖条款对双方当事人仍具有约束

〔1〕 参见最高人民法院(2006)民四终字第 8 号案例。

力。原合同中约定管辖的条款的效力不因补充协议的签订而改变，当事人之间发生的合同纠纷应当由原合同签订地法院管辖，补充协议的签订地法院无权行使管辖权。本案纠纷为管辖权异议，属于程序问题，解决案件的程序问题应适用法院地法即我国《民事诉讼法》。对此，我国《民事诉讼法》第3条有明确规定，即“人民法院受理公民之间、法人之间、其他组织之间以及他们相互之间因财产关系和人身关系提起的民事诉讼，适用本法的规定”。

实用小贴士

一、《民事诉讼法》的民事主体划分为公民、法人和其他组织；《民法典》对民事主体进行了三元划分，包括自然人、法人和非法人组织。

二、《民事诉讼法》将财产关系放在人身关系之前；《民法典》将人身关系放在财产关系之前。

第四条　【空间效力】凡在中华人民共和国领域内进行民事诉讼，必须遵守本法。

重点解读

本条是关于本法空间效力的规定。

本法的空间效力，是指本法适用的空间范围，也即本法在哪些地方有效。本法的空间效力，是由国家主权原则确定的，即在我国领域，包括我国的领土、领海和领空以及领土延伸的范围。领土，是指中华人民共和国疆界内的所有陆地，包括大陆和岛屿；领海，是指与陆地邻接的一定宽度的领海，中华人民共和国领海的宽度为从领海基线量起12海里；领空，是指领土、领水上空的那部分空间，是国家领土不可分割的重要组成部分。此外，中华人民共和国领域还包括一部分延伸意义上的领土，如航行于国外的中华人民共和国的船舶和飞行器、我国驻外国的使领馆。

无论该民事纠纷是否发生在我国领域内，无论诉讼主体是中国公民、法人和其他组织还是外国人、无国籍人、外国企业和组织，只要在我国领域内进行民事诉讼活动，都必须遵守本法。我国《民事诉讼法》适用下列人员和组织：(1)中国公民、法人和其他组织；(2)居住在我国领域内的外国人、无国籍人以及在我国登记的外国企业和组织；(3)申请在我国进行民事诉讼的外国人、无国籍人以及外国的企业和组织。

典型案例

威尔士公司、英国东化有限公司等公司债券交易纠纷案[1]

凯飞精细公司于2003年9月2日在中华人民共和国辽宁省大连市成立，现股东为林国忠和东化公司。东化公司于2004年4月11日在英属维尔京群岛登记成立，该公司成立时沈亚西为公司董事，2007年8月20日王琦、贾萍的丈夫初冬亦成为该公司董事。2011年12月13日初冬去世。2012年11月13日，沈亚西将所持东化公司的股份全部转让给贾萍。威尔士公司于2012年3月7日在英属维尔京群岛登记成立，王琦为该公司董事。本案系公司债券交易纠纷之诉。《民事诉讼法》第4条规定，“凡在中华人民共和国领域内进行民事诉讼，必须遵守本法”。故关于民事诉讼程序的法律，应适用中华人民共和国法律。

实用小贴士

我国是统一的多民族国家，少数民族地区存在自己独特的民族文化和民族特质，民族自治地方的人民代表大会根据《宪法》和《民事诉讼法》的原则，结合当地民族的具体情况，可以制定变通或者补充规定并在当地适用。在香港、澳门特别行政

〔1〕 参见辽宁省高级人民法院(2020)辽民终758号案例。

区内进行的民事诉讼活动，应当适用当地有关民事诉讼的法律，而不适用本法。

第五条　【涉外民诉同等原则、对等原则】外国人、无国籍人、外国企业和组织在人民法院起诉、应诉，同中华人民共和国公民、法人和其他组织有同等的诉讼权利义务。

外国法院对中华人民共和国公民、法人和其他组织的民事诉讼权利加以限制的，中华人民共和国人民法院对该国公民、企业和组织的民事诉讼权利，实行对等原则。

第六条　【审判权】民事案件的审判权由人民法院行使。

人民法院依照法律规定对民事案件独立进行审判，不受行政机关、社会团体和个人的干涉。

第七条　【审理原则】人民法院审理民事案件，必须以事实为根据，以法律为准绳。

第八条　【诉讼权利平等原则】民事诉讼当事人有平等的诉讼权利。人民法院审理民事案件，应当保障和便利当事人行使诉讼权利，对当事人在适用法律上一律平等。

第九条　【调解原则】人民法院审理民事案件，应当根据自愿和合法的原则进行调解；调解不成的，应当及时判决。

第十条　【审判制度】人民法院审理民事案件，依照法律规定实行合议、回避、公开审判和两审终审制度。

第十一条　【语言文字】各民族公民都有用本民族语言、文字进行民事诉讼的权利。

在少数民族聚居或者多民族共同居住的地区，人民法院应当用当地民族通用的语言、文字进行审理和发布法律文书。

人民法院应当对不通晓当地民族通用的语言、文字的诉讼参与人提供翻译。

第十二条　【辩论原则】人民法院审理民事案件时，当事人有权进行辩论。

重点解读

本条是关于民事诉讼中的辩论原则的规定。

在我国，辩论原则包括以下几个方面的内容：

一、辩论权是当事人进行辩论的基本权能

辩论原则的最重要内容是当事人能够享有和行使辩论权。它建立在当事人诉讼地位平等的基础上，原告提出诉讼请求，应当陈述事实并用证据证明其真实性；被告有权就原告提出的请求、事实、证据进行反驳和答辩，证明原告诉讼请求的不合法性或主张事实的不真实性。双方当事人通过辩论，澄清争议案件的事实，明确双方的民事权利义务关系。当事人包括第三人对诉讼请求有陈述事实和理由的权利，也有对对方当事人的陈述和诉讼请求进行反驳和答辩的权利，以维护自己的合法权益。

二、辩论权贯穿于诉讼的全过程

除特别程序外，在第一审程序、第二审程序和审判监督程序中，均贯穿着辩论原则，允许当事人行使辩论权。当事人不仅可以在各程序的开庭审理阶段行使辩论权，在开庭前的准备阶段也可以行使辩论权。

三、当事人行使辩论权的范围包括实体问题、法律适用问题和程序问题

在民事诉讼中，当事人行使辩论权的范围包括以下三个方面：一是对案件的实体问题进行辩论，例如，所争议的实体法律关系是否存在，原告的诉讼请求和被告的答辩能否成立，有无事实根据等；二是对案件所涉及

的程序问题进行辩论，例如，原、被告是否为本案的正当当事人，诉讼代理人是否合法，受诉人民法院对本案是否享有管辖权等；三是对适用法律问题进行辩论，当事人可以就案件所适用的法律规范提出自己的见解。对以上问题的辩论，应当是当事人之间存在争议的问题，当事人不存在争议的问题无须辩论。

四、辩论包括口头和书面两种形式

双方当事人进行辩论的形式，主要是口头形式的辩论（又称言词辩论），也包括书面辩论。言词辩论主要在开庭审理过程中进行，《民事诉讼法》专门规定了庭审辩论的阶段；书面辩论主要适用于庭审阶段之外，如原告提交起诉状，被告提交答辩状，就是一种书面辩论形式。言词辩论的优势在于双方信息沟通的直接性与及时性，当事人可以及时阐明自身主张或辩驳他人主张。书面形式具有一定的不灵活性，但其优点在于语言表述更为准确。

五、人民法院在诉讼过程中应当保障当事人充分行使辩论权

保障当事人充分行使辩论权主要体现在以下两个方面：一是使当事人了解对方的观点和根据，给当事人必要的准备答辩的时间。起诉状、答辩状以及上诉状要及时送达，保障双方当事人有充分的时间进行信息交流、组织庭前的证据交换等。二是保证当事人当面质证的机会，对当事人的质证内容和质证顺序作详细规定，保障当事人举证质证的权利。

六、经当事人辩论所形成的“材料”应当是法院作出判决的依据

当事人对案件所涉及的事实和证据进行辩论所形成的“辩论材料”，是作为判断事实并最终作出判决的基础材料。任何事实和证据都必须经过当事人的辩论，才能作为定案的依据；凡是未在当事人辩论中显示的内容，都不得进入法院审查判断的范围。

典型案例

江西省南昌百货总公司、湖南赛福尔房地产开发公司与南昌新洪房地产综合开发有限公司合资、合作开发房地产合同纠纷案[1]

关于辩论权问题，首先，一、二审判决认定百货公司享有争议房产1－3层的产权，系根据双方当事人签订的合同、房地产登记部门颁发的有效产权证等证据并结合现行法律规定作出的判定，并非根据另案执行裁定进行认定。其次，即便一、二审判决确系依据另案执行裁定认定百货公司、赛福尔公司对争议房产享有权益，由于上述裁定未被撤销，属有效法律文书，依据有效法律文书认定案件事实并无不当；至于上述执行裁定内容的合法性问题不是本案审查的范围，新洪公司如对以上裁定的合法性存在质疑，应通过执行异议监督程序寻求救济，在本案中不予评判。最后，在本案一、二审诉讼过程中，对于争议房产产权的实体问题，新洪公司已经充分发表了其抗辩主张，对于其所提出的抗辩观点，一、二审法院均作了详尽的分析和评判，其辩论权并未受到限制。

实用小贴士

一、当事人在开庭前的准备阶段也能行使辩论权。

二、当事人可以就案件所适用的法律规范提出自己的见解。

[1] 参见最高人民法院(2011)民申字第777号案例。

第十三条 【诚信原则和处分原则】民事诉讼应当遵循诚信原则。

当事人有权在法律规定的范围内处分自己的民事权利和诉讼权利。

条文对照

2017 年《民事诉讼法》	2021 年《民事诉讼法》
第十三条 民事诉讼应当遵循诚实信用原则。 当事人有权在法律规定的范围内处分自己的民事权利和诉讼权利。	**第十三条** 民事诉讼应当遵循**诚信**原则。 当事人有权在法律规定的范围内处分自己的民事权利和诉讼权利。

重点解读

本条是关于民事诉讼中诚信原则和当事人处分原则的规定。

一、关于诚信原则

民事诉讼诚信原则直接源于民法中诚信原则的确立和适用。《民法典》第 7 条规定："民事主体从事民事活动，应当遵循诚信原则，秉持诚实，恪守承诺。"基于《民法典》将原先诚实信用原则的表述修改为"诚信原则"，为了与《民法典》保持一致，本次《民事诉讼法》修正时，也将诚实信用原则的表述修改为"诚信原则"。民事诉讼中的诚信原则，是指法院、当事人以及其他诉讼参与人在审理民事案件时必须公正、诚实和善意。民事诉讼领域规定诚信原则，是实现诉讼公正的要求，是平衡因社会地位、经济地位的差异导致诉讼失衡的有力工具。

1. 诚信原则对当事人的适用

诚信原则首先表现为对当事人在诉讼中意思自治的限制，具体表现在以下几个方面：

其一，当事人真实陈述的义务。当事人真实陈述的义务简称为“真实义务”，真实义务通常被认为是诚信原则的主要内容。当事人作虚假陈述对法院不具有约束力。如果对于当事人所作的虚假陈述法院也要认定的话，必然会违反诉讼形式上的公正以及实体上的公正。因此，在确立诚信原则之后，当事人在诉讼中所作的虚假自认的事实，对法院不产生相应的拘束力，也即法院不承认自认事实的效力。

其二，当事人促进诉讼的义务。当事人负有促进诉讼的义务，是诚信原则的基本要求之一，这一义务要求当事人在诉讼中不得实施迟延或拖延诉讼行为，或干扰诉讼的进行，应协助法院有效率地进行诉讼，完成审判。这一义务具体体现在：不得迟延提出攻击和防御方法；不得故意申请无理由的回避（回避权的滥用）；不得故意拆分诉讼标的，以规避相应的诉讼程序（如通过拆分诉讼标的使之适用于小额诉讼，由此获得小额诉讼程序带来的利益）；等等。

其三，禁止当事人以欺骗的方法形成不正当诉讼状态。按照诚信原则，当事人不得以欺骗方法形成不正当的诉讼状态，从而获得法规的不正当适用或不适用。例如，原告通过编造虚假的管辖原因事实，从而获得有利于自己的管辖，构成滥用管辖权。根据诚信原则的要求，采取不正当手段获取的对自己有利的诉讼状态，其诉讼行为应当视为无效。

其四，禁止当事人反悔及矛盾行为。禁止当事人反悔及矛盾行为重在保障对方当事人的利益，当事人给予充分的信任而为的行为应当受到法律的保护，不允许当事人事后反悔或采取矛盾的行为损害对方当事人的正当利益。例如，当事人在诉讼中实施了与之前（诉讼中或诉讼外）诉讼行为相矛盾的行为；在对方当事人信赖的前提下，作出违反承诺的行为；等等。

其五，当事人诉讼权能的滥用与丧失。虽然诉讼制度给予了当事人某些权能，但如果当事人没有诚信地行使该权能，也就不能承认该权能行使的利益。在一方当事人长时间不行使诉讼上的权利时，为了保护另一方当事人基于对其不行使权利的有理由的信任而为与这一权利有关联的其他诉讼行为，可以不允许一方当事人行使该权利而妨碍另一方当事人的利益。例如，迟延提出攻击防御方法的行为不予允许。

2. 诚信原则对法院的适用

法院在审理民事案件活动中应当本着诚实、善意的原则进行审判，具体包括以下几点内容：其一，禁止滥用自由裁量权。诚信原则要求法官在处理程序问题和实体问题时，应当以事实为根据，以法律为准绳；在需要实施自由裁量权时，应当根据具体情况本着诚实、善意的心态作出决定。其二，尊重当事人的程序权利，为当事人创造平等的诉讼条件。法官在诉讼中应当平等地对待双方当事人，与双方保持同等的诉讼距离，并为双方提供平等的行使诉讼权利的机会。其三，尊重当事人程序主体地位，禁止实施突袭性裁判。为避免形成突袭裁判，在诉讼过程中，法院应当保障当事人充分辩论的机会。

二、关于处分原则

处分原则，是指在民事诉讼中，当事人有权按照自己的意志支配、决定自己的实体权利和诉讼权利。处分原则的核心内容是可以自行决定是否行使或者如何行使自己的实体权利和诉讼权利。当事人对实体权利和诉讼权利的处分可分为积极处分和消极处分。当事人主动行使某种实体权利和诉讼权利为积极处分，如起诉、提起上诉、变更或追加诉讼请求等；当事人不行使某种实体权利和诉讼权利为消极处分，如放弃上诉等。处分原则的重点在于对当事人诉讼权利自由支配的肯定和保障。在诉讼中，当事人对实体权利的处分总是通过其诉讼权利的处分来实现的。

按照我国《民事诉讼法》的规定，处分原则具体体现在以下几个方面：

1. 诉讼程序的开始、终结原则上由当事人决定

诉讼只能因当事人行使起诉权而开始，没有当事人向人民法院提起

民事诉讼,人民法院不能依职权开始民事诉讼程序。在当事人撤回起诉或撤回上诉时,诉讼即告结束。当事人撤诉虽然受到一定的限制,但是除非当事人提出撤诉申请(法律有例外规定的除外),否则法院不能依职权将当事人提出的合法成立的诉讼予以撤销。“不告不理”原则就是处分原则的体现。

2. 诉讼请求的范围由当事人自行决定

诉讼请求的范围由当事人自行决定,当事人没有提出的事项法院不能对其作出裁判,即由当事人决定审判对象。从动态的角度看,当事人在一审起诉时,没有提出的请求事项,人民法院不能裁判,已经撤回的请求,人民法院也不能裁判。在二审上诉时,上诉人没有上诉的事项,二审法院不能裁判;已经撤回的上诉请求,人民法院也不能裁判。

3. 当事人可以在诉讼中变更、撤回和追加诉讼请求

原告可以放弃已经提出的诉讼请求,被告可以承认原告的诉讼请求。当事人双方可以在诉讼中就民事争议的解决达成和解或调解协议。

4. 当事人有权决定是否申请强制执行

对发生法律效力的判决、裁定、调解书或其他具有执行力的法律文书,当事人有权决定是否申请强制执行;在执行过程中,申请执行人有权撤回其申请,也有权决定达成和解协议;等等。

三、诚信原则与处分原则的关系

《民事诉讼法》将诚信原则与处分原则规定在同一条文中,而且将处分原则规定在第2款,其立法者的意图在于,将诚信原则作为限制当事人处分的基本规范。处分原则体现了当事人与法院在诉讼中的相互关系,主要内容是保证当事人在诉讼中的主导地位,并对法院审判权形成制约,其实质是使诉讼最大可能地按照当事人的意愿进行,法院受此约束。但是,过分注重对当事人意愿的尊重,可能会导致当事人权利的滥用,从而造成诉讼违背实质正义。因此,诚信原则作为法院适度干预当事人诉讼行为的调节器,可促进诉讼按照立法者的意图进行。

典型案例

蚌埠日报社诉于海芳劳动争议纠纷案[1]

该案例涉及放弃诉权约定的效力问题。本案中，于海芳在申请解除劳动关系时表示："本人自愿放弃提起劳动争议的诉讼权利。"关于放弃诉权约定的效力问题，存在两种观点：一种观点认为，于海芳自愿放弃诉权，根据私法自治原则及当事人享有的处分权，其无权再就双方劳动争议提起仲裁和诉讼；另一种观点认为，双方关于于海芳自愿放弃诉权的约定无效，于海芳可以提起劳动争议仲裁和诉讼。笔者赞同第二种观点，理由如下：诉权具有公法属性，私法自治原则仅能涉及民事权利义务，放弃诉权约定不属于民事法律调整的范围，没有使其产生拘束力的法律依据。并不是所有的诺言均具有法律效力，欲使诺言产生法律效力需于法有据。现实生活中不可避免地存在当事人非自愿、非真实地放弃诉权的表示，如果认可当事人放弃诉权的效力将会使一些非正义得不到救济。我国《民事诉讼法》第13条第2款规定："当事人有权在法律规定的范围内处分自己的民事权利和诉讼权利。"该条款赋予当事人以处分权，但处分权应当依法行使。放弃诉权行使的对象应该是人民法院，且需经法院准许。

实用小贴士

一、诚信原则适用于法院、当事人以及其他诉讼参与人。

二、处分原则需要在合法的范围内处分自己的民事诉讼权利。

---

[1] 参见安徽省蚌埠市中级人民法院(2015)蚌民一终字第01089号案例。

第十四条　【法律监督权】人民检察院有权对民事诉讼实行法律监督。

第十五条　【支持起诉】机关、社会团体、企业事业单位对损害国家、集体或者个人民事权益的行为,可以支持受损害的单位或者个人向人民法院起诉。

第十六条　【在线诉讼】经当事人同意,民事诉讼活动可以通过信息网络平台在线进行。

民事诉讼活动通过信息网络平台在线进行的,与线下诉讼活动具有同等法律效力。

条文对照

2017 年《民事诉讼法》	2021 年《民事诉讼法》
	第十六条　经当事人同意,民事诉讼活动可以通过信息网络平台在线进行。 民事诉讼活动通过信息网络平台在线进行的,与线下诉讼活动具有同等法律效力。

重点解读

本条是关于民事诉讼中在线诉讼的规定。

本条对在线诉讼作了一般性规定,经当事人同意可以通过信息网络平台在线进行诉讼,并且将在线诉讼的效力与线下诉讼等同。人民法院、当事人及其他诉讼参与人等可以依托电子诉讼平台,通过互联网或者专用网络在线完成立案、调解、证据交换、询问、庭审、送达等全部或者部分诉讼环节。

在线诉讼是人民法院深入贯彻习近平法治思想，践行网络强国战略的重要成果，是构建完善"中国特色、世界领先"的互联网司法模式的关键举措，积极回应人民群众互联网时代司法新需求，对保障当事人合法诉讼权益，增强人民群众诉讼便利，提升审判质量效率，推动司法审判模式划时代变革具有重大意义。"探索构建适应互联网时代需求的新型管辖规则、诉讼规则，推动审判方式、诉讼制度与互联网技术深度融合"是《人民法院第五个五年改革纲要（2019—2023）》确定的重点改革任务。杭州、北京、广州三家互联网法院利用先发优势，探索构建全流程在线审理机制，推动大数据、区块链、人工智能等新技术在审判执行领域深度运用。各地法院依托"中国移动微法院"诉讼平台，逐步推广适用在线诉讼，实现审判模式转型升级。尤其在新冠肺炎疫情防控期间，在线诉讼显示出强大的活力，为统筹推进疫情防控和经济社会发展作出了积极贡献。

2021 年 6 月 16 日，最高人民法院发布《人民法院在线诉讼规则》，这是最高人民法院颁布的首部指导全国法院开展在线诉讼工作的司法解释，于 2021 年 8 月 1 日起施行。《人民法院在线诉讼规则》首次提出在线诉讼应当坚持"公正高效""合法自愿""权利保障""便民利民""安全可靠"五项基本原则。明确在线诉讼的适用案件范围，包括各类民事、行政、特别程序和执行案件，对于刑事速裁程序和减刑、假释案件等也可以在部分环节适用在线诉讼。在线诉讼适用以当事人同意、案件适宜在线办理、诉讼主体具备相应技术能力为基本条件，充分尊重当事人审理方式选择权，确保案件审理的质量效率。坚持在安全可靠的前提下，明确了电子化材料"视同原件"的效力，对经人民法院审核通过的电子化材料，可以直接在诉讼中使用，不必再提交原件。

理解在线诉讼的内涵和效力，应当注意把握以下几个问题：

一是关于在线诉讼的启动。强调尊重和保障当事人及其他诉讼参与人对诉讼方式的选择权，未经当事人及其他诉讼参与人同意或者主动选择，人民法院不得强制和变相强制适用在线诉讼。

二是关于在线诉讼的表现形式。在线诉讼包括从立案到执行的各个诉讼环节，但不要求所有流程均必须在线办理。实践中，司法案件各有其特点，有的适合在线解决，有的适合线下审理，必须遵循规律、实事求是。无论是“全部诉讼环节在线”，还是“部分诉讼环节在线”，都属于在线诉讼的表现形式。

三是关于在线诉讼的网络载体。在线诉讼可以通过互联网或专用网络两种方式进行。民事诉讼案件的在线诉讼活动主要通过互联网完成，人民法院应当在确保数据和系统安全的前提下，实现内外网系统数据互通。刑事案件一般通过专用网络进行，以满足刑事案件审理的技术保障要求。

四是关于在线诉讼的开展方式。在线诉讼活动主要依托电子诉讼平台开展。考虑到目前全国法院信息化建设规模、进程尚不均衡，该条中的“信息网络平台”还是一个泛指概念，既包括最高人民法院统一指导建设的电子诉讼平台，也包括各地法院结合工作需要自行建设的平台，是各类服务于在线诉讼工作平台的集合。

五是关于在线诉讼的效力。在线诉讼的效力等同于线下诉讼的效力，线上与线下可以及时进行转换，二者效力一致。具体体现在通过网络平台进行的诉讼行为的效力等同于线下诉讼行为的效力、线上电子签名与线下签名具有同等效力等方面。

典型案例

周桂华、韩立忠民间借贷纠纷案[1]

原告周桂华与被告韩立忠民间借贷纠纷一案，法院于2021年6月9日受理后，依法适用简易程序于2021年8月2日通过互联网公开开庭进

〔1〕参见江苏省宝应县人民法院（2021）苏1023民初3670号案例。

行了审理。原告周桂华及其委托诉讼代理人杨夕国,被告韩立忠到庭参加诉讼。本案现已审理终结。法院认为,原告与被告之间存在民间借贷合同关系,该合同合法有效,被告未能充分履行还本付息义务,应承担相应的责任。原告要求被告归还借款本金50000元,于法有据,法院予以支持。至于利息,因司法解释对民间借贷利息作出调整,故2020年8月19日之前尚欠利息,法院支持按月息2%计算,此后的利息,法院支持按年息15.4%计算。据此,依照《合同法》第60条、第206条、第207条,《最高人民法院关于审理民间借贷案件适用法律若干问题的规定》第25条、第31条,《最高人民法院关于适用〈中华人民共和国民法典〉时间效力的若干规定》第1条,《人民法院在线诉讼规则》第1条,《民事诉讼法》第64条之规定,判决如下:被告韩立忠于本判决生效之日起十日内偿还原告周桂华借款50000元及利息(以50000元为基数,按月利率2%,自2019年1月12日算至2020年8月19日;按年息15.4%,自2020年8月20日算至实际还款之日止);驳回原告周桂华的其他诉讼请求。如果未按本判决指定的期间履行给付金钱义务,应当依照《民事诉讼法》第253条之规定,加倍支付迟延履行期间的债务利息。

实用小贴士

一、并非全部诉讼环节在线才属于在线诉讼,部分诉讼环节在线也属于在线诉讼。

二、信息网络平台是各类服务于在线诉讼工作平台的集合体。

第十七条 【变通规定】民族自治地方的人民代表大会根据宪法和本法的原则,结合当地民族的具体情况,可以制定变通或者补充的规定。自治区的规定,报全国人民代表大会常务委员会批准。自治州、自治县的规定,报省或者自治区的人民代表大会常务委员会批准,并报全国人民代表大会常务委员会备案。

第二章 管　　辖

第一节 级别管辖

第十八条 【基层法院管辖】基层人民法院管辖第一审民事案件，但本法另有规定的除外。

重点解读

本条是关于基层人民法院管辖的第一审民事案件的规定。

第一审民事案件原则上都应当由基层人民法院管辖，该条文明确了绝大部分民事案件都由基层人民法院管辖，更具体一点来说，由基层人民法院的民事审判庭管辖。基层人民法院包括县人民法院、市人民法院、自治县人民法院以及市辖区人民法院。基层人民法院根据地区、人口和案件情况可以设立若干人民法庭，人民法庭属于基层人民法院的组成部分。在我国人民法院的组织系统中，基层人民法院数量最多、分布范围最广，审判人员的数量也最多，并且相较中级、高级人民法院没有审理上诉案件的任务。因此，将第一审民事案件原则上都交给基层人民法院承担比较符合法院工作均衡负担原则。除此之外，基于民事纠纷的发生地、当事人住所地或者争议的财产所在地都与基层人民法院辖区相关联的原因，由基层人民法院作为第一审法院，既能够便利当事人提起诉讼，又方便人民法院及时解决争议。“制度的设立，应当与制度所解决的问题相适应。如果要在所有的不同等级的法院之间进行分工,不同等级的法院,应当根据其审判能力与职责的不同,分别受理不同性质或疑难程度不同的第一审案件。从一般意义上讲,高等级的法院较低等级的法院审判能力更强,所担负的职责更重,因此所管辖的案件也要比低等级的法院所管辖的案件重要。出于此考虑,法律上可以确定一般的民事案件由低等级的法院作为一审法院,而案情复杂或涉及利益重大的案件由相对高一点等级的法院作为一审法院。这样的思维逻辑,在我国的民事诉讼立法中得到了充分的体现。"[1]

典型案例

湖北宜化集团有限责任公司、贵州绿水青山能源有限公司等股权转让纠纷案[2]

在本案中,宜化集团公司诉请解除《产权交易合同》,并不是处分《产权交易合同》项下的相关财产,故应以其具体的诉讼请求金额来确定诉讼标的金额,并据以确定级别管辖。双方所提及的案件裁定书不是指导性案例,且裁定的理由也不一致,相关问题存在争议。现在,鉴于司法解释对合同纠纷的级别管辖没有新规定,故该批复所阐释的法理仍具有指导意义。宜化集团公司在一审的主要诉讼请求是解除《产权交易合同》,并请求绿水青山公司支付违约金和经济赔偿共计19947872.75元。故,本案应以其具体的诉讼请求金额来确定诉讼标的金额,并据以确定级别管辖。依照《最高人民法院关于调整高级人民法院和中级人民法院管辖第一审民商事案件标准的通知》(法发〔2015〕7号)第2条、《最高人民法院关于调整高级人民法院和中级人民法院管辖第一审民事案件标准的通

〔1〕 潘剑锋:《第一审民事案件原则上应由基层法院统一行使管辖权》,载《法律适用》2007年第6期。

〔2〕 参见湖北省宜昌市中级人民法院(2021)鄂05民终2403号案例。

知》(法发〔2019〕14 号)第 1 条的规定,宜昌市西陵区人民法院对本案具有管辖权,并不违背《民事诉讼法》第 17 条、第 18 条关于级别管辖的规定。

实用小贴士

一、根据各地的不同情况,各省基层人民法院管辖的第一审民事、经济纠纷案件是不同的。根据最高人民法院批准的各高级人民法院辖区内各级人民法院级别管辖标准的规定,基层人民法院的级别管辖标准是不同的。

二、级别管辖并不是完全固定的,在一定条件下存在调整的可能性。

第十九条 【中级法院管辖】中级人民法院管辖下列第一审民事案件:

(一)重大涉外案件;

(二)在本辖区有重大影响的案件;

(三)最高人民法院确定由中级人民法院管辖的案件。

第二十条 【高级法院管辖】高级人民法院管辖在本辖区有重大影响的第一审民事案件。

第二十一条 【最高法院管辖】最高人民法院管辖下列第一审民事案件:

(一)在全国有重大影响的案件;

(二)认为应当由本院审理的案件。

第二节 地域管辖

第二十二条 【一般地域管辖】对公民提起的民事诉讼,由被

告住所地人民法院管辖；被告住所地与经常居住地不一致的，由经常居住地人民法院管辖。

对法人或者其他组织提起的民事诉讼，由被告住所地人民法院管辖。

同一诉讼的几个被告住所地、经常居住地在两个以上人民法院辖区的，各该人民法院都有管辖权。

重点解读

本条是关于一般地域管辖的规定。

一般地域管辖，是指以当事人住所地与法院管辖区域的关系来确定具体的管辖法院。一般地域管辖的原则是“原告就被告”，即民事诉讼由被告所在地的人民法院管辖。采用“原告就被告”的原则，有利于人民法院调查取证、核实证据，使其能够迅速查明案情，正确、及时地处理民事纠纷；有利于传唤被告出庭应诉；有利于管辖法院采取财产保全和先予执行措施；如果被告败诉，还有利于执行的便利。此外，“原告就被告”原则还可以防止原告滥用诉权，同时也能够节约司法资源，有利于诉讼经济。

本条第1款规定，“对公民提起的民事诉讼，由被告住所地人民法院管辖；被告住所地与经常居住地不一致的，由经常居住地人民法院管辖”。所谓“住所地”，指的是公民的户籍所在地。户籍的认定应当以向户籍管理机关登记的正式户口为准。具体而言，必须是长期户口，而非临时户口。据此，只有当公民的住所地与其经常居住地一致时，被告的住所地人民法院才对案件具有管辖权。

人民法院对经常居住地的认定，必须同时具备以下三个条件：(1)经常居住地是住所地以外的地方。住所地是公民长久固定的住所，也是公民的户籍所在地，并得到公安机关的承认和登记，具有稳定性。而经常居住地则是住所地以外的地方，有较大的流动性。(2)经常居住地具有连续性，这种连续性主要表现在居住时间上的持续。根据相关司法解释，公民只有在某地连续居住1年以上，该地才能被认定为公民的经常居住地。如果只是偶尔居住，即使所跨时间超过1年，也不能认定该地为经常居住地。(3)经常居住地是住所地以外最后连续居住1年以上的地方。公民在住所地以外连续居住逾1年的地方不止一个的，离开住所地最后连续居住满1年以上的地方认定为经常居住地。

本条第2款规定，"对法人或者其他组织提起的民事诉讼，由被告住所地人民法院管辖"。"法人或者其他组织的住所地"指的是其主要营业地或者主要办事机构所在地。如果被告是不具有法人资格的其他组织形式，又没有办事机构，则应由被告注册登记地人民法院管辖。

本条第3款规定，"同一诉讼的几个被告住所地、经常居住地在两个以上人民法院辖区的，各该人民法院都有管辖权"。公民、法人或者其他组织，属于同一诉讼中的几个被告，其住所地、经常居住地又不在同一人民法院辖区的，上述各人民法院对该案均有管辖权。当事人可以选择其中一个人民法院起诉，由最先立案的人民法院管辖。这在民事诉讼理论上又称共同管辖。

实用小贴士

相关司法解释还明确列举了几种根据"原告就被告"原则确定管辖法院的诉讼：(1)双方当事人都被监禁或者被采取强制性教育措施的，由被告原住所地人民法院管辖。被告被监禁或者被采取强制性教育措施1年以上的，由被告被监禁地或者被采取强制性教育措施地人民法院管辖。(2)追索赡养费、抚养费、扶养费案件的几个被告住所地不在同一辖区的，可以由原告住所地人民法院管辖。(3)夫妻一方离开住所地超过1年，另一方起诉离婚的案件，可以由原告住所地人民法院管辖。夫妻双方离开住所地超过1年，一方起诉离婚的案件，由被告经常居住地人民法院管辖；没有经常居住地的，由原告起诉时被告居住地人民法院管辖。(4)中国公民双方在国外但未定居，一方向人民法院起诉离婚的，应由原告或者被告原住所地人民法院管辖。

第二十三条 【一般地域管辖的例外规定】下列民事诉讼,由原告住所地人民法院管辖;原告住所地与经常居住地不一致的,由原告经常居住地人民法院管辖:

(一)对不在中华人民共和国领域内居住的人提起的有关身份关系的诉讼;

(二)对下落不明或者宣告失踪的人提起的有关身份关系的诉讼;

(三)对被采取强制性教育措施的人提起的诉讼;

(四)对被监禁的人提起的诉讼。

重点解读

本条是关于一般地域管辖的例外规定。

一般地域管辖的“原告就被告”原则,在某些特殊情况下无法适用,或者适用后可能会对原告起诉或者对法院裁判带来较大的不便。基于这样的原因,本条规定在几种例外的情形下,由原告住所地人民法院管辖;原告的住所地与经常居住地不一致的,由经常居住地人民法院管辖。这些例外情况如下:

1. 对不在中华人民共和国领域内居住的人提起的有关身份关系的诉讼。身份关系,指的是个人之间发生的与人身有关的法律关系,典型的如因婚姻、血缘、收养等原因而产生的夫妻关系、亲子关系或者收养关系等。身份关系由于其具有严格的人身属性,因此不可替代、不能转让。对于符合不在中国领域内居住、与身份有关的诉讼案件,由原告住所地或者经常居住地人民法院管辖。

2. 对下落不明或者宣告失踪的人提起的有关身份关系的诉讼。在被告下落不明或者已经宣告失踪的情况下,由于根本无法确定其住所地或者经常居住地,由原告住所地或者经常居住地人民法院管辖,可以方便原告行使诉权。

3. 对被采取强制性教育措施的人提起的诉讼。被采取强制性教育措施的人一般情况下需要离开住所地或者经常居住地,集中在某个特定场所接受劳动教养,其人身自由会受到一定的限制。如果在这种情况下原告向被告被采取强制性教育措施地所在的人民法院起诉,其实是十分不便的,因此法律规定由原告住所地或者经常居住地人民法院管辖更为合适。

4. 对被监禁的人提起的诉讼。被监禁的人包括已决犯和未决犯。由于被监禁的人丧失了人身自由,并且脱离了住所地或者经常居住地,因此不便于原告向被告监禁地人民法院起诉。另外,由被告监禁地人民法院管辖很可能增加被告监禁地人民法院的工作负担。因此,法律规定原告住所地或者经常居住地人民法院为有管辖权的法院是比较恰当的。

典型案例

陈永飞等与杨育民间借贷纠纷案[1]

根据《民事诉讼法》第 22 条第 1 款"对公民提起的民事诉讼,由被告住所地人民法院管辖;被告住所地与经常居住地不一致的,由经常居住地人民法院管辖"的规定,经常居住地系针对被告而言,并非针对原告。

第二十四条　【合同纠纷管辖】因合同纠纷提起的诉讼,由被告住所地或者合同履行地人民法院管辖。

第二十五条　【保险合同纠纷管辖】因保险合同纠纷提起的诉讼,由被告住所地或者保险标的物所在地人民法院管辖。

第二十六条　【票据纠纷管辖】因票据纠纷提起的诉讼,由票

〔1〕 参见北京市第二中级人民法院(2021)京 02 民辖终 796 号案例。

据支付地或者被告住所地人民法院管辖。

第二十七条 【公司诉讼管辖】因公司设立、确认股东资格、分配利润、解散等纠纷提起的诉讼，由公司住所地人民法院管辖。

第二十八条 【运输合同纠纷管辖】因铁路、公路、水上、航空运输和联合运输合同纠纷提起的诉讼，由运输始发地、目的地或者被告住所地人民法院管辖。

第二十九条 【侵权纠纷管辖】因侵权行为提起的诉讼，由侵权行为地或者被告住所地人民法院管辖。

第三十条 【交通事故管辖】因铁路、公路、水上和航空事故请求损害赔偿提起的诉讼，由事故发生地或者车辆、船舶最先到达地、航空器最先降落地或者被告住所地人民法院管辖。

第三十一条 【海损事故管辖】因船舶碰撞或者其他海事损害事故请求损害赔偿提起的诉讼，由碰撞发生地、碰撞船舶最先到达地、加害船舶被扣留地或者被告住所地人民法院管辖。

第三十二条 【海难救助费用管辖】因海难救助费用提起的诉讼，由救助地或者被救助船舶最先到达地人民法院管辖。

第三十三条 【共同海损管辖】因共同海损提起的诉讼，由船舶最先到达地、共同海损理算地或者航程终止地的人民法院管辖。

第三十四条 【专属管辖】下列案件，由本条规定的人民法院专属管辖：

（一）因不动产纠纷提起的诉讼，由不动产所在地人民法院管辖；

（二）因港口作业中发生纠纷提起的诉讼，由港口所在地人民法院管辖；

（三）因继承遗产纠纷提起的诉讼，由被继承人死亡时住所地或者主要遗产所在地人民法院管辖。

重点解读

本条是关于专属管辖的规定。

专属管辖,是指法律明确规定某些特定类型的案件只能由特定法院管辖的制度。专属管辖具有排他性、排除性和限制性的特征,主要表现为:(1)排他性是针对其他法院产生的效力,专属管辖的案件专属于特定法院管辖,其他法院无权管辖。(2)排除性是针对当事人而言的效力,当事人不得通过协议的方式变更专属管辖案件的管辖法院。(3)限制性是针对牵连管辖(合并管辖)而言的效力。牵连管辖也称合并管辖,是指对某案件有管辖权的法院基于牵连关系取得了原本不属于自己管辖的案件的管辖权,其常见情况包括原告增加诉讼请求和被告提出反诉。牵连管辖在事实上扩大了受诉法院的管辖范围,但是该扩大不可突破专属管辖的限制,即人民法院不得因牵连性取得专属于其他法院管辖案件的管辖权。

根据本条的规定,以下三种类型的案件适用于专属管辖制度。

一、因不动产纠纷提起的诉讼,由不动产所在地人民法院管辖

不动产是指不能够移动或者勉强移动后将导致其性能或价值降低或丧失的财产,如土地、房屋、山林、草原、滩涂等。根据《最高人民法院关于适用〈中华人民共和国民事诉讼法〉的解释》(以下简称《民诉法解释》)第28条的规定,不动产纠纷是指因不动产的权利确认、分割、相邻关系等引起的物权纠纷。同时,农村土地承包经营合同纠纷、房屋租赁合同纠纷、建设工程施工合同纠纷、政策性房屋买卖合同纠纷均按照不动产纠纷确定管辖。

在不动产纠纷诉讼中,人民法院通常需要对不动产的情况进行勘验调查,其调查过程势必需要亲临不动产所在地。若受诉法院与不动产所在地距离甚远,将导致调查取证困难,为诉讼效率增添不必要的负担,影响当事人的合法权益得到及时维护。因此,根据不动产自身难以移动的

属性，法律规定不动产纠纷诉讼由不动产所在人民法院专属管辖，既有助于受诉法院的勘验调查，及时查明事实，同时又便于裁判生效后的执行。在判断不动产所在地时，以登记与否作为区分，不动产已登记的，以不动产登记簿记载的所在地为不动产所在地；不动产未登记的，以不动产实际所在地为不动产所在地。

二、因港口作业中发生纠纷提起的诉讼，由港口所在地人民法院管辖

港口是水陆交通的集结点和枢纽，是船舶停泊、装卸货物、上下旅客、补充给养的场所。港口作业是指船舶进出港口进行调度、装卸货物、排除障碍等活动。因此，在港口作业中，既可能因装卸、保管货物等事项发生纠纷，同时也可能因污染、损害港口设施、致人损害等引发侵权纠纷。本条第2项规定，因港口作业中发生纠纷提起的诉讼，由港口所在地人民法院管辖”。所谓港口所在地，即港口管理机构所在地。与不动产纠纷采取专属管辖的目的一样，港口作业纠纷也因纠纷常发生于港口，由港口所在地法院专属管辖，便于人民法院调查取证，查明事实，及时裁判。与不动产纠纷不同的是，港口作业中发生的纠纷一般原本由海事法院管辖。[1]但考虑到海事法院数量和辖区范围有限，因此立法进一步明确，如果发生纠纷的港口不在海事法院辖区的，由港口作业地的地方人民法院管辖。

三、因继承遗产纠纷提起的诉讼，由被继承人死亡时住所地或者主要遗产所在地人民法院管辖

遗产是指死者生前的个人财产，包括动产和不动产。继承遗产纠纷

〔1〕 根据《最高人民法院关于海事法院受理案件范围的规定》，港口作业纠纷属于海事侵权纠纷案件，应由该港口所在地的海事法院管辖。《海事诉讼特别程序法》第7条规定：“下列海事诉讼，由本条规定的海事法院专属管辖：(一)因沿海港口作业纠纷提起的诉讼，由港口所在地海事法院管辖；(二)因船舶排放、泄漏、倾倒油类或者其他有害物质，海上生产、作业或者拆船、修船作业造成海域污染损害提起的诉讼，由污染发生地、损害结果地或者采取预防污染措施地海事法院管辖；(三)因在中华人民共和国领域和有管辖权的海域履行的海洋勘探开发合同纠纷提起的诉讼，由合同履行地海事法院管辖。”

是指继承人或者受遗赠人之间因为遗产继承而发生的纠纷。因此类纠纷提起的诉讼，由被继承人死亡时住所地或者主要遗产所在地人民法院管辖。

一方面，遗产纠纷通常与继承开始的时间、继承人与被继承人生前的关系、遗产的范围和分配等问题密切相关，因此，为方便查清上述事项，立法规定以被继承人死亡时住所地专属管辖。若被继承人有多个住所地的，以其死亡时的住所地为准。另一方面，被继承人可能有多处遗产的，此时可由主要遗产所在地人民法院管辖，以便于确定遗产的范围、清理和分配的方式等。总体而言，立法为继承遗产纠纷的诉讼当事人提供了两种管辖法院，当被继承人死亡时住所地与主要遗产所在地一致时，则该地人民法院为管辖法院。当二者不一致时，当事人可以任选其一作为管辖法院。在对主要遗产所在地的认定上，以遗产的数量和价值作为判断标准，如遗产既有动产，又有不动产的，且不动产价值较高，以不动产所在地为主要遗产所在地；如果遗产为多项动产，通常以价值高的动产所在地作为主要遗产所在地。值得注意的是，当主要遗产为不动产时，此时依旧以遗产纠纷诉讼来确定管辖法院，而非依据本条第 1 项的不动产纠纷确定管辖法院。

第三十五条 【协议管辖】合同或者其他财产权益纠纷的当事人可以书面协议选择被告住所地、合同履行地、合同签订地、原告住所地、标的物所在地等与争议有实际联系的地点的人民法院管辖，但不得违反本法对级别管辖和专属管辖的规定。

重点解读

本条是关于协议管辖的规定。

协议管辖，又称约定管辖、合意管辖，是指当事人在纠纷发生前或发生后,以协议方式约定案件的管辖法院。广义的协议管辖包括明示协议管辖与默示协议管辖,狭义的协议管辖仅指明示协议管辖,本条规定指代的是狭义的协议管辖。协议管辖在本质上属于诉讼契约,协议管辖行为是一种以发生诉讼法效果为目的的诉讼行为。协议管辖是民事诉讼处分原则在管辖制度上的重要体现,反映了对当事人选择案件管辖法院意愿的尊重。它不但为当事人进行诉讼提供了方便,而且还有利于抑制和克服地方保护主义,保证案件的公正审理,保障当事人的合法权益。

根据本条规定,协议管辖必须同时具备以下几个要件:

其一,协议管辖适用于合同纠纷和其他财产权益纠纷,身份关系不适用协议管辖。其二,协议管辖仅适用于合同纠纷中的第一审案件,对第二审案件和再审案件,当事人不得以协议方式选择管辖法院。其三,协议管辖是要式行为,必须采用书面形式。当事人可以在订立合同时约定协议管辖,将协议管辖作为合同的条款内容,也可以在合同订立后、诉讼发生前以书面形式约定协议管辖。合同转让的,合同的管辖协议对合同受让人有效,但转让时受让人不知道有管辖协议,或者转让协议另有约定且原合同相对人同意的除外。其四,当事人必须在法律规定的范围内选择管辖法院。双方当事人对于合同纠纷案件,只能在被告住所地、合同履行地、合同签订地、原告住所地、标的物所在地等与争议有实际联系的地点的法院中选择案件的管辖法院。管辖协议约定两个以上与争议有实际联系的地点的人民法院管辖,原告可以向其中一个人民法院起诉。其五,双方当事人对管辖法院的协议选择,不得违反《民事诉讼法》对级别管辖和专属管辖的规定。亦即,协议管辖不可以违反上下级法院之间受理第一审民事案件的法定分工与权限,也不可以对某些已经被法律强制性规定给特定法院管辖的案件的管辖权进行约定。

另外,从本条规定可以推知一个前提性要件,订立管辖协议的当事人须具有诉讼行为能力,无诉讼行为能力的当事人与他人达成的管辖协议不发生诉讼法上的效果。

典型案例

招商银行股份有限公司无锡分行与中国光大银行股份有限公司长春分行委托合同纠纷管辖权异议案[1]

江苏省高级人民法院认为,《民事诉讼法》第34条规定"合同或者其他财产权益纠纷的当事人可以书面协议选择被告住所地、合同履行地、合同签订地、原告住所地、标的物所在地等与争议有实际联系的地点的人民法院管辖,但不得违反本法对级别管辖和专属管辖的规定"。法律赋予了当事人选择管辖法院的权利,但该选择必须是基于当事人的真实意思表示,如当事人一方提供的协议不真实,则该协议对对方不生效。本案中,原告招行无锡分行依据《委托定向投资协议》中约定的"双方同意将争议提交招行无锡分行所在地法院诉讼解决"条款而主张一审法院对该案有管辖权,但经吉林公正司法鉴定中心和无锡市公安局物证鉴定所鉴定,该协议尾部加盖的光大银行长春分行的印章及其法定代表人王守坤的名章均与送检的样本印文非同一印章盖印形成,该鉴定结论真实、合法,可作为证据采信,根据该鉴定结论可证明《委托定向投资协议》系张磊伪造光大银行长春分行的公章、法定代表人印章所签订,非该行的真实意思表示,该协议对该行不生效力。

实用小贴士

一、当事人因同居或者在解除婚姻、收养关系后发生财产争议,约定管辖的,可以适用本条规定确定管辖。

二、经营者使用格式条款与消费者订立管辖协议,未采取合理方式提请消费者注意,消费者主张管辖协议无效的,法院应当予以支持。

---

〔1〕 参见最高人民法院(2015)民二终字第428号案例。

第三十六条　【共同管辖】两个以上人民法院都有管辖权的诉讼，原告可以向其中一个人民法院起诉；原告向两个以上有管辖权的人民法院起诉的，由最先立案的人民法院管辖。

第三节　移送管辖和指定管辖

第三十七条　【移送管辖】人民法院发现受理的案件不属于本院管辖的，应当移送有管辖权的人民法院，受移送的人民法院应当受理。受移送的人民法院认为受移送的案件依照规定不属于本院管辖的，应当报请上级人民法院指定管辖，不得再自行移送。

第三十八条　【指定管辖】有管辖权的人民法院由于特殊原因，不能行使管辖权的，由上级人民法院指定管辖。

人民法院之间因管辖权发生争议，由争议双方协商解决；协商解决不了的，报请它们的共同上级人民法院指定管辖。

第三十九条　【管辖权转移】上级人民法院有权审理下级人民法院管辖的第一审民事案件；确有必要将本院管辖的第一审民事案件交下级人民法院审理的，应当报请其上级人民法院批准。

下级人民法院对它所管辖的第一审民事案件，认为需要由上级人民法院审理的，可以报请上级人民法院审理。

重点解读

本条是关于管辖权转移的规定。

管辖权转移是指经上级人民法院决定或者同意，将案件的管辖权由上级人民法院转交给下级人民法院，或者由下级人民法院转交给上级人

民法院的制度。管辖权的转移实质上是对级别管辖的变通与补充。本条共两款内容,分别规定了两种类型的管辖权转移:

一、自下而上的管辖权转移

自下而上的管辖权转移,是指将案件的管辖权由下级人民法院转移至上级人民法院。具体包括两种情况:一是上级人民法院依职权提审下级人民法院有管辖权并已经受理的案件;二是因特殊情况,下级法院将其管辖并已经受理的案件报请上级人民法院审理。此种特殊原因一般包括:本院不便审理,如当事人为本院工作人员的案件;遇到新型案件,案情复杂,影响较大,受诉法院审理确有困难等。因此,为保证审判质量,立法赋予上级人民法院有权审理下级人民法院具有管辖权的案件。第一种"提审型"的管辖权上移只需上级人民法院作出决定,案件管辖权即发生转移;第二种"报请型"的管辖权上移必须取得上级法院同意,才发生管辖权的转移。

二、自上而下的管辖权转移

自上而下的管辖权转移,是指上级人民法院将自己管辖的第一审民事案件交由下级人民法院审理。发生此类型管辖权转移的原因有以下几种:一是上级人民法院认为案情简单;二是交由下级人民法院审理可以便利当事人参与诉讼;三是交由下级人民法院审理能够方便人民法院查明案件,节约司法资源。实践中,可能出现通过任意下放管辖权的方式,实现规避级别管辖的违法现象。因此,立法规定,此种"下移型"的管辖权转移必须满足严格的条件,即上级人民法院认为"确有必要",且必须"报请上级人民法院批准"。当取得上级人民法院批准后,应以裁定方式,将案件交由下级人民法院审理。根据《民诉法解释》第 42 条的规定,可以交下级人民法院审理的案件主要包括:(1)破产程序中有关债务人的诉讼案件;(2)当事人人数众多且不方便诉讼的案件;(3)最高人民法院确定的其他类型案件。

值得注意的是,管辖权转移与移送管辖都属于通过裁定方式来确定管辖的情形,但二者有着本质不同,主要体现为:(1)性质不同。管辖权转移是将案件的管辖权进行移转,并非转移案件;移送管辖仅仅是将案件进行移送,并非管辖权的转移。(2)适用条件不同。管辖权转移的前提是受诉法院本身具有案件的管辖权,而移送管辖中,受诉法院本就没有案件的管辖权。(3)作用不同。管辖权转移是级别管辖的变通与补充,是为了更好地审理案件,从而在上下级法院之间移转案件管辖权;移送管辖的作用在于纠错,将本无案件管辖权却已被人民法院受理的案件,转交给有管辖权的法院进行审理,以弥补管辖权错误,通常发生于同级人民法院之间。(4)程序不同。管辖权转移,除上级人民法院提审案件外,均需由上级人民法院决定或同意;移送管辖中,无须取得受移送法院的同意即可完成移送管辖。

典型案例

何荣兰诉海科公司等清偿债务纠纷案[1]

关于本案的管辖问题。最高人民法院规定山东省高级人民法院一审民事案件的受理标的额为3000万元以上,一审法院依此规定立案,并不违反最高人民法院的规定,且依据《民事诉讼法》之规定,上级人民法院有权审理下级人民法院管辖的第一审民事案件,也可以把本院管辖的第一审民事案件交下级人民法院审理。一审法院受理本案亦于法有据。所以,海科公司关于本案应由山东省东营市中级人民法院审理的主张,理由不能成立。

---

〔1〕参见最高人民法院(2003)民一终字第46号案例。

实用小贴士

管辖权转移的时间,《民事诉讼法》没有明确规定。一般而言,管辖应当在案件审查起诉阶段予以确定。但是,案件是否复杂,或者是否存在其他需转移管辖权的情形,往往需要经过庭审才可查明。因此,当出现此种情况时,应该允许进行管辖权转移,交由更加适合审判的人民法院进行审理。但当案件已经作出实体判决,则无撤销判决另行转移管辖权之必要。即,可以进行管辖权转移的截止时间应当规定为实体判决作出之前。

第三章　审 判 组 织

第四十条　【一审审判组织】人民法院审理第一审民事案件，由审判员、陪审员共同组成合议庭或者由审判员组成合议庭。合议庭的成员人数，必须是单数。

适用简易程序审理的民事案件，由审判员一人独任审理。基层人民法院审理的基本事实清楚、权利义务关系明确的第一审民事案件，可以由审判员一人适用普通程序独任审理。

陪审员在执行陪审职务时，与审判员有同等的权利义务。

条文对照

2017 年《民事诉讼法》	2021 年《民事诉讼法》
第三十九条　人民法院审理第一审民事案件，由审判员、陪审员共同组成合议庭或者由审判员组成合议庭。合议庭的成员人数，必须是单数。 适用简易程序审理的民事案件，由审判员一人独任审理。 陪审员在执行陪审职务时，与审判员有同等的权利义务。	**第四十条**　人民法院审理第一审民事案件，由审判员、陪审员共同组成合议庭或者由审判员组成合议庭。合议庭的成员人数，必须是单数。 适用简易程序审理的民事案件，由审判员一人独任审理。**基层人民法院审理的基本事实清楚、权利义务关系明确的第一审民事案件，可以由审判员一人适用普通程序独任审理。**

续表

2017 年《民事诉讼法》	2021 年《民事诉讼法》
	陪审员在执行陪审职务时,与审判员有同等的权利义务。

重点解读

本条是关于人民法院审理第一审民事案件的审判组织和人民陪审员权利的规定。2021 年修正《民事诉讼法》于本条第 2 款增加了"基层人民法院审理的基本事实清楚、权利义务关系明确的第一审民事案件,可以由审判员一人适用普通程序独任审理"的规定。本条共 3 款,其内容及适用要点分别如下:

一、一审合议庭的组成

本条第 1 款规定了一审民事案件原则上应当适用合议制进行审理。合议制是指由 3 名以上的审判人员,或者审判员与陪审员共同组成审判庭代表法院行使审判权,对案件进行审理和裁判的审判组织形式。合议制是我国民事诉讼的基本制度,是民主集中制在民事审判工作中的具体体现和运用。较之独任制,合议制能更全面可靠地对案情作出评价,同时,合议制的监督功能也可为裁判的正确性提供组织保障。根据本款规定,第一审的合议庭组成有两种类型:一是由审判员与陪审员共同组成;二是仅由审判员组成。人民法院具体采取何种形式的合议庭,通常由法院根据案情需要进行选择。对于合议庭成员的人数,立法明确为单数但未规定具体人数。实践中,民事案件的合议庭人数以 3 人为最常见的情形。人数必须为单数,主要是为避免若为偶数人数组成合议庭时,可能出现无法形成多数意见的困境。当然,值得注意的是,在合议庭组成人员为单数的前提下,但因同时出现多种意见以至于仍无法形成最终意见时,可由院长提请审判委员会讨论决定。

二、独任制的适用

相较于旧法，本条第2款的修正之处，突破了一审普通程序适用合议制的基本原则。在“基本事实清楚、权利义务关系明确”的民事案件中，可以由法官一人适用普通程序独任审理案件，扩大了独任制的适用范围。本条规定的“前身”为2020年1月15日最高人民法院颁布的《民事诉讼程序繁简分流改革试点实施办法》（以下简称《繁简分流办法》）第16条，即“基层人民法院适用小额诉讼程序、简易程序审理的案件，由法官一人独任审理。基层人民法院审理的事实不易查明，但法律适用明确的案件，可以由法官一人适用普通程序独任审理”。通过试点地区对基层人民法院由法官一人适用普通程序独任审理部分民事案件开展的前期试点探索工作，为从法律规范层面出台本款规定奠定了实践基础。

适用本款规定，应当注意两个方面：一方面，延续此前规定，明确在简易程序中必须适用独任制。简易程序与普通程序均是第一审程序，简易程序是普通程序的简化，它的适用符合我国幅员辽阔、人口众多的基本国情，对便利民众、提高诉讼效率、降低诉讼成本发挥着重要作用。而独任制，是指由一名审判员对案件进行审理并作出裁判的审判组织形式。因为仅有一人审理，为保障裁判质量，因此通常其适用范围为基本事实清楚、权利义务关系明确的简单案件。简易程序案件的范围即为简单案件，因此与独任制的适用具有天然契合性。独任制与简易程序的结合，可在保障公正裁判的同时，最大限度地节约司法资源，便利当事人。因此，本款规定，简易程序以独任制审理为基本原则。另一方面，在普通程序中，原则上适用合议制。随着案件大量下沉、基层法院纠纷解决量激增，“案多人少”等问题愈发凸显，亟待立法予以回应。同时，民事案件适用普通程序与简易程序二者区分的本质在于案件的复杂程度和影响因素。在此逻辑基础上，在适用普通程序的简单案件中采取独任制审理方式，本质上并不违背基本法理。从前期试点工作的反馈来看，也确实取得了良好的实践效果。因此，从整体上看，适当扩大独任制的适用范围是必要的，也是可行的。在普通程序中适用独任制，将实现基层法院司法配置的多样化，员额法官从宝贵的审判资源中解放出来，集中精力与时间审理重大、疑难案件，最终有助于维护人民群众利益、提升司法公信力。当然，需要强调的是，一审普通程序中适用独任制必须以"基本事实清楚、权利义务关系明确"为前提，不得以损害当事人程序保障和减损裁判质量为代价，对简单的案件，须在确保公正的基础上实现对效率的兼顾。对何为"基本事实清楚、权利义务关系明确"，可参照简易程序的适用标准。亦即，根据《民诉法解释》第256条的规定，"基本事实清楚"是指当事人对争议的事实陈述基本一致，并能提供相应的证据，无须人民法院调查收集证据即可查明事实；"权利义务关系明确"是指能明确区分责任的承担者和权利的享有者。

三、陪审员的权利义务

本条第3款规定了人民陪审员在执行陪审职务时的权利义务。人民陪审员制度，是指国家审判机关审判案件时吸收非职业法官作为陪审员，陪审员与职业法官或职业审判员一起审判案件的一种司法制度。2018年4月，我国第一部关于人民陪审员制度的专门法律《人民陪审员法》正式颁布施行，标志着我国陪审制发展进入了历史新阶段。通过吸纳普通民众参与庭审，邀请具备专业技能的人民陪审员辅助裁判，有利于提高司法的公正性和裁判的科学性，是实现司法民主的重要途径。

本款规定了陪审员在执行陪审职务时与审判员享有同等的权利义务，主要包括两方面的内容：一方面，人民陪审员与审判员地位平等，可平等地参与案件审理、评议、裁判全程。根据案件性质的不同，有权对事实认定、法律适用独立发表意见，并独立行使表决权。部分情况下，对法律适用可以发表意见，但不参加表决。人民陪审员同合议庭其他组成人员意见分歧的，应当将其意见写入笔录。审判员应当对人民陪审员履行相应的指引、提示义务，但不得妨碍人民陪审员对案件的独立判断。另一方面，人民陪审员也应与审判员一样，遵循案件回避等义务，不得私下会见当事人或案件代理人，不得接受与案件有关的利益，不得泄露与案件有关的国家秘密、商业秘密或个人隐私。通过肯定人民陪审员与审判员具有同等的权利义务，彰显立法机关希冀消除实践中大量存在的“陪而不审、审而不议、议而不言”乱象的立法目的。

典型案例

江苏大木贸易有限公司与中国新兴建设开发有限责任公司买卖合同纠纷案[1]

原告江苏大木贸易有限公司诉被告中国新兴建设开发有限责任公司买卖合同纠纷一案，北京市海淀区人民法院于2021年1月13日立案后，根据《繁简分流办法》第16条的规定，依法适用第一审普通程序，由审判员一人独任审理。

实用小贴士

《人民陪审员法》第15条规定了在第一审程序中，由陪审员和法官组成合议庭进行审判的情形，主要包括：涉及群体利益、公共利益的，人民群众广泛关注或者其他社会影响较大的，案情复杂或者有其他情形，需要由人民陪审员参加审判的。这些案件审理过程中要求陪审员的参与，原因在于案件结果与民众利益关系重大。此外，也可能因涉及较强的专业性和技术性，从而邀请陪审员参加审判，有助于增加案件裁判的科学性与公正性。

第四十一条　【二审、重审、再审审判组织】人民法院审理第二审民事案件，由审判员组成合议庭。合议庭的成员人数，必须是单数。

〔1〕 参见北京市海淀区人民法院(2021)京0108民初3678号案例。

中级人民法院对第一审适用简易程序审结或者不服裁定提起上诉的第二审民事案件，事实清楚、权利义务关系明确的，经双方当事人同意，可以由审判员一人独任审理。

发回重审的案件，原审人民法院应当按照第一审程序另行组成合议庭。

审理再审案件，原来是第一审的，按照第一审程序另行组成合议庭；原来是第二审的或者是上级人民法院提审的，按照第二审程序另行组成合议庭。

条文对照

2017 年《民事诉讼法》	2021 年《民事诉讼法》
第四十条 人民法院审理第二审民事案件，由审判员组成合议庭。合议庭的成员人数，必须是单数。 发回重审的案件，原审人民法院应当按照第一审程序另行组成合议庭。 审理再审案件，原来是第一审的，按照第一审程序另行组成合议庭；原来是第二审的或者是上级人民法院提审的，按照第二审程序另行组成合议庭。	**第四十一条** 人民法院审理第二审民事案件，由审判员组成合议庭。合议庭的成员人数，必须是单数。 **中级人民法院对第一审适用简易程序审结或者不服裁定提起上诉的第二审民事案件，事实清楚、权利义务关系明确的，经双方当事人同意，可以由审判员一人独任审理。** 发回重审的案件，原审人民法院应当按照第一审程序另行组成合议庭。 审理再审案件，原来是第一审的，按照第一审程序另行组成合议庭；原来是第二审的或者是上级人民法院提审的，按照第二审程序另行组成合议庭。

重点解读

本条是关于人民法院二审、重审及再审审判组织的规定。相较于旧法,本条规定的修正之处在于赋予人民法院在二审程序中适用独任制审理的合法性。亦即,第一审适用简易程序审理结案或者不服民事裁定提起上诉的第二审民事案件,事实清楚、权利义务关系明确的,经双方当事人同意,可以由审判员一人独任审理。本处修改的基础源于《繁简分流办法》第18条的规定,即"第二审人民法院审理上诉案件应当组成合议庭审理。但事实清楚、法律适用明确的下列案件,可以由法官一人独任审理:(一)第一审适用简易程序审理结案的;(二)不服民事裁定的"。

本条共包括4款,其内容及适用要点分别如下:

一、二审的合议庭

本条第1款规定有两点内容:第一,人民法院审理第二审民事案件时,原则上应当采取合议制。第二,二审合议庭必须由审判员组成,且人数为单数。亦即,二审与一审程序不同,二审审判组织以合议制为原则,且合议庭组成人员不能有陪审员参与。这种不同的原因在于二审程序的特殊性。二审程序除需审理当事人的上诉请求,作出裁判外,同时还兼具对一审审判活动的监督、纠错和指导功能。基于二审程序的此种性质和任务,同时考虑到我国两审终审制的程序设计,为确保案件审理结果的正当性与合理性,因此规定只能由审判员组成合议庭进行审理。合议庭的组成人数仍为奇数。

二、二审的独任庭

本条第2款为新增条款,是以第1款所确立的二审以合议制为原则基础上的例外规定。亦即,如果一审案件是适用简易程序审理,或二审裁判对象是民事裁定的案件,且符合事实清楚、权利义务关系明确的二审民事案件,此时无须组成合议庭,可以由审判员一人独任审理。本款同样体现了本次修法以提升效率为主题、全面简化审判组织、力争解决案件积压的修法目的。对二审中放宽独任制的适用,本款将范围限定为一审以简易程序审理的上诉案件及裁定类上诉案件。原因在于:一方面,这两类案件案情相对简单,权利义务关系比较明确,审理难度不大。另一方面,据统计,目前不服民事裁定的上诉中,第二审作出维持裁判比例超过95%,绝大多数为简单案件,可以由法官一人审理。[1]

三、发回重审的合议庭

本条第3款是关于重审案件审判组织的规定。对于上诉案件,二审法院经过审理,发现存在原判决认定基本事实不清的,或者原判决遗漏当事人或者违法缺席判决等严重违反法定程序的,裁定撤销原判决,发回原审人民法院重审。对于发回重审的案件,原审人民法院应当按照第一审程序重新审理。因此,重审案件在程序上等同于第一审案件,合议庭也应符合一审合议制的有关规定。合议庭的组成可由审判员单独构成,也可由审判员与陪审员共同组成。但与一般一审合议制程序不同的是,对于发回重审的案件,必须另行组成合议庭,以避免由原合议庭重审时先入为主,使错误无法纠正的情况发生。

四、再审的合议庭

本条第4款是关于再审案件审判组织的规定。再审程序,是指人民法院对已经发生法律效力的裁判,在该判决确有错误时,依照法定程序再次进行审理以纠正其错误的审判程序。根据本款规定,再审案件的审级取决于作出原生效裁判法院的审级,即原审是第一审的,再审则按照第一审程序审理;原审是第二审的,再审案件按照第二审程序审理。合议庭则对照不同的审级,按照相应程序进行组成,原审程序中,合议庭组成有陪

〔1〕 刘峥、何帆、李承运:《〈民事诉讼程序繁简分流改革试点实施办法〉的理解与适用》,载《人民法院报》2020年1月17日,第005版。

审员参与的,再审程序的合议庭同样可由陪审员组成。再审程序合议庭组成的特别之处与重审案件一样,再审时合议庭必须另行组成,原参与案件审理的审判员或陪审员均不得参与再审审判,目的在于保障裁判的公正性。

典型案例

张力滔与徐文质健康权纠纷案[1]

上诉人张力滔因与被上诉人徐文质健康权纠纷一案,不服济南市历下区人民法院(2020)鲁0102民初1449号民事判决,向山东省济南市中级人民法院提起上诉。济南市中级人民法院于2020年6月16日立案后,根据《全国人民代表大会常务委员会关于授权最高人民法院在部分地区开展民事诉讼程序繁简分流改革试点工作的决定》及《最高人民法院民事诉讼程序繁简分流改革试点实施办法》第18条、第20条的规定,依法适用第二审程序,由审判员一人独任审理。

实用小贴士

对于二审中适用独任制审理的案件,立法限定为一审以简易程序审理的上诉案件及裁定类上诉案件,但不意味着这两类案件的二审程序必然适用独任制审理,当这两类案件案情复杂,权利义务关系并不明确,法官在审理过程中发现不宜独任审理情形的,仍应当交由合议庭审理。

[1] 参见山东省济南市中级人民法院(2020)鲁01民终6668号案例。

第四十二条　【不得独任审理的情形】人民法院审理下列民事案件，不得由审判员一人独任审理：

（一）涉及国家利益、社会公共利益的案件；

（二）涉及群体性纠纷，可能影响社会稳定的案件；

（三）人民群众广泛关注或者其他社会影响较大的案件；

（四）属于新类型或者疑难复杂的案件；

（五）法律规定应当组成合议庭审理的案件；

（六）其他不宜由审判员一人独任审理的案件。

条文对照

2017 年《民事诉讼法》	2021 年《民事诉讼法》
	第四十二条　人民法院审理下列民事案件，不得由审判员一人独任审理： （一）涉及国家利益、社会公共利益的案件； （二）涉及群体性纠纷，可能影响社会稳定的案件； （三）人民群众广泛关注或者其他社会影响较大的案件； （四）属于新类型或者疑难复杂的案件； （五）法律规定应当组成合议庭审理的案件； （六）其他不宜由审判员一人独任审理的案件。

重点解读

本条是关于不得适用独任制进行审理的规定。

在此之前立法中，未曾统一明定独任审理的适用范围，仅散见于各条文之中。例如，2017 年《民事诉讼法》第 160 条规定：“简单的民事案件由审判员一人独任审理……”第 178 条规定：“依照本章程序[1]审理的案件，实行一审终审。选民资格案件或者重大、疑难的案件，由审判员组成合议庭审理；其他案件由审判员一人独任审理。”《民诉法解释》第 454 条规定，“适用公示催告程序审理案件，可由审判员一人独任审理；判决宣告票据无效的，应当组成合议庭审理”。本次修法，首次通过明文列举方式，规定不得适用独任制审理的案件类型，原因在于相较于合议制的审判组织形式，独任制存在审判人员个人认知局限、主观片面的弊端。因此，在追求提升效率、扩大独任制适用范围的同时，立法机关兼顾公正，限定了不得由审判员独任审理的案件，以避免独任制扩大适用的极端化，保障裁判质量。

《繁简分流办法》第 17 条规定了基层人民法院必须适用合议制的情形，主要包括：(1)涉及国家利益、公共利益的；(2)涉及群体性纠纷，可能影响社会稳定的；(3)产生较大社会影响，人民群众广泛关注的；(4)新类型或者疑难复杂的；(5)与本院或者上级人民法院已经生效的类案判决可能发生冲突的；(6)发回重审的；(7)适用审判监督程序的；(8)第三人起诉请求改变或者撤销生效判决、裁定、调解书的；(9)其他不宜采用独任制的案件。本条在借鉴该条的基础上，进行了进一步提炼与整理，最终归纳出六种案件类型，并设有兜底条款。总体上看，主要可概括为以下 4 类：(1)涉及国家、社会利益的案件。国家、社会利益高于一切，对于涉及国家与社会重大利益的案件，必须以合议制为审判组织形式，确保裁判质量，维护国家、社会利益。(2)可能影响社会稳定，可能产生广泛社会影

[1] 指特别程序。

响的案件。维护社会安定和谐,是改革开放和现代化建设的重要保证,也是构建和谐社会的基本要求。切实维护人民群众的合法权益,是促进社会安定和谐的出发点和落脚点,因此,对于涉及众多群众利益,社会影响广泛的案件不宜适用独任制。(3)新型及疑难案件。这类案件对法官司法能力、审判经验要求较高,判决还可能对法律统一适用产生影响,不宜适用独任制。(4)已有立法明确规定必须组成合议庭审理的案件。此种类型涵盖了发回重审、适用审判监督程序等涉及案情复杂、存有较大争议、可能冲击裁判安定性的案件,因此由合议庭审理更为适当。

典型案例

上诉人中航工业湖南资产经营管理有限公司与被上诉人中国华融资产管理股份有限公司江苏省分公司、原审被告中航工力智能机械江苏有限公司、姜峰、于素清债权转让合同纠纷案〔1〕

江苏省南京市中级人民法院认为,根据《最高人民法院关于适用〈中华人民共和国民事诉讼法〉的解释》第257条的规定,发回重审的案件、适用审判监督程序的案件,不适用简易程序。《繁简分流办法》第17条规定:“基层人民法院审理的案件,具备下列情形之一的,应当依法组成合议庭,适用普通程序审理:……(六)发回重审的;(七)适用审判监督程序的……”本案系适用审判监督程序发回重审的案件,一审法院应当组成合议庭,适用普通程序审理。一审法院适用普通程序独任审理,审判组织的组成不合法,属于《民事诉讼法》第170条第1款第4项规定的严重违反法定程序的情形。依照《民事诉讼法》第170条第1款第4项规定,裁定撤

〔1〕 参见江苏省南京市中级人民法院(2020)苏01民终5650号案例。

销江苏省南京市鼓楼区人民法院(2018)苏0106民初11577号民事判决;本案发回江苏省南京市鼓楼区人民法院重审。

实用小贴士

不得适用独任制的案件类型,与《人民陪审员法》第15条、第16条规定的需要人民陪审员参审的案件类型具有重合性。根据《人民陪审员法》第15条、第16条规定,下列案件需由人民陪审员参与审理:(1)涉及群体利益、公共利益的;(2)人民群众广泛关注或者其他社会影响较大的;(3)案情复杂或者有其他情形,需要由人民陪审员参加审判的;(4)可能判处10年以上有期徒刑、无期徒刑、死刑,社会影响重大的刑事案件;(5)根据《民事诉讼法》《行政诉讼法》提起的公益诉讼案件;(6)涉及征地拆迁、生态环境保护、食品药品安全,社会影响重大的案件;(7)其他社会影响重大的案件。此外,《最高人民法院关于完善人民法院司法责任制的若干意见》第24条、《最高人民法院关于完善人民法院审判权力和责任清单的指导意见》第8条规定的应当纳入院庭长个案监督范围的"四类案件"类型,原则上都应当适用合议制审理。具体包括:(1)涉及群体性纠纷,可能影响社会稳定的;(2)疑难、复杂且在社会上有重大影响的;(3)与本院或者上级法院的类案判决可能发生冲突的;(4)有关单位或者个人反映法官有违法审判行为的。[1]

第四十三条　【独任制异议及转换】人民法院在审理过程中,发现案件不宜由审判员一人独任审理的,应当裁定转由合议庭审理。

当事人认为案件由审判员一人独任审理违反法律规定的,可以向人民法院提出异议。人民法院对当事人提出的异议应当审查,异议成立的,裁定转由合议庭审理;异议不成立的,裁定驳回。

---

[1] 参见《民事诉讼程序繁简分流改革试点问答口径(一)》第24条。

条文对照

2017 年《民事诉讼法》	2021 年《民事诉讼法》
	第四十三条　人民法院在审理过程中，发现案件不宜由审判员一人独任审理的，应当裁定转由合议庭审理。 **当事人认为案件由审判员一人独任审理违反法律规定的，可以向人民法院提出异议。人民法院对当事人提出的异议应当审查，异议成立的，裁定转由合议庭审理；异议不成立的，裁定驳回。**

重点解读

本条是关于独任制转换为合议制以及当事人对独任审理提出异议的规定。

本条的立法基础是《繁简分流办法》第 19 条。《繁简分流办法》第 19 条规定："由法官一人独任审理的第一审或者第二审案件，审理过程中出现本办法第十七条第（一）至（五）项或者第（九）项所列情形之一的，人民法院应当裁定组成合议庭审理，并将合议庭组成人员及相关事项书面通知双方当事人。由独任审理转为合议庭审理的案件，审理期限自人民法院立案之日起计算，已经作出的诉讼行为继续有效。双方当事人已确认的事实，可以不再举证、质证。"本条在总结借鉴《繁简分流办法》第 19 条规定的基础上，最终共设两款内容，分别规定了独任制转换为合议制及当事人对人民法院适用独任制提出异议的程序规则，其适用要点如下：

一、人民法院在审理过程中，发现案件不宜由审判员一人独任审理的，应当裁定转由合议庭审理

除有已明确必须适用独任制或合议制的立法情形外，对合议制与独任制的适用通常由法官根据案情决定。在实践中，可能出现的情形为在案件受理阶段，人民法院尚未对案件进行实质审理时，初步认为案情符合独任制的适用条件。但是，随着案件审理过程的展开，发现案件比较复杂，并非为可适用独任审理的简单案件。此时，应当作出裁定，转由合议制的审判组织形式进行审理，以确保案件裁判质量，维护当事人的合法权益。需要注意的是，结合本法第40条第2款的规定，当案件由简易程序转换为普通程序审理后，若符合独任制适用条件，并且不符合第42条必须适用合议制情形的，可以在普通程序中继续采取独任制审理。简易程序转为普通程序并不必然导致独任制转换为合议制，独任制转换为合议制不受审理程序的限制，是否转换的核心仍在于案件性质。判断案件是否属于由独任制转换为合议制审理的情形主要应参考本法第42条的规定。

对于独任制转换为合议制的程序规则，本法规定必须以裁定方式进行处理。其具体操作流程，可参考《民事诉讼程序繁简分流改革试点问答口径(一)》的规定。亦即，案件审理过程中出现需要转换审判组织的情形，转换可以由独任法官自行提出，也可以由院庭长依个案监督职权提出，但独任法官不能任意驳回。经审查需要转换的，由合议庭以裁定的方式作出转换裁定。裁定可以采用书面或者口头形式，作出裁定后应当将合议庭组成人员及相关事项以书面形式通知双方当事人。对于之前适用小额诉讼程序或简易程序审理的，裁定中应当一并明确审理程序的转换。独任制转换为合议制后，即使审理过程中原有的审判组织转换情形消失，也应当继续由合议庭审理。[1]

---

〔1〕 参见《民事诉讼程序繁简分流改革试点问答口径(一)》第23～26条。

二、当事人认为案件由审判员一人独任审理违反法律规定的，可以向人民法院提出异议。人民法院对当事人提出的异议应当审查，异议成立的，裁定转由合议庭审理；异议不成立的，裁定驳回

本款是关于当事人对适用独任制审判组织形式审理案件不满，提出异议的规定。适用独任制的普通程序案件有确定的适用范围和条件，实践中是否依法合理适用，涉及当事人的重大程序利益，应当允许当事人提出异议。结合本法第 41 条的规定，由于二审中存有可适用独任制的情形，因此，本条所规定的当事人异议范围包括一审及二审程序。对于异议程序的具体操作，结合《民事诉讼程序繁简分流改革试点问答口径（二）》第 19 条、第 20 条的精神来看，需注意以下几点：第一，关于异议的请求。当事人的异议请求，仅限于案件是否应当适用独任制审理，而不包括是否应当适用普通程序。根据《民事诉讼法》及其司法解释的规定，对人民法院已经确定适用普通程序审理的案件，当事人不得就审理程序再提出异议。第二，关于异议的事由。当事人对一审程序不符合独任制提出异议的事由包括以下两个方面：一是案件符合立法规定的应当适用合议制的情形；二是案件不符合在普通程序中适用独任制的案件情形，即不满足“基本事实清楚、权利义务关系明确”的适用条件。当事人对二审程序不符合独任制提出异议的事由包括三个方面：一是案件符合本法规定，应当适用合议制审理；二是案件不符合二审独任制“基本事实清楚、权利义务关系明确”的适用条件；三是案件不符合二审独任制适用范围，不属于“第一审适用简易程序审理结案”和“不服民事裁定”案件。第三，关于异议的程序。人民法院应当在《一审普通程序独任审理通知书》或《二审案件独任审理通知书》中，或者在作出转为独任制普通程序审理的裁定时，告知当事人提出异议的权利。当事人应当在独任法官适用普通程序开庭审理前提出异议。异议由独任法官负责审查。经审查，异议成立的，由合议庭作出组成合议庭审理的裁定；异议不成立的，口头告知当事人，并记入笔录。[1]

典型案例

中天建设集团有限公司与郭继荣等买卖合同纠纷案[2]

上诉人中天建设集团有限公司（以下简称中天公司）因与被上诉人郭继荣、被上诉人荣盛房地产发展股份有限公司霸州分公司买卖合同纠纷一案，不服北京市大兴区人民法院（2019）京0115民初16955号民事判决，向北京市第二中级人民法院提起上诉。北京市第二中级人民法院立案后，依法适用独任制公开开庭进行了审理。经审查认为，由法官一人独任审理的第二审民事案件，在审理过程中因出现新情况属于疑难复杂类型案件的，符合最高人民法院《繁简分流办法》第19条规定的由独任审理转为合议庭审理的情形。依照《民事诉讼法》第154条第11项规定，裁定如下：本案转为合议庭审理。

实用小贴士

对于已经开庭审理的二审独任制案件，依法转为合议庭审理后，并不要求一律再次开庭。案件是否需要再次开庭，应当由合议庭根据法律规定，结合案件具体情况确定。整体上，案件存在下列情形的，应当再次开庭：（一）开庭后，当事人又提出新的事实、证据和理由，申请再次开庭审理的；（二）案件审理过程中产生较大社会影响，人民群众广泛关注的；（三）案件属于新类型或者疑难复杂，合议庭认为有必要通过再次开庭查明相关案件事实的。[3]

当出现独任制转换为合议制的情形时，案件审理期限主要由程序决定，不应当因审判组织转换而变更，审判组织转化后的审理期限仍然自立案之日起计算。诉讼

[1] 参见《民事诉讼程序繁简分流改革试点问答口径（二）》第19条、第20条。

[2] 参见北京市第二中级人民法院（2020）京02民终832号案例。

[3] 参见《民事诉讼程序繁简分流改革试点问答口径（二）》第21条。

效果方面，为维护程序安定，已经发生的先行诉讼行为和诉讼效果应当维持其效力，合议庭在承接案件后存在疑虑的，可以重新组织开庭。[1]

第四十四条 【审判长】合议庭的审判长由院长或者庭长指定审判员一人担任；院长或者庭长参加审判的，由院长或者庭长担任。

第四十五条 【评议原则】合议庭评议案件，实行少数服从多数的原则。评议应当制作笔录，由合议庭成员签名。评议中的不同意见，必须如实记入笔录。

第四十六条 【依法办案】审判人员应当依法秉公办案。

审判人员不得接受当事人及其诉讼代理人请客送礼。

审判人员有贪污受贿，徇私舞弊，枉法裁判行为的，应当追究法律责任；构成犯罪的，依法追究刑事责任。

---

〔1〕 参见刘峥、何帆、李承运：《〈民事诉讼程序繁简分流改革试点实施办法〉的理解与适用》，载《人民法院报》2020年1月17日，第005版。

第四章　回　　避

第四十七条　【回避情形】审判人员有下列情形之一的，应当自行回避，当事人有权用口头或者书面方式申请他们回避：

（一）是本案当事人或者当事人、诉讼代理人近亲属的；

（二）与本案有利害关系的；

（三）与本案当事人、诉讼代理人有其他关系，可能影响对案件公正审理的。

审判人员接受当事人、诉讼代理人请客送礼，或者违反规定会见当事人、诉讼代理人的，当事人有权要求他们回避。

审判人员有前款规定的行为的，应当依法追究法律责任。

前三款规定，适用于书记员、翻译人员、鉴定人、勘验人。

重点解读

本条是关于回避情形的规定。

一、回避的对象

本条规定，民事诉讼中回避的对象包括审判人员、书记员、翻译人员、鉴定人和勘验人。另外，根据《民诉法解释》第48条的规定，回避的对象中的审判人员包括法院院长、副院长、审判委员会委员、庭长、副庭长、审判员、助理审判员、人民陪审员。同时，书记员和执行人员的回避参照审判人员回避的有关规定执行。

二、回避的事由

从本条规定来看,可将回避的事由分为原发性回避事由和继发性回避事由。

(一)原发性回避事由

原发性回避事由指的是回避的事由在诉讼开始之前就已经存在,而且是客观存在的事实,主要涉及三种关系:一是亲属关系;二是利害关系;三是其他可能影响案件公正审理的关系。首先,最常见的回避依据是由亲属关系引发的回避事由,其同时也是立法最为关注的回避事由。从《民事诉讼法》的规定来看,不仅审判人员、书记员、翻译人员等与当事人存在亲属关系需要回避,而且审判人员、书记员、翻译人员等与诉讼代理人存在亲属关系也需要回避。其次,"利害关系"的判定容易界限不清、疆域不明。将利害关系作为回避事由,主要包括两个方面:一是审判人员、书记员、翻译人员等与案件或当事人之间存在一定的实体性利益关系,如相互之间存在债权债务关系;享有共同权利或承担共同的义务;与其中一方有直接的上下级隶属关系;等等。二是审判人员、书记员、翻译人员等曾参与过案件处理的某一个程序,具有职务性利害关系。最后,其他可能影响案件公正审理的关系。"与本案当事人、诉讼代理人有其他关系",主要是指关系密切的同学、同事、朋友等,或者曾经与当事人有过恩怨,只要具有影响公正审判可能的关系都被界定在此范围内。

(二)继发性回避事由

继发性回避事由指的是审判人员在诉讼过程中实施的违反法律规定的行为,该行为可能发生不公正或妨碍公正审判的情形。继发性回避事由的发生一般都是人为因素导致的,审判人员的行为使当事人对他的公正性产生了合理的怀疑,进而也产生了该审判人员回避的必要性。本条所列举的情形，如接受请客送礼、私下会见等，都是违反法律禁止性规定的行为，也是我国司法实践中审判人员比较常见的违法行为。对此，当事人都有权申请其回避。

三、回避的方式

回避包括两种方式：一是自行回避，二是申请回避。除上述两种回避方式外，最高人民法院在司法解释中增设了职权回避制度。自行回避指的是审判人员或其他人员在人民法院受理案件后，基于法律的规定，认为自己审理或参与审理某一案件不合适时，自行请求放弃审理或参与审理该案的工作，更换其他审判人员或其他人员审判或参与审判活动的制度。申请回避指的是当事人及其法定代理人认为审判人员及其他人员有法律规定的应当回避事项的，向法院提出回避申请，法院审查确认后更换审判人员或其他人员的制度。申请回避是法律赋予当事人及其法定代理人的一项诉讼权利。职权回避指的是法院受理案件后，审判人员存在回避的原因，但当事人没有申请回避，审判人员或其他人员也没有提出自行回避请求，法院依职权作出决定，责令审理该案件的审判人员及其他人员回避的制度。

四、回避的决定程序

民事诉讼回避决定程序指的是在民事诉讼中，因审理案件的审判人员或相关人员可能与案件或案件当事人存在某种关系，当事人提出相关人员退出案件审理的申请，有权机关经过审查，对是否同意当事人的申请作出决定的规则和制度。民事诉讼回避决定程序具有以下四个方面的特点：第一，对申请回避和自行回避，法院院长拥有主要的决定权，其有权决定审判人员是否回避。若由院长本人担任审判人员审理案件，其回避由审判委员会决定。第二，当事人对回避决定不服的救济方式是可以申请复议，但复议仅限 1 次。第三，法院经复议可以采取决定的形式对当事人的复议申请作出处理。第四，决定一经作出即发生法律效力。

典型案例

陈傅叶与海南联合皇冠汽车服务有限公司买卖合同纠纷案[1]

对陈傅叶提出一审程序存在应当回避的审判人员未回避的问题，经查，陈傅叶一审中以本案一审审判人员同时主审联合皇冠公司诉陈傅叶重大误解撤销合同纠纷一案及本案，二案属于诉讼请求相互矛盾、相互冲突的案件为由，提出回避申请，陈傅叶该主张不符合《民事诉讼法》第44条之规定，一审法院驳回其申请正确。综上，陈傅叶的上诉请求及理由没有事实和法律依据，法院不予采纳。原审判决认定事实清楚，适用法律正确，程序合法，依法应予维持。

实用小贴士

疑难、复杂、重大案件中的审判人员，应当包含审判委员会委员。因此，参与该案的审判委员会委员如有应当回避的情形，也属于回避的对象，回避制度同样适用。

第四十八条 【回避申请】当事人提出回避申请，应当说明理由，在案件开始审理时提出；回避事由在案件开始审理后知道的，也可以在法庭辩论终结前提出。

被申请回避的人员在人民法院作出是否回避的决定前，应当暂停参与本案的工作，但案件需要采取紧急措施的除外。

[1] 参见海南省海口市中级人民法院(2017)琼01民终2591号案例。

第四十九条 【回避的决定】院长担任审判长或者独任审判员时的回避,由审判委员会决定;审判人员的回避,由院长决定;其他人员的回避,由审判长或者独任审判员决定。

条文对照

2017 年《民事诉讼法》	2021 年《民事诉讼法》
第四十六条 院长担任审判长时的回避,由审判委员会决定;审判人员的回避,由院长决定;其他人员的回避,由审判长决定。	**第四十九条** 院长担任审判长**或者独任审判员**时的回避,由审判委员会决定;审判人员的回避,由院长决定;其他人员的回避,由审判长**或者独任审判员**决定。

重点解读

本条是关于回避决定权人的规定。

回避所反映的核心内容是审判人员及相关人员的中立性,这种中立性要求有关人员不能与案件存在利害关系,对当事人不能有偏见。回避申请是当事人的一项重要诉讼权利,人民法院对当事人提出的回避申请应当慎重对待。与此相对,当事人行使回避申请的权利时需要承担说明理由以及必须在一定的期间内行使两项义务。(1)说明理由。其内容包括需要回避的具体人员、回避的事由、证据及证据线索。说明理由既可以口头方式提出,也可以书面方式提出。(2)申请回避期间。回避申请必须在一定的期间内行使,审判长或者独任审判员在开庭审理时宣布审判人员、书记员等人员的名单后,应当主动询问当事人是否申请回避。当事人申请回避,一般应当在案件开始审理时提出。在特殊情况下,如果当事人是在审理开始后发现回避事由的,或者回避事由是在审理开始后发生的,也可以在法庭辩论终结前提出。

当事人的回避申请应当经过人民法院审查,人民法院经过审查之后,根据审查情况作出是否同意相关人员回避的决定。被申请回避的人员,在人民法院作出是否回避的决定前,应当暂停参与本案的工作。但是案件需要采取紧急措施的除外。典型情况如作出诉讼保全并交付执行的案件,为避免造成难以挽回的损失,即使存在当事人申请相关审判人员的回避的情形,相关审判人员也不应停止本案的工作,仍可以采取相应的紧急措施。

为了加强法院审判工作改革力度和队伍建设,充分发挥独任审判的职能作用,确保司法公正,提高审判效率,2021年《民事诉讼法》增加了独任审判员这一可被申请回避的对象,体现出对当事人回避申请权利的尊重和保护。此外,2021年《民事诉讼法》明确了独任审判员可以对其他人员决定回避,体现了立法的严谨性和完整性。回避决定权的行使主体是受理案件的人民法院,但由于被申请回避的人员不同,决定了其回避的权限也不同。本条规定的院长,既包括正职院长,也包括副职院长;审判人员包括各级人民法院院长、副院长、审判委员会委员、庭长、副庭长、审判员和助理审判员;其他人员主要指书记员、翻译人员、鉴定人、勘验人等。

人民法院对当事人提出的回避申请,应当在申请提出的3日内,以口头或者书面形式作出决定。申请人对决定不服的,可以在接到决定时申请复议一次。复议期间,被申请回避的人员,不应停止参与本案的工作。人民法院对复议申请,应当在3日内作出复议决定,并通知复议申请人。

典型案例

张培莲与四川科技出版社有限公司著作权纠纷案[1]

法院在审查张培莲与四川科技出版社有限公司著作权纠纷申请再审

---

〔1〕 参见最高人民法院(2014)民申字第2046号案例。

一案中，张培莲提出申请认为，本案合议庭审判长周翔曾在北京市高级人民法院审理的其与四川科技出版社等著作权纠纷案中担任审判员。该案合议庭在审判过程中存在故意违背法律、枉法裁判的情形。其担心周翔担任本案审判长会影响本案公正审查，故申请周翔回避。经审查，法院认为，张培莲的申请不符合《民事诉讼法》第44条的规定，现决定驳回张培莲的回避申请。

实用小贴士

一、副院长担任审判长的回避申请，也应当由审判委员会决定。

二、审判委员会讨论院长回避问题时，由副院长主持，院长不得参加。

第五十条 【回避申请决定程序】人民法院对当事人提出的回避申请，应当在申请提出的三日内，以口头或者书面形式作出决定。申请人对决定不服的，可以在接到决定时申请复议一次。复议期间，被申请回避的人员，不停止参与本案的工作。人民法院对复议申请，应当在三日内作出复议决定，并通知复议申请人。

第五章　诉讼参加人

第一节　当　事　人

第五十一条　【诉讼当事人】公民、法人和其他组织可以作为民事诉讼的当事人。

法人由其法定代表人进行诉讼。其他组织由其主要负责人进行诉讼。

重点解读

本条是关于民事诉讼当事人的规定。

民事诉讼当事人，是指因民事上的权利义务关系发生纠纷，以自己的名义进行诉讼，要求法院行使民事裁判权并受人民法院生效裁判拘束的人。民事诉讼中的当事人有广义和狭义之分，狭义的当事人，仅指原告和被告，广义的当事人还包括共同诉讼人和第三人。这里的当事人，指的是狭义的当事人。需要注意的是，在不同的诉讼程序和阶段，当事人的称谓有所不同。具体来说，在第一审普通程序和简易程序中，起诉和被诉的主体被称为原告和被告。在第二审程序中，原一审中的当事人被称为上诉人和被上诉人。在审判监督程序中，如果适用第一审程序再审，原审的原告和被告仍被称为原告和被告；如果适用第二审程序再审，原审的上诉人和被上诉人仍被称为上诉人和被上诉人。在特别程序中，通常被称为申请人,但在选民资格案件中,被称为起诉人。在督促程序中,被称为申请人和被申请人。在公示催告程序中,被称为申请人和利害关系人。在执行程序中,被称为申请执行人和被执行人。当事人的不同称谓,一方面表明了其所处的诉讼程序和阶段有所不同,另一方面也表明其具有不同的诉讼地位和诉讼权利义务。

公民、法人和其他组织的民事诉讼主体资格,是公民、法人和其他组织能够享有民事诉讼权利、承担民事诉讼义务的资格。根据本条规定,享有民事诉讼主体资格的当事人包括公民、法人和其他组织 3 种。所谓公民,根据《宪法》第 33 条第 1 款的规定,凡具有中华人民共和国国籍的人都是中华人民共和国公民。所谓法人,根据《民法典》第 57 条的规定,是具有民事权利能力和民事行为能力,依法独立享有民事权利和承担民事义务的组织。法人应当具备下列条件:(1)依法成立;(2)有自己的名称、组织机构和住所;(3)有必要的财产或者经费;(4)能够独立承担民事责任。所谓其他组织,是指合法成立、有一定的组织机构和财产,但又不具备法人资格的组织。

典型案例

北京市朝阳区自然之友环境研究所、中华环保联合会与中国石油天然气股份有限公司、中国石油天然气股份有限公司吉林油田分公司环境污染公益诉讼案[1]

依法设立并领取营业执照、有一定组织机构和财产的法人分支机构可以作为民事诉讼的当事人。但对于原告在起诉法人分支机构时是否可以一并起诉设立该分支机构法人的问题,相关法律和司法解释并未予以明确,结合《民事

〔1〕 参见最高人民法院(2018)最高法民再 177 号案例。

诉讼法》赋予其他组织当事人资格的目的在于保护其他组织和相对方的民事权利、及时解决纠纷，并无限制当事人一并起诉设立分支机构法人的意旨，故除法律法规另有规定外，该事项应属原告起诉时可以选择的程序事项。本案系自然之友、中华环保联合会就中石油吉林分公司污染环境的行为提起的环境民事公益诉讼。石油产业是典型的资源能源型产业，石油产业链的开采、冶炼、运输到终端销售环节均极易造成环境污染和生态破坏，这就要求石油企业在追求经济利益的同时，必须采取有效措施预防、治理环境污染和生态破坏，最大限度地维护环境公共利益，促进经济、社会和环境协调发展。中石油公司作为中央直接管理的大型石油企业，应当自觉承担并监督其分支机构自觉承担相应的生态环境保护责任。自然之友、中华环保联合会因环境污染提起环境民事公益诉讼，将中石油吉林分公司和中石油公司列为共同被告，对督促中石油公司进一步加强对其分支机构的监管，积极承担维护环境公共利益的社会责任，具有积极的推动作用。二审法院以另案再审审查裁定作为在先裁判驳回自然之友和中华环保联合会对中石油公司的起诉，缺乏充分的法律依据，亦不利于实现环境公益诉讼制度目的，应予纠正。

第五十二条 【诉讼权利义务】当事人有权委托代理人，提出回避申请，收集、提供证据，进行辩论，请求调解，提起上诉，申请执行。

当事人可以查阅本案有关材料，并可以复制本案有关材料和法律文书。查阅、复制本案有关材料的范围和办法由最高人民法院规定。

当事人必须依法行使诉讼权利，遵守诉讼秩序，履行发生法律效力的判决书、裁定书和调解书。

第五十三条 【和解】双方当事人可以自行和解。

第五十四条　【诉讼请求、反诉】原告可以放弃或者变更诉讼请求。被告可以承认或者反驳诉讼请求,有权提起反诉。

第五十五条　【共同诉讼】当事人一方或者双方为二人以上,其诉讼标的是共同的,或者诉讼标的是同一种类、人民法院认为可以合并审理并经当事人同意的,为共同诉讼。

共同诉讼的一方当事人对诉讼标的有共同权利义务的,其中一人的诉讼行为经其他共同诉讼人承认,对其他共同诉讼人发生效力;对诉讼标的没有共同权利义务的,其中一人的诉讼行为对其他共同诉讼人不发生效力。

重点解读

本条是关于共同诉讼的规定。

当事人一方或者双方为二人以上的诉讼为共同诉讼,共同诉讼是诉讼主体的合并。原告为二人以上的,称为共同原告;被告为二人以上的,称为共同被告。二人以上的一方或双方当事人称为共同诉讼人。根据本条规定,共同诉讼分为必要共同诉讼和普通共同诉讼。

一、必要共同诉讼

必要共同诉讼,是指争议的诉讼标的是同一的共同诉讼。必要共同诉讼又分为固有必要共同诉讼和类似必要共同诉讼。从共同诉讼的必要性以及合一确定(诉讼资料统一和程序进行统一)的必要性出发,固有必要共同诉讼有共同诉讼之必要且须合一确定;类似必要共同诉讼有合一确定的必要,但无共同诉讼之必要。[1]

---

〔1〕 参见[日]高桥宏志:《重点讲义民事诉讼法》,张卫平、许可译,法律出版社 2007 年版,第 186 页。

(一)固有必要共同诉讼

固有必要共同诉讼,是指当事人一方或者双方为二人以上,其诉讼标的是同一的共同诉讼。必要共同诉讼要求共同诉讼人必须一同起诉或应诉,未一同起诉或应诉的,应予追加,人民法院也必须合并审理,且作出合一判决。其特征为:(1)诉讼标的唯一,数人对诉讼标的享有共同权利、承担共同义务;(2)诉讼实施权不可分,数人必须共同实施诉讼行为方为有效;(3)若该数人未共同参诉,则当事人不适格,法院必须强制其余人进入诉讼或者驳回起诉。

根据司法解释,下列情形的当事人应认定为固有必要共同诉讼:(1)继承。在继承遗产的诉讼中,部分继承人起诉的,人民法院应通知其他继承人作为共同原告参加诉讼;被通知的继承人不愿意参加诉讼又未明确表示放弃实体权利的,人民法院仍应将其列为共同原告。(2)借用。借用业务介绍信、合同专用章、盖章的空白合同书或者银行账户的,出借单位和借用人为共同诉讼人。(3)被监护人侵权。无民事行为能力人、限制民事行为能力人造成他人损害的,无民事行为能力人、限制民事行为能力人和其监护人为共同被告。(4)共有。共有财产权受到他人侵害,部分共有权人起诉的,其他共有权人为共同诉讼人。(5)个体工商户。营业执照上登记的经营者与实际经营者不一致的,以登记的经营者和实际经营者为共同诉讼人。(6)个人合伙。在诉讼中,未依法登记领取营业执照的个人合伙的全体合伙人为共同诉讼人。(7)法人分立。企业法人分立的,因分立前的民事活动发生的纠纷,以分立后的企业为共同诉讼人。

(二)类似必要共同诉讼

类似必要共同诉讼,是指数人对作为诉讼标的的法律关系,有选择一同起诉或应诉、或分别起诉或应诉的权利,虽然不要求必须一同起诉或应诉,但一旦选择共同诉讼,则必须对共同诉讼人的诉讼标的合一确定的共同诉讼。类似必要共同诉讼制度的意义在于缓解固有必要共同诉讼要求所有共同诉讼人必须一同起诉、应诉所带来的紧张关系。其特征为:第一,共同诉讼人各自具有独立实施诉讼的权能,各共同诉讼人可以单独起诉或应诉。第二,在单独实施的诉讼中,法院所作出的裁判对其他没有参与诉讼的利害关系人有拘束力。第三,如果其他人作为共同诉讼人参加诉讼,共同诉讼人的地位与固有必要共同诉讼相同,同样适用固有必要共同诉讼人相互关系的处理原则。

二、普通共同诉讼

普通共同诉讼,是指当事人一方或者双方为二人以上,其诉讼标的为同一种类,人民法院认为可以合并审理并经当事人同意的诉讼。构成同种类的诉讼标的的类型主要有以下三种:(1)基于同类事实或法律上的同类原因形成的同种类诉讼标的;(2)基于同一事实或法律上的原因形成的同种类诉讼标的;(3)基于数人对同一权利义务的确认形成的同种类诉讼标的。

普通共同诉讼的一方当事人对诉讼标的没有共同的权利或义务,是一种可分之诉,只是因为他们的诉讼标的属于同一种类,法院为审理方便,才将他们作为共同诉讼审理。例如,某房屋出租人对承租人甲、乙、丙三承租人提起支付欠租之诉,三承租人与房屋出租人分别订立租赁合同,他们欠租的情况和数额各不相同,相互之间也并无共同权利义务,只是由于他们与房屋出租人均发生欠租纠纷,出租人又都对他们提起诉讼,才将他们作为共同被告。

普通共同诉讼必须具备以下条件:(1)诉讼标的是同一种类;(2)人民法院认为可以合并审理;(3)当事人同意合并审理;(4)属于同一诉讼程序,归属同一人民法院管辖;(5)符合合并审理的目的。

三、必要共同诉讼与普通共同诉讼的区别

必要共同诉讼与普通共同诉讼存在以下区别:

1. 诉讼标的的性质不同。必要共同诉讼人对诉讼标的享有共同的权

利或承担共同的义务,其诉讼标的是共同的或同一的;而普通共同诉讼的诉讼标的仅仅是同一种类。

2. 共同诉讼人之间的相关性与独立性不同。在必要共同诉讼中,采取承认的原则,视全体共同诉讼人为一个整体,其中一人的诉讼行为经其他共同诉讼人同意,对其他共同诉讼人发生效力;在普通共同诉讼中,每个共同诉讼人都处于独立的地位,其诉讼行为对其他共同诉讼人不发生效力,只对自己发生效力。

3. 审判方式和审判结果不同。必要共同诉讼是一种不可分之诉,共同诉讼人必须一同起诉或者一同应诉,法院必须合并审理并作出合一判决,且判决内容不得相左;普通共同诉讼是一种可分之诉,共同诉讼人既可以一同起诉或者一同应诉,也可以分别起诉或应诉。法院既可以合并审理,也可以分开审理。合并审理时应经共同诉讼人同意,并分别作出判决,确认每个共同诉讼人与对方当事人之间的权利义务关系。

典型案例

甘肃华远实业有限公司等与兰州银行股份有限公司庆阳分行等金融借款合同纠纷案[1]

当事人依据多个法律关系合并提出多项诉讼请求,虽各个法律关系之间具有一定事实上的关联性,但若并非基于同一事实或者诉讼标的并非同一或同类,经人民法院释明后,当事人仍不分别起诉的,可以裁定驳回起诉。依据相关规定,可以合并审理的诉讼主要包含三种情况:一是系基于同一事实提起的诉;二是系诉讼标的同一或者同类的共同诉讼;三是系本诉和反诉。本案中,判断华远公司等6人的起诉是否符合合并审理的条件,应从华远公司等6人的起诉是否系基于同一事实以及是否构成

〔1〕 参见最高人民法院(2019)最高法民终77号案例。

共同诉讼两方面进行评判。华远公司等6人的起诉不构成共同诉讼，依据《民事诉讼法》的规定，共同诉讼包含必要共同诉讼和普通共同诉讼。必要共同诉讼是指诉讼标的共同的诉讼，是不可分之诉，共同诉讼人必须一并参加诉讼，否则为当事人不适格。本案3个借款法律关系互相独立，构成独立的诉讼标的，且各个诉讼标的之间不存在牵连，完全可以单独起诉，不属必要共同诉讼。普通共同诉讼是诉讼标的是同一种类，人民法院认为可以合并审理并经当事人同意合并审理的诉讼。本案所涉3个借款法律关系虽属同类，但各个借款法律关系涉及的主体不同、担保法律关系不同，且华远公司等6人基于不同法律关系所提出的诉讼请求各不相同，所指向的主体也有所不同，故本案亦不属普通共同诉讼，不符合合并审理的条件。

第五十六条　【人数确定的代表人诉讼】当事人一方人数众多的共同诉讼，可以由当事人推选代表人进行诉讼。代表人的诉讼行为对其所代表的当事人发生效力，但代表人变更、放弃诉讼请求或者承认对方当事人的诉讼请求，进行和解，必须经被代表的当事人同意。

第五十七条　【人数不确定的代表人诉讼】诉讼标的是同一种类、当事人一方人数众多在起诉时人数尚未确定的，人民法院可以发出公告，说明案件情况和诉讼请求，通知权利人在一定期间向人民法院登记。

向人民法院登记的权利人可以推选代表人进行诉讼；推选不出代表人的，人民法院可以与参加登记的权利人商定代表人。

代表人的诉讼行为对其所代表的当事人发生效力，但代表人变更、放弃诉讼请求或者承认对方当事人的诉讼请求，进行和解，必须经被代表的当事人同意。

人民法院作出的判决、裁定，对参加登记的全体权利人发生效力。未参加登记的权利人在诉讼时效期间提起诉讼的，适用该判决、裁定。

重点解读

本条是关于当事人人数不确定的代表人诉讼的规定。

一、人数不确定的代表人诉讼的条件

人数不确定的代表人诉讼，是指在起诉时共同诉讼人的人数不能确定，由向法院登记的权利人推选出代表人，代替全体共同诉讼人参加诉讼的代表人诉讼。它的条件是：

1. 当事人一方人数众多，并于起诉时尚未确定。这是与人数确定的代表人诉讼的根本区别。这里的人数众多，一般是指 10 人以上。由于起诉时具体人数尚无法确定，只能由代表人进行诉讼。

2. 多数当事人之间的诉讼标的系同一种类。即全体当事人的受害事实有相同的法律问题或事实问题，使他们处于相同的地位，具有相同的利害关系。实际上，只有普通共同诉讼才能适用人数不确定的代表人诉讼。

3. 代表人必须是众多当事人一方的成员，具有当事人能力和诉讼能力，且能够代表该方当事人的合法权益。

二、人数不确定的代表人诉讼的程序

（一）立案受理

人数不确定的代表人诉讼往往由侵权行为引起，应当由侵权行为地或者被告住所地的人民法院行使管辖权。由于代表人诉讼的当事人人数众多，侵权行为地分散在众多人民法院管辖区之内，因此，代表人诉讼的管辖可以由被告住所地人民法院管辖。人民法院在接到起诉状后，经审

查有管辖权,并且符合人数不确定的代表人诉讼的构成要件和起诉条件的,应当作为代表人诉讼立案受理。由于当事人人数不确定的代表人诉讼,起诉时人数尚不能确定,无法确定案件受理费,因此可不预交诉讼费,结案时按照诉讼标的额由败诉人承担。未参加登记的权利人向人民法院申请执行的,按规定交纳申请执行费。

(二)发布公告

人民法院在受理多数人诉讼时,发现起诉时一方当事人人数尚未确定的,应当发出公告,说明案件情况和诉讼请求,通知权利人在一定期间内向人民法院登记。这里的权利人,是指主观上认为自己享有权利的人。公告的方式,可以根据纠纷涉及的范围具体确定,如在法院公告栏张贴公告,在报纸、电视等媒体上发布。公告的期限,由法院根据具体案件的情况确定,但最少不得少于 30 日。

(三)登记

登记是为了确定当事人,以便为诉讼做准备。在公告期间内,权利人应当向发布公告的案件管辖法院登记,并证明其与对方当事人的法律关系和所受到的损害。证明不了的,不予登记,但当事人可以另行起诉。由于登记本身不引起诉讼的发生,只表明自己为案件当事人的身份,因此权利人未在公告期内登记的,仅表明他不作为本次诉讼的当事人,对其实体权利并不会产生不利影响。

(四)产生代表人

代表人只能在向人民法院进行了权利登记的那部分当事人中产生。其产生方式依次为:第一,推选。由向人民法院进行了权利登记的那部分当事人推选出诉讼代表人。第二,协商。在推选不出诉讼代表人时,可由人民法院提出人选与当事人协商。第三,指定。协商不成的,也可以由人民法院在当事人中指定代表人。

（五）裁判

代表人的诉讼行为对其所代表的当事人发生效力，但代表人变更、放弃诉讼请求或者承认对方当事人的诉讼请求，进行和解，必须经被代表的当事人同意。人民法院作出判决、裁定，对参加登记的全体权利人发生效力。未参加登记的权利人在诉讼时效期间提起诉讼的，适用该判决、裁定。由此可见，在人数不确定的代表人诉讼中，裁判的效力表现为两个方面：第一，对于已经登记的全体权利人具有直接的约束力；第二，对于未参加登记的权利人有预决效力。即未参加登记的权利人在诉讼时效期间内提起诉讼，人民法院认为其诉讼请求成立的，裁定适用已经作出的判决、裁定，而不需要另行裁判。所谓适用该判决、裁定，是指适用该判决、裁定中人民法院认定的事实和理由，以及判决中确定的确认、给付的原则，至于具体确认、给付多少，则视权利人的具体情况而定。根据《民法典》的规定，向人民法院请求保护民事权利的诉讼时效期间一般为3年。

典型案例

上海海隆置业有限公司、米翰等342名业主诉温州东信公司等房屋租赁合同纠纷案[1]

在必要共同诉讼中，部分当事人的生存状态及其继承人的身份情况难以及时、准确查明，且在诉讼过程中可能发生新的死亡情形的，为人数不确定的必要共同诉讼。对此，可以参照《民事诉讼法》关于人数不确定的普通共同诉讼的规定，发布公告，通知当事人或其继承人限期进行登记，推选诉讼代表人或自己参加诉讼，并在已起诉的当事人中，为未参加登记的当事人指定诉讼代表人。推选或指定代表人后，原当事人不再列

〔1〕 参见上海市第一中级人民法院（2020）沪01民终6966号案例。

入当事人序列，代表人的诉讼行为对其所代表的当事人发生效力，裁判结果及于全体被代表的当事人。

实用小贴士

如未登记的权利人另行提起诉讼，是向原代表人诉讼案件的受理法院提出，还是有管辖权的法院均可受理？对于这一问题，现行立法并无明确规定。综合避免矛盾判决、提高司法效率及便于执行等因素，宜由原代表人诉讼受理法院管辖。法院受理后，应主要围绕其与对方当事人的法律关系和代表人诉讼是否属同一种类及具体的损害等问题进行审查，而不必进行全案审查。如权利人请求成立的，裁定适用原代表人诉讼的判决、裁定。根据《民事诉讼法》的规定，该裁定不能上诉。

第五十八条　【民事公益诉讼】对污染环境、侵害众多消费者合法权益等损害社会公共利益的行为，法律规定的机关和有关组织可以向人民法院提起诉讼。

人民检察院在履行职责中发现破坏生态环境和资源保护、食品药品安全领域侵害众多消费者合法权益等损害社会公共利益的行为，在没有前款规定的机关和组织或者前款规定的机关和组织不提起诉讼的情况下，可以向人民法院提起诉讼。前款规定的机关或者组织提起诉讼的，人民检察院可以支持起诉。

重点解读

本条是关于民事公益诉讼的规定。

一、民事公益诉讼的适格原告

根据本条规定，能够提起民事公益诉讼的适格原告，一般仅限于法律规定的机关和有关组织。在没有相关机关或者这些机关或组织不提起诉讼的情况下，人民检察院可以作为民事公益诉讼的原告向人民法院提起诉讼。需要强调的是，这里的“法律”仅限于全国人大及其常委会制定的法律。如《消费者权益保护法》第 47 条规定：“对侵害众多消费者合法权益的行为，中国消费者协会以及在省、自治区、直辖市设立的消费者协会，可以向人民法院提起诉讼。”据此，国家及各省级消费者协会可以作为原告提起消费民事公益诉讼。又如，《海洋环境保护法》第 90 条第 2 款规定：“对破坏海洋生态、海洋水产资源、海洋保护区，给国家造成重大损失的，由依照本法规定行使海洋环境监督管理权的部门代表国家对责任者提出损害赔偿要求。”因此，海洋、水产等行政主管机关可以根据上述规定，对造成海洋污染的企业提起民事诉讼，要求其承担治理污染恢复环境的费用。

从我国现行管理体制和减少滥诉风险的角度出发，为了使民事公益诉讼制度在我国既能适度开展，又能有序进行，目前提起民事公益诉讼的主体不宜过宽。行政主管部门等有关机关作为公共利益的主要维护者和公共事务的管理者，作为诉讼主体较为合适，如此既可以促使其依法积极行政，也可以利用诉讼救济的方式弥补其行政手段的不足。提起公益诉讼的机关原则上应当与案件涉及的公共利益相关联，如对污染海洋行为提起公益诉讼的机关应当是环境保护部门、海洋主管部门等相关机关，工商管理部门等不涉及海洋环境管理的机关不能提起涉及环境污染的公益诉讼。考虑到我国的职能性机关较多，为了避免引起混乱，本条规定“法律规定的机关”可以提起诉讼。亦即，可以提起公益诉讼的机关，要有明确的法律依据。对可以提起公益诉讼的组织也应作一定的条件限制，如由特别法对设立时间、设立宗旨、组织结构、经费情况等作一定限制，并要求经过特定机关的专门许可，这也是日本、德国等国家的通常做法。这种限制既可利用现有社会资源有效保护公共利益，同时也可通过这些组织的筛选和前置性工作有效控制“滥诉”和“恶意诉讼”。提起公益诉讼的组织原则上也应当与所起诉的事项有一定关联，如针对污染环境的行为，原则上应当由环保组织提起；针对侵害众多消费者利益的行为，原则上由消费者协会提起。哪些组织适宜提起公益诉讼,可以在制定相关法律时进一步明确规定,还可以在司法实践中逐步探索。

二、民事公益诉讼的适用范围

2012年《民事诉讼法》规定,污染环境和侵害众多消费者合法权益两类案件可以适用民事公益诉讼。一是污染环境等公害案件。在我国,伴随着工业化、城市化进程的不断加快和人口的大量增加,环境污染问题越来越严重,出现了淡水资源危机、水土流失严重、土壤沙漠化、森林资源减少等一系列环境问题。虽然我国《环境保护法》中有关于环境保护的明确规定,但环境保护和公害治理的效果仍不理想,司法救济尚不到位,主要原因之一是诉讼程序设置不科学,公益诉讼难以真正得到司法救济。为此,将环境保护案件列入民事公益诉讼的范畴中,可以有效地保护环境资源。二是侵害众多消费者合法权益的案件。在消费者权益立法保护上,《消费者权益保护法》与其他有关消费者权益保护的法律规定相互衔接,可以充分保护消费者的利益。公益诉讼主要针对侵害不特定的消费者群体的利益、明显具有社会危害性的不法经营行为。

2017年《民事诉讼法》新增了检察机关提起公益诉讼的规定,但范围限定于检察机关在履行职责中发现的破坏生态环境和资源保护、食品药品安全领域侵害众多消费者合法权益等损害社会公共利益的行为。2018年最高人民法院和最高人民检察院联合发布《关于检察公益诉讼案件适用法律若干问题的解释》,并于2020年进行了修正。修正后的《关于检察公益诉讼案件适用法律若干问题的解释》第13条对检察机关提起公益诉讼的案件范围进行了扩张,包括破坏生态环境和资源保护,食品药品安全领域侵害众多消费者合法权益,侵害英雄烈士等的姓名、肖像、名誉、荣誉等损害社会公共利益的行为。2021年最高人民检察院发布《人民检察院公益诉讼办案规则》,对检察机关提起公益诉讼的范围进行了再一次扩大,将侵犯未成年人合法权益并因此导致社会公共利益受到损害的案件纳入民事检察公益诉讼的适用范围。

典型案例

江西省上饶市人民检察院诉张某某等三人故意损毁三清山巨蟒峰民事公益诉讼案（检例第114号）[1]

破坏自然遗迹和风景名胜的行为，属于“破坏生态环境和资源保护”的公益诉讼案件范围，检察机关依法可以提起民事公益诉讼。对独特景观的生态服务价值损失，可以采用“条件价值法”进行评估，确定损害赔偿数额。

实用小贴士

“公共利益”是一个比较模糊的概念，直接涉及公益诉讼标的的范围，即何种利益引起的争议可进行公益诉讼。公共利益范畴的核心内容就是其公共性，基本内涵是指在特定社会历史条件下，从私人利益中抽象出来能够满足共同体中全体或大多数社会成员的公共需要，经由公共程序并以政府为主导所实现的公共价值。尽管“公共利益”是一个不易准确界定的概念，但有一点可以肯定：当下，全球几乎所有国家都把生态保护、环境治理及可持续发展视为一类公共利益。在诉讼中，只要争议直接涉及私人利益（公民、法人等单位），私人即与该争议具有“直接利害关系”，该类诉讼就不能纳入公益诉讼范畴。例如，在海洋环境污染中，既有沿海渔民遭受养殖、捕捞损失，也有海洋环境损害。尽管渔民成千上万，但其养殖、捕捞等损失的赔偿请求仍属于一般民事诉讼范畴。只有法律规定的国家机关或者有关组织请求赔偿环境损失（如清污费、恢复生态治理费用、资源损失等）才能纳入公益诉讼。对一起环境污染所引起的纠纷，可能既有私益诉讼，也有公益诉讼，在司法实践中应当注意区分。

---

〔1〕 参见江西省高级人民法院（2020）赣刑终44号案例。

第五十九条 【第三人与第三人撤销之诉】对当事人双方的诉讼标的，第三人认为有独立请求权的，有权提起诉讼。

对当事人双方的诉讼标的，第三人虽然没有独立请求权，但案件处理结果同他有法律上的利害关系的，可以申请参加诉讼，或者由人民法院通知他参加诉讼。人民法院判决承担民事责任的第三人，有当事人的诉讼权利义务。

前两款规定的第三人，因不能归责于本人的事由未参加诉讼，但有证据证明发生法律效力的判决、裁定、调解书的部分或者全部内容错误，损害其民事权益的，可以自知道或者应当知道其民事权益受到损害之日起六个月内，向作出该判决、裁定、调解书的人民法院提起诉讼。人民法院经审理，诉讼请求成立的，应当改变或者撤销原判决、裁定、调解书；诉讼请求不成立的，驳回诉讼请求。

重点解读

本条是关于民事诉讼第三人和第三人撤销之诉的规定。

一、民事诉讼第三人

本条第 1 款、第 2 款是关于民事诉讼第三人的规定。

民事诉讼中的第三人，是指对当事人争议的诉讼标的具有独立的请求权，或者虽无独立的请求权，但案件处理结果同他有法律上的利害关系，从而参加到他人已开始的诉讼中去的人。民事诉讼中的第三人分为有独立请求权的第三人和无独立请求权的第三人。

（一）有独立请求权的第三人

有独立请求权的第三人，是指对原告和被告争议的诉讼标的有独立的请求权而参加诉讼的人。我国民事诉讼中的有独立请求权第三人相当于大陆法系国家民事诉讼中的“主参加诉讼”。[1] 比如,甲、乙二人就房屋的所有权发生争议,起诉到法院,丙认为房屋属于自己所有,甲、乙二人对房屋均无所有权,从而参加诉讼,对甲、乙二人争议的标的提出自己享有全部权利的诉讼请求。有独立请求权的第三人参加诉讼,既不同意原告的诉讼请求,也不同意被告的诉讼请求。因为不论原告胜诉还是被告胜诉,都将损害他的民事权利,其以独立的实体权利人的资格,向人民法院提起了一个新的诉讼。他在诉讼中的地位相当于原告,享有原告的诉讼权利,承担原告的诉讼义务,本诉的原、被告均是他的被告。第三人参加诉讼,实际是将两个诉讼,即原来当事人之间的本诉和第三人与本诉当事人之间的诉讼合并审理。人民法院将这两个诉讼合并审理,便于查明案情,彻底解决纠纷,也避免因将两个有关联的诉讼分别审理而可能作出的矛盾裁判。

有独立请求权的第三人以起诉的方式参加诉讼,其所提起的诉应当符合通常的起诉条件,也应当预交案件受理费。有独立请求权的第三人,在第一审程序中未参加诉讼,第二审人民法院可以根据当事人自愿的原则予以调解;调解不成的,发回重审。此外,有独立请求权的第三人还可以在言词辩论终结前撤回起诉。

(二)无独立请求权的第三人

从本法规定和我国民事诉讼实践来看,在我国,无独立请求权第三人实际上有两种类型:一种是作为辅助本诉一方当事人的“辅助型第三人”;另一种是独立承担民事责任的“被告型第三人”。辅助型第三人始终站在本诉当事人一方,其通常主动参加诉讼。被告型第三人独立地面对本诉的原告和被告,通常情况下是法院基于被告的要求而将其纳入本诉,即所谓通知参加诉讼。例如,甲将某商品卖给乙,而乙发现该商品质量有问题,起诉甲,甲答辩称:商品质量没有问题,是使用或保管不当所致。提供

〔1〕 参见张卫平:《民事诉讼法》,法律出版社2019年版,第161页。

该商品的丙为了维护自己的利益,便申请参加诉讼,辅助甲,为甲提供商品质量没有问题的证据。因为如果甲败诉,其有可能追究丙的民事责任。在这一案例中,丙就是辅助型的第三人。又如,原告甲指责被告乙的行为造成了自己的损害,而乙辩称不是自己的行为导致了原告的损害,而是丙造成的,并要求法院通知丙参加诉讼。乙认为只要丙参加诉讼,民事责任的问题就可以水落石出。于是,法院根据被告的请求通知丙参加了诉讼。经过审理查明丙应当承担民事责任,最终判决丙对甲承担民事责任。这一案例中的丙就是所谓被告型第三人。[1]

无独立请求权的第三人可以两种方式参加诉讼:一是自行申请;二是由人民法院通知。无独立请求权的第三人参加诉讼,实际是将一个已经开始的诉讼和一个今后可能发生的潜在的诉讼合并审理,从而达到简化诉讼,便利当事人,并一次性解决纠纷的目的。诉讼中的第三人是在他人已经开始了的诉讼中参加进去的人,如果他人之间还没有开始诉讼,或者他人之间的诉讼已因原告撤诉、双方当事人和解以及人民法院作出生效判决而终结,则不存在第三人参加诉讼问题。关于第三人参加诉讼的时间,本法没有规定,从诉讼理论上说,应当为诉讼进行过程中,即人民法院受理后,作出生效判决前。第一审程序作出判决前的任何阶段,第三人都可以申请参加诉讼;第一审判决后,当事人提起上诉,在第二审法院作出判决之前也可以申请参加诉讼。第三人在第二审程序参加诉讼的,如果其不同意以调解方式结案,二审人民法院应当将案件发回一审人民法院重审,以保障第三人的上诉权。

二、第三人撤销之诉

本条第 3 款是关于第三人撤销之诉的规定。

第三人撤销之诉,是指未参加诉讼的第三人,有证据证明发生法律效力的判决、裁定、调解书的部分或者全部内容错误,损害其民事权益,而向

〔1〕 参见张卫平:《民事诉讼法》,法律出版社 2019 年版,第 163 ~ 164 页。

作出该判决、裁定、调解书的人民法院提出请求改变或者撤销原判决、裁定、调解书的诉讼。第三人提起撤销之诉应当满足以下条件：一是因不能归责于自己的事由未参加诉讼。主要包括不知道原诉损害自己的权益而未参加、申请参加原诉而未获准许以及知道原诉损害自己的权益但因客观原因无法参加诉讼三种情形。如原诉的双方当事人恶意诉讼损害第三人利益，第三人无从知晓而未能参加诉讼的；第三人知道原诉有可能损害自己利益，但因自然灾害等不可抗力无法参加诉讼的。知道原诉会损害自己的利益且能参加诉讼而未参加的第三人，不得提出撤销之诉。本条之所以强调这一点，主要是为了让能参加诉讼的第三人在诉讼过程中参加诉讼，及时解决纠纷。二是有证据证明发生法律效力的判决、裁定、调解书的部分或者全部内容错误，损害其民事权益。第三人撤销之诉与普通民事诉讼不同之处在于，第三人撤销之诉的主要目的是改变或者撤销已经生效的判决、裁定、调解书。为了防止第三人滥用诉讼权利，影响生效判决、裁定和调解书的稳定性和权威性，应当对第三人提起撤销之诉设定相对严格的条件，要求第三人有证据证明生效的判决、裁定、调解书部分或者全部内容错误，损害了其民事权益。三是自知道或者应当知道其民事权益受到损害之日起6个月内提起该诉讼。第三人撤销之诉作为一种非常规救济制度，以撤销错误的生效裁判为主要目的，需要在保护第三人利益与维护生效裁判既判力之间保持平衡。为了避免因该诉讼制度的存在对法律关系的稳定、交易安全和社会秩序的稳定构成长期潜在的威胁，督促第三人及时行使权利，本条对第三人提起撤销之诉的期间作了必要限制，与申请再审的期限规定一致。

关于第三人撤销之诉的管辖法院，本条明确规定，第三人应当向作出生效判决、裁定、调解书的人民法院提起诉讼。这样规定，一是考虑到作出生效裁判、调解书的人民法院比较了解案情，有利于案件的审理，同时可以充分发挥原审法院的自身纠错功能；二是避免出现下级法院撤销或者变更上级（或同级）法院作出的生效裁判、调解书的尴尬情况。关于第三人撤销之诉的法律效果，根据本条“人民法院经审理，诉讼请求成立的，应当改变或者撤销原判决、裁定、调解书；诉讼请求不成立的，驳回诉讼请求”的规定，法院审理第三人撤销之诉的案件时，先对第三人提出的撤销理由进行审理，撤销理由成立的，法院应当撤销或者变更原审裁判和调解对第三人不利的部分。

典型案例

永安市燕诚房地产开发有限公司诉郑耀南、远东（厦门）房地产发展有限公司等第三人撤销之诉案（指导案例153号）[1]

最高人民法院认为，根据《民事诉讼法》的规定，第三人可以自知道或者应当知道其民事权益受到损害之日起6个月内，向人民法院提起诉讼。该6个月起诉期间的起算点，为当事人知道或者应当知道其民事权益受到损害之日。本案中，在远东厦门公司有足够资产清偿所有债务的前提下，（2003）闽民初字第2号民事调解书对燕诚公司债权的实现没有影响；在远东厦门公司正常生产经营的情况下，亦难以确定（2003）闽民初字第2号民事调解书会对燕诚公司的债权造成损害。但是，在远东厦门公司因不能足额清偿所欠全部债务而进入破产程序，燕诚公司、郑耀南债权的受让人高某珍均系其破产债权人，且高某珍依据（2003）闽民初字第2号民事调解书申报债权的情况下，燕诚公司破产债权的实现程度会因高某珍破产债权所依据的（2003）闽民初字第2号民事调解书而受到损害，故应认定燕诚公司在获知远东厦门公司进入破产程序的信息后才会知道或者应当知道其民事权益受到损害。燕诚公司于2016年3月15日签收破产管理人制作的有关债权人申报材料，其于2016年9月12日向福建省高级人民法院提

〔1〕 参见最高人民法院（2017）最高法民终885号案例。

交诉状请求撤销(2003)闽民初字第2号民事调解书,未超过6个月的起诉期间。虽然燕诚公司时任总经理雷远思于2003年7月就(2003)闽民初字第2号案件提出过申诉,但其系以香港远东公司股东、董事以及远东厦门公司董事、总经理的身份为保护远东厦门公司的利益而非燕诚公司的债权提出的申诉,且此时燕诚公司是否因(2003)闽民初字第2号民事调解书而遭受损害并不确定,也就不存在其是否知道或者应当知道,进而依照《民事诉讼法》的规定起算6个月起诉期间的问题。

实用小贴士

有关第三人撤销之诉的程序问题,需注意以下两点:第一,第三人在进入执行程序后才发现原裁判损害自己利益的,既可以按照本条第3款的规定提起第三人撤销之诉,也可以以案外人身份提起执行异议。若对执行法院所作的执行异议裁定不服,认为原裁判错误的,可以依照审判监督程序提起再审。第二,第三人撤销之诉案件审理期间,人民法院对生效判决、裁定、调解书裁定再审的,受理第三人撤销之诉的人民法院应当裁定将第三人的诉讼请求并入再审程序。但有证据证明原审当事人之间恶意串通损害第三人合法权益的,人民法院应当先行审理第三人撤销之诉案件,裁定中止再审诉讼。第三人诉讼请求并入再审程序审理的,按照下列情形分别处理:按照第一审程序审理的,人民法院应当对第三人的诉讼请求一并审理,所作的判决可以上诉;按照第二审程序审理的,人民法院可以调解,调解达不成协议的,应当裁定撤销原判决、裁定、调解书,发回一审法院重审,重审时应当列明第三人。

第二节　诉讼代理人

第六十条　【法定诉讼代理人】无诉讼行为能力人由他的监护人作为法定代理人代为诉讼。法定代理人之间互相推诿代理责任的,由人民法院指定其中一人代为诉讼。

重点解读

本条是关于法定诉讼代理人的规定。

法定诉讼代理人，是根据法律规定代当事人为诉讼活动的人。具体言之，诉讼代理人以当事人的名义，在一定权限范围内，为当事人的利益进行诉讼活动的人。被代理的一方当事人称为被代理人。诉讼代理人代理当事人进行诉讼活动的权限，称为诉讼代理权。诉讼代理的内容，包括代为诉讼行为和代受诉讼行为。前者如代为起诉，代为提供证据、陈述事实，代为变更或者放弃诉讼请求等；后者如代为应诉，代为答辩，代为接受对方当事人的给付等。诉讼代理人具有以下特点：第一，诉讼代理人须具有诉讼行为能力；第二，以被代理人的名义进行诉讼活动；第三，在代理权限内实施诉讼行为；第四，诉讼代理的法律效果由被代理人承担；第五，在同一诉讼中，不能同时代理双方当事人为诉讼活动。

一、无诉讼行为能力人由他的监护人作为法定代理人代为诉讼

（一）诉讼行为能力与诉讼权利能力、民事行为能力的关系

诉讼行为能力是与诉讼权利能力相对应的一个概念。所谓诉讼权利能力，是指成为诉讼当事人，享有民事诉讼权利和承担民事诉讼义务所必需的诉讼法上的资格。诉讼行为能力，是指当事人可以亲自实施诉讼行为，并通过自己的行为，行使民事诉讼权利、承担民事诉讼义务的诉讼法上的资格。有诉讼权利能力但没有诉讼行为能力的人，虽然也能够成为民事诉讼的当事人，但不能亲自实施诉讼行为，而只能通过其法定代理人或者由其法定代理人委托的诉讼代理人代为实施诉讼行为。但是，诉讼权利能力与诉讼行为能力的分离，仅可能发生在公民身上，法人和其他组织不会出现这种情况。

诉讼行为能力与民事行为能力有着密切的联系，但其分类不完全一致。公民的诉讼行为能力分为有诉讼行为能力、无诉讼行为能力两类。民事行为能力则分为完全民事行为能力、限制民事行为能力和无民事行

为能力三类。在民事诉讼中,只有具备完全民事行为能力的公民才有诉讼行为能力,无民事行为能力和限制民事行为能力的公民都没有诉讼行为能力。无诉讼行为能力的人所为的诉讼行为,以及针对其所为的诉讼行为都为无效的诉讼行为。

(二)监护人及其范围

监护人,是对无民事行为能力和限制民事行为能力的人(如未成年人或精神病人)的人身、财产和其他合法权益负有监督和保护责任的人。在诉讼中,无民事行为能力人、限制民事行为能力人的监护人是其法定诉讼代理人。监护人的人选根据《民法典》第27~31条的规定确定,当事人没有具有监护资格的人的,监护人由民政部门担任,也可以由具备履行监护职责条件的被监护人住所地的居民委员会、村民委员会担任。

(三)代为诉讼

法定代理人代为诉讼,其代理权为全权代理。一方面,全权代理意味着法定代理人具有最广泛的代理权,可以按照自己的意志代理被代理人实施所有的诉讼行为,如起诉、应诉、放弃或变更诉讼请求、进行调解、提起反诉等。法律上将法定代理人的意思表示视为当事人的意思表示;法定代理人在诉讼上的行为视为当事人的行为;法定代理人不仅有权处分当事人的诉讼权利,而且有权处分当事人的实体权利。不过,法定代理人处分实体权利,必须以维护被监护人的利益为前提。另一方面,全权代理同时意味着法定代理人也要履行被代理人所应承担的一切诉讼义务。

但是,法定代理人与当事人仍然存在区别,二者的区别在于:第一,法定代理人只能以被代理人的名义起诉或应诉;第二,裁判针对的是当事人,而非法定代理人;第三,在诉讼中,如果法定代理人死亡,法院可以另行指定监护人作为法定代理人继续诉讼,而不必终结诉讼。法定代理人代为诉讼的,必须向人民法院提交有关身份的证明。

二、法定代理人之间互相推诿代理责任的，由人民法院指定其中一人代为诉讼

法定诉讼代理权是基于法律的直接规定而产生的，作为法定诉讼代理人的监护人代理无民事行为能力人或限制民事行为能力人参加诉讼，既是他们依法享有的一项权利，又是他们对被代理人和社会应尽的一项义务。因此，有资格作为法定代理人的人，不应推卸代理诉讼的责任。

人民法院应当对申请作为法定诉讼代理人的人进行审查，挑选最适合的作为无民事诉讼行为能力人的法定代理人。在审判实践中，经常出现的情况是当无民事行为能力人或限制民事行为能力人的法定代理人有两个或者两个以上时，他们往往因怕影响正常生活或者增加讼累而推诿诉讼代理责任。为了保障诉讼活动的正常进行，保护无民事诉讼行为能力人的利益以及社会公共利益，本条规定："法定代理人之间互相推诿代理责任的，由人民法院指定其中一人代为诉讼。"人民法院从被代理人的法定代理人之中指定诉讼代理人时，应当考虑法律所规定的监护人的顺序、监护人的监护能力以及监护人与被监护人的关系等因素。法院指定法定诉讼代理人的决定具有法律效力，被法院指定的诉讼代理人必须履行诉讼代理责任，而不得以各种理由推诿和拒绝代理诉讼。

典型案例

李绪朝、曹宗保与中国平安财产保险股份有限公司深圳分公司机动车交通事故责任纠纷案〔1〕

李绪朝在提起本案诉讼时已经处于植物人状态，不具有诉讼行为能力。本案中，李绪朝户籍地的公安机关出具的《证明》显示，李某1、李某2、杨某

〔1〕 参见广东省深圳市中级人民法院（2018）粤03民终448号案例。

均系李绪朝的子女，故三人均具备对李绪朝的监护资格。三人于2017年9月4日共同出具了《监护权确认书》，共同确认杨某为李绪朝的法定监护人，符合上述法律规定。李绪朝一方二审时确认本案起诉状与授权委托书均系杨某代签，与上述《监护权确认书》并不矛盾，亦未损害李绪朝本人的合法权益。曹宗保以李绪朝在未经特别程序确定法定监护人的情况下起诉违反法律规定为由主张其起诉应当驳回，缺乏事实和法律依据，法院不予支持。

实用小贴士

法定诉讼代理人的代理权是依法律而确定的，法定代理人参加诉讼不需要办理委托代理书，只要证明自己的身份和与被代理人具有监护关系，其代理权便成立。因此，法定诉讼代理权也会随着监护关系的消灭而消灭，主要有以下情形：其一，无诉讼行为能力的被代理人具有或恢复了诉讼行为能力；其二，法定诉讼代理人本人丧失了诉讼行为能力；其三，基于收养或婚姻关系而发生的监护权，收养或婚姻关系解除；其四，法定诉讼代理人或被代理人死亡。法定诉讼代理人在诉讼中有义务在知悉上述情况后及时告知法院，并退出诉讼。

第六十一条 【委托诉讼代理人】当事人、法定代理人可以委托一至二人作为诉讼代理人。

下列人员可以被委托为诉讼代理人：

（一）律师、基层法律服务工作者；

（二）当事人的近亲属或者工作人员；

（三）当事人所在社区、单位以及有关社会团体推荐的公民。

重点解读

本条是关于委托诉讼代理人的规定。

根据本条规定，可以被委托为诉讼代理人的主要有以下三类：

一、律师、基层法律服务工作者

律师是国家法律和当事人合法权益的维护者，近年来我国的律师队伍不断扩大，素质不断提高，已经成为我国法治建设中一支强有力的队伍。律师参与诉讼对人民法院查清事实、正确运用法律、维护当事人的合法权益具有重要作用。此外，为满足诉讼代理需求，规范诉讼代理活动，允许基层法律服务工作者像律师一样可以面向当事人提供民事诉讼代理服务。基层法律服务工作制度是一项具有我国特色的法律服务制度。该制度肇始于20世纪80年代初期，基层法律服务组织设在农村乡镇、城市街道。基层法律服务工作者从具有法律知识的人中选拔，主要职能是面向基层群众尤其是低收入人群提供收费较低的法律咨询服务，包括民事诉讼、行政诉讼代理服务。经过多年的发展，基层法律服务已经与律师服务形成拾遗补阙、优势互补的关系与格局。因此，在缩小公民代理适用对象范围、规范公民代理行为的同时，明确基层法律服务工作者在民事诉讼中可以担任代理人的诉讼地位及其职责，对于充分发挥基层法律服务工作的作用，更好地满足人民群众的法律服务需求具有重要意义。

二、当事人的近亲属或者工作人员

当事人是自然人的，其近亲属可以作为诉讼代理人。与当事人有夫妻、直系血亲、三代以内旁系血亲、近姻亲关系以及其他有抚养、赡养关系的亲属，可以当事人近亲属的名义作为诉讼代理人。当事人的近亲属应当提交身份证件和与委托人有近亲属关系的证明材料。当事人是法人或者其他组织的，其工作人员可以作为诉讼代理人。与当事人有合法劳动人事关系的职工，可以当事人工作人员的名义作为诉讼代理人。当事人的工作人员应当提交身份证件和与当事人有合法劳动人事关系的证明材料。

三、当事人所在社区、单位以及有关社会团体推荐的公民

这里需要注意以下三点：其一，有关社会团体推荐公民担任诉讼代理人的，应当符合下列条件：(1)社会团体属于依法登记设立或者依法免予登记设立的非营利性法人组织；(2)被代理人属于该社会团体的成员，或者当事人一方住所地位于该社会团体的活动地域；(3)代理事务属于该社会团体章程载明的业务范围；(4)被推荐的公民是该社会团体的负责人或者与该社会团体有合法劳动人事关系的工作人员。专利代理人经中华全国专利代理人协会推荐，可以在专利纠纷案件中担任诉讼代理人。其二，当事人所在社区、单位推荐的公民应当提交身份证件、推荐材料和当事人属于该社区、单位的证明材料。其三，有关社会团体推荐的公民应当提交身份证件和符合规定条件的证明材料。

典型案例

周凌波诉杨德利权益转让合同纠纷案[1]

普通公民只能在有限情形下作为诉讼代理人参加诉讼活动，未经司法行政机关批准的公民个人与他人签订的有偿法律服务合同，人民法院不予保护。自然人以“受让权益”方式从事有偿法律服务并主张转让款的，人民法院不予支持。诉讼委托合同具有人身属性，以当事人之间相互信任为前提。本案中，周凌波系借用公民代理制度，为杨德利提供诉讼代理服务，案涉权益转让协议实际隐藏公民有偿法律服务合同内容，周凌波的行为已经构成“从事诉讼代理业务”。公民代理作为除律师、基层法律服务工作者以外的公民代理参加民事诉讼的活动，是我国诉讼代理制度的重要组成部分，其作为律师代理制度的补充，弥补了律师代理资源配给

[1] 参见江苏省徐州市中级人民法院(2018)苏03民终1327号案例。

的不足,保障了当事人诉讼权利的实现,在促进矛盾化解和保障诉讼程序的顺利开展等方面起到了积极作用。《民事诉讼法》确立公民代理制度主要是为了满足当事人的法律服务需求,但也要保证正常的诉讼秩序。对于法律服务市场而言,实行执业资格准入,有利于净化市场、规范秩序。因此,有关公民代理立法的基本价值取向旨在鼓励互助行为,不能以此营利,亦不鼓励公民代理的职业化倾向。在律师诉讼代理已被规范化、职业化的情况下,未经司法行政机关批准的公民个人与他人签订的有偿法律服务合同,人民法院不予保护,应认定无效。周凌波虽实际为杨德利提供了诉讼代理服务,但已从杨德利处获取报酬11000元,周凌波并未提供证据证明其为诉讼代理服务支出的合法费用已超过其获取金额,故其要求杨德利再向其支付费用,没有事实和法律依据。

实用小贴士

根据委托诉讼代理人的诉讼代理行为对委托人利益影响的程度不同,委托人对诉讼代理人的授权分为一般授权和特别授权两种。这两种不同的委托授权,诉讼代理人实施的诉讼行为是不一样的。委托人只作一般授权的,诉讼代理人只能代为一般的诉讼行为,如起诉、应诉,提出证据,询问证人,进行辩论,申请回避,申请财产保全和证据保全,对管辖权提出异议等,而无权处分委托人的实体权利。凡是诉讼代理人代为实施对委托人的实体权利有重大影响的诉讼行为,必须有委托人的特别授权。根据本法规定,诉讼代理人代为承认、放弃、变更诉讼请求,进行和解,提起反诉或者上诉,必须有委托人的特别授权。亦即,诉讼代理人要实施上述几项代理行为,必须由委托人在授权委托书中特别写明。未特别写明的,只能视为一般授权,诉讼代理人无权代为实施这些诉讼行为。如授权委托书仅写明“全权代理”而无具体授权的,诉讼代理人也无权代为承认、放弃、变更诉讼请求,进行和解,提起反诉或者上诉。

第六十二条　【委托程序】委托他人代为诉讼，必须向人民法院提交由委托人签名或者盖章的授权委托书。

授权委托书必须记明委托事项和权限。诉讼代理人代为承认、放弃、变更诉讼请求，进行和解，提起反诉或者上诉，必须有委托人的特别授权。

侨居在国外的中华人民共和国公民从国外寄交或者托交的授权委托书，必须经中华人民共和国驻该国的使领馆证明；没有使领馆的，由与中华人民共和国有外交关系的第三国驻该国的使领馆证明，再转由中华人民共和国驻该第三国使领馆证明，或者由当地的爱国华侨团体证明。

第六十三条　【代理权变更、解除】诉讼代理人的权限如果变更或者解除，当事人应当书面告知人民法院，并由人民法院通知对方当事人。

第六十四条　【诉讼代理人权利】代理诉讼的律师和其他诉讼代理人有权调查收集证据，可以查阅本案有关材料。查阅本案有关材料的范围和办法由最高人民法院规定。

第六十五条　【离婚诉讼代理】离婚案件有诉讼代理人的，本人除不能表达意思的以外，仍应出庭；确因特殊情况无法出庭的，必须向人民法院提交书面意见。

第六章　证　　据

第六十六条　【证据种类】证据包括：
（一）当事人的陈述；
（二）书证；
（三）物证；
（四）视听资料；
（五）电子数据；
（六）证人证言；
（七）鉴定意见；
（八）勘验笔录。
证据必须查证属实，才能作为认定事实的根据。

重点解读

本条是关于民事诉讼中证据种类的规定。

民事诉讼的任务，在于通过合法程序确定事实并适用法律，进而作出判决，而如何使事实客观化，就有赖于证据。证据是指能够证明案件真实情况的各种资料，这一概念实际上包含两种含义：一是法院用于证明待证事实的信息资料，又称证据资料；二是用以承载或表达信息的具体方法，又称证据方法。所谓证据种类，实为证据方法的种类，是指证据方法的外在表现形式。我国对证据种类采用法定化的形式，通过列举表述将可以用来证明案件事实的证据方法限定在八种形式当中。此种模式的优点在于,方便当事人以及法官进行类型化区分与应用,同时也便于围绕各个具体种类的证据方法分别进行理论阐释与制度构建。缺点在于,基于人类认识的有限性,将证据种类加以限定无法穷尽日常生活中多种多样的证据表现形式,也无法应对未来发展中可能产生的新型证据种类。

具体而言,我国的证据形式分为八种:

一、当事人的陈述

当事人陈述,是指当事人就案件相关的事实情况向人民法院作出的陈述。当事人作为民事纠纷的实际关联者,对争议相关的事实最为了解,其就案情所作出的陈述理应作为人民法院查明案件事实的重要线索之一。然而,由于民事诉讼中原、被告之间处于对抗性的地位,故不能期待当事人所作出的陈述完全符合客观事实,因此当事人陈述通常无法单独证明案件事实,需要结合其他证据方法才能确定其是否可以作为认定事实的基础。大陆法系国家或地区往往不在证据层面讨论当事人所作出的陈述,而是将其归入主张层面,对双方当事人之间陈述不一或尚有争议的部分通过其他证据方法加以证明并最终认定案件事实。

二、书证

书证,是指以文字、图案等所记载和表述的思想内容来证明案件事实的证据。相较于当事人陈述,书证的真实性较强,且由于其本身即表达了一定的思想内容,法院在证据调查阶段能够快速提取证据资料并认定案件事实。基于此,书证也是司法实务当中运用最为普遍的证据种类,故被称为“证据之王”。合同是实务中最为典型的书证。合同的存在不仅能够体现双方当事人之间曾经作出过相应的民事法律行为,而且可以直观地反映当事人之间权利义务关系的具体内容。

三、物证

物证,是指通过自身的形状、特征、质量等外在表现形式来证明案件事实的证据，如特定物损害赔偿纠纷中的特定物、建筑物质量纠纷中的建筑物等。与书证不同，物证强调以其自身存在以及性状而非思想内容的表达来对案件事实（通常为间接事实）加以证明。由于物证具有较强的稳定性与客观性，在刑事诉讼中是最主要的证据种类。在民事诉讼中，物证也同样受到重视，但是其往往不能作为直接证据，需要与其他证据结合才能认定案件事实。

四、视听资料

视听资料，是指利用录音、录像等技术手段反映的声音、画面证明案件事实的证据。《民诉法解释》第116条对视听资料的表述为“录音资料和影像资料”，最为典型的就是通过录音机、录像机所记录下来的录音、录像带。视听资料的优点在于某些情况下可以直接反映案件事实的发生经过，因此能够作为直接证据认定待证事实；缺陷在于，此类证据易于被当事人通过剪辑、拼接等技术进行加工、篡改。法官在判断视听资料的真实性时，由于涉及专业技术领域，往往不得不通过鉴定的技术手段去解决。

五、电子数据

电子数据，是指通过电子邮件、电子数据交换、网上聊天记录、博客、微博、手机短信、电子签名、域名等形成或者存储在电子介质中的信息。电子数据是现代信息技术不断发展和应用的产物，在实践中，当事人的民事行为越来越依赖这一证据形式，故《民事诉讼法》将电子数据正式作为法定的证据种类之一。电子数据与书证或者视听资料等传统证据种类之间的界限较为模糊，当事人如果将电子邮件、聊天记录等内容制作成打印件并用以证明待证事实，此时该证据的形式与书证或视听资料并无实质上的区别。如果某一电子数据需要通过电子技术进行识别才能予以认定时，电子数据就具有了独立于其他证据种类的意义。

六、证人证言

证人证言，是指当事人之外的人，就其了解的案件事实情况向法院作出的陈述。证人证言作为经典的证据种类之一,在民事诉讼中的使用也相当广泛。特定的第三人能否作为证人,主要在于其是否具有个人观察、理解、记忆和言词表达的能力,同时也不能是本案中的诉讼参与人(如审判人员、诉讼代理人等)。相较于其他证据种类,证人所提供的证言与当事人陈述一样,不可避免地会带有证人自身的主观认识。因此,法律规定证人原则上应当出庭作证,人民法院在认定证人证言时,也需要综合证人的品德、知识、经验等因素判断是否采纳该证言作为定案的基础。

七、鉴定意见

鉴定意见,是指具有鉴定资格的专业人员运用专业知识和科技手段,对案件中的专门性问题进行分析、判断后所作出的书面意见。在民事诉讼中实施鉴定的必要性在于,法官或当事人对于某些具有专业性的事实,无法依靠一般的生活常识或经验作出判断,需要委托鉴定机构,借助其专业知识或者特别的技术手段来获取相关信息。鉴定可以分为诉讼内的鉴定和诉讼外的鉴定。前者是指在诉讼过程中,经当事人申请,由法院直接指定或委托专门的鉴定机构进行的鉴定;后者是指未经法院委托和指定所进行的鉴定。诉讼外的鉴定是否可以作为证据使用,需要获得法官认可。

八、勘验笔录

勘验笔录,是指法院指派勘验人员对于案件争议有关的现场、物品进行察看、拍照、观测或清点后所作成的笔录。勘验主要针对某些在空间上难以移动至法庭之上的特定现场、物品,如对案涉房屋的面积进行实地测量。勘验笔录与物证相似,同样反映了具体物品的相关性状,但并非以其本身加以表示,而是通过记载的方式,以文字、影像等形式进行表述。因为由法院所指派的人员实施勘验,一般情况下也有双方当事人在场并签字确认,故勘验笔录具有非常强的真实性与客观性。

实用小贴士

本条第2款规定了证据必须经过查证属实，才能作为认定事实的根据。实务中，法院查证某一证据是否属实，实际上是判断该证据是否具有证据能力，一般是从证据“三性”出发加以判断。只有具备客观性、关联性和合法性的证据才能作为定案的基础。客观性是指证据必须是客观存在的，而非猜测、虚构的；关联性是指证据资料反映的既知事实与待证事实之间存在某种程度的因果联系；合法性是指证据必须由法定主体依照法律规定，遵循法定程序提供、收集、固定、保全和审查认定。

第六十七条　【举证责任】当事人对自己提出的主张，有责任提供证据。

当事人及其诉讼代理人因客观原因不能自行收集的证据，或者人民法院认为审理案件需要的证据，人民法院应当调查收集。

人民法院应当按照法定程序，全面地、客观地审查核实证据。

重点解读

本条所涉内容旨在分配当事人和法院之间对证据收集与调查的相应责任，以及法院对证据的审查核实义务。

本条第1款规定了民事诉讼中当事人所承担的举证责任。当事人作为民事法律关系的主体，经历了纠纷发生的全过程，对事实经过中所存在的争议也最具有发言权。在证据收集方面，当事人与事态经过中所产生的一系列证据一般距离较近，自然也可以期待其收集并向法院提出相应的证据来证明有利于己的事实主张。在职权主义或者超职权主义的民事诉讼模式之下，法院负有依职权调查和收集证据的义务，并无举证责任存在的空间。只有在当事人主义的结构之下，才强调由当事人负调查收集以及提出证据的主要责任，举证责任这一概念才具有存在的必要。随着我国民事诉讼由职权主义的诉讼模式逐渐转向当事人主义的诉讼模式，举证责任也逐渐被理论界与实务界所强调,得到了普遍承认与广泛的运用。

举证责任,或称证明责任,是指当事人对自己提出的主张有收集或提供证据的义务,并有运用该证据证明主张的案件事实成立或有利于自己的主张的责任,否则将承担其主张不能成立的不利后果。这一概念可以分为两个层次:第一层是行为意义上的举证责任,或称主观意义上的举证责任,是指当事人为了避免败诉,收集并提供相应的证据来对自己所作出的有利于己的主张加以证明的责任。《民诉法解释》第 90 条第 1 款将其表述为:"当事人对自己提出的诉讼请求所依据的事实或者反驳对方诉讼请求所依据的事实,应当提供证据加以证明,但法律另有规定的除外。"第二层是结果意义上的举证责任,或称客观意义上的举证责任,是指主张某一对其有利的主要事实的当事人在穷尽一切举证手段后,该事实依旧处于真伪不明状态之时,主张该事实的当事人所承担的不利诉讼后果。《民诉法解释》第 90 条第 2 款将其表述为:"在作出判决前,当事人未能提供证据或者证据不足以证明其事实主张的,由负有举证证明责任的当事人承担不利的后果。"

关于举证责任的概念及内涵,理论界一直争论不休,在我国经历了从行为意义上的举证责任一元论,到双重含义的举证责任,再到结果意义上的举证责任一元论的发展过程。现今学界通说认为举证责任(证明责任)的含义应当采取结果意义上的举证责任一元论,行为意义上的举证责任是当事人为了发生避免结果意义上的举证责任而附属产生的。与理论界相反,实务界对于举证责任的问题依旧未能形成统一的认识,实践中更多还是以行为意义上的举证责任作为其基本内涵。

本条第 2 款规定了特殊情况下由法院调查收集的证据。由当事人承担举证责任并不意味着人民法院可以不做任何证据调查工作。作为补充,在法律规定的特殊情况下,法院也负有调查收集相关证据的义务与责任。《民诉法解释》第 94 条细化了当事人及其诉讼代理人因客观原因不能自行收集证据的情况,包括:(1)证据由国家有关部门保存,当事人及其诉讼代理人无权查阅调取的;(2)涉及国家秘密、商业秘密或者个人隐私的;(3)当事人及其诉讼代理人因客观原因不能自行收集的其他证据。《民诉法解释》第96条明确了人民法院认为审理案件需要而依职权调查收集证据的情况,包括:(1)涉及可能损害国家利益、社会公共利益的;(2)涉及身份关系的;(3)涉及民事公益诉讼的;(4)当事人有恶意串通损害他人合法权益可能的;(5)涉及依职权追加当事人、中止诉讼、终结诉讼、回避等程序性事项的。前一种情形由法院依当事人申请收集证据,后一种情形则可由法院依职权予以启动。

第3款要求法院应当按照法定程序,全面地、客观地审查核实证据。在完成证据的收集和提出之后,诉讼证明的程序在逻辑上就到了证据审查阶段。我国《民事诉讼法》规定,法官必须在开庭审理的场景中通过双方当事人之间对证据的质证来审查所提出的所有证据,这也是不可或缺的程序环节。任何证据未经质证不能作为认定案件事实的基础。双方当事人之间通过质证进行相互辩驳并交换意见,使法官对案件信息的获得更加全面完备,进而判断相应证据是否具有证据能力以及对待证事实具有多大的证明力,最终综合全案证据认定案件事实。

典型案例

张志强诉徐州苏宁电器有限公司侵犯消费者权益纠纷案[1]

商品经营者为消费者提供商品或服务时,应当遵循诚实信用原则,消费者亦有权知悉其所购买、使用的商品或接受的服务的真实情况。在侵犯消费者权益纠纷案件中,消费者主张商品经营者提供的商品存在品质问题,并提供了

〔1〕 参见《最高人民法院公报》2006年第10期。

相应证据的，商品经营者如主张该商品不存在品质问题，应对其主张承担举证责任。本案中，再审申请人张志强主张被申请人苏宁公司的行为构成欺诈、应当承担惩罚性赔偿责任，并提交了相应的证据，苏宁公司如有异议，应就其行为不构成欺诈承担举证责任。苏宁公司提供的第二台冰箱的储存单、提货单及送货人的证言，仅表明其送货的过程，并不能证明第二台冰箱为全新的机器，其提交的证据缺乏证明力，应承担举证不能的不利后果。

实用小贴士

本条虽然规定由当事人承担举证责任，但第 1 款及其衍生出的“谁主张，谁举证”的通俗说法，实际上并未解决在当事人之间举证责任应当如何分配，也无法满足司法实务中的需求。应该说，“谁主张，谁举证”的说法本身容易造成歧义。现代民事诉讼以当事人为主导，强调双方当事人之间在诉讼过程中的攻防与对抗，各方当事人并非对其在诉讼中所提出的一切主张都需要提供证据加以证明并承担举证责任，而是应当对其所依据的请求权规范或者抗辩权规范所对应的于己有利的相关事实主张承担举证责任。《民诉法解释》细化了举证责任的相关规则，其第 91 条也正式确立了以规范说为基础的举证责任分配原则：“人民法院应当依照下列原则确定举证证明责任的承担，但法律另有规定的除外：（一）主张法律关系存在的当事人，应当对产生该法律关系的基本事实承担举证证明责任；（二）主张法律关系变更、消灭或者权利受到妨害的当事人，应当对该法律关系变更、消灭或者权利受到妨害的基本事实承担举证证明责任。”

第六十八条 【举证时限】当事人对自己提出的主张应当及时提供证据。

人民法院根据当事人的主张和案件审理情况，确定当事人应当提供的证据及其期限。当事人在该期限内提供证据确有困难的，可以向人民法院申请延长期限，人民法院根据当事人的申请适

当延长。当事人逾期提供证据的,人民法院应当责令其说明理由;拒不说明理由或者理由不成立的,人民法院根据不同情形可以不予采纳该证据,或者采纳该证据但予以训诫、罚款。

重点解读

本条是关于举证时限的规定。

我国的举证时限制度经历了从无到有的变革与发展。1991 年《民事诉讼法》第 125 条第 1 款规定:“当事人在法庭上可以提出新的证据。”由该规定可以看出,彼时我国尚无举证时限制度,对当事人证据提出时机的要求属于学理上的证据随时提出主义。证据随时提出主义实际上具有不少弊端,如果在诉讼中当事人作出给对方当事人造成诉讼突袭、延迟权利义务的确认、耗费对方的诉讼成本等诉讼策略,无止境地延迟提出证据,那么当事人之间的诉讼攻防攻击就很难进行,法官也无法快速妥善地解决纠纷,进而导致诉讼程序停滞不前,大幅度降低了诉讼效率。有鉴于此,2001 年最高人民法院出台《关于民事诉讼证据的若干规定》(以下简称《证据规定》),建立了举证时限、证据失权等相关制度,以解决证据随时提出主义的弊端。《证据规定》规定了通过举证通知书确定举证期限以及逾期提供证据的法律后果等内容,设置了严格的失权制度:当事人在举证期限内不提交证据材料的,视为放弃举证权利,对于当事人逾期提交的证据材料,人民法院审理时不组织质证,但对方当事人同意质证的除外。《证据规定》出台之初,社会各界对其抱以极大的期望。但很快,严格的证据失权制度在实践中受到了诸多争议与苛责。首先,严格的证据失权制度受到民众的质疑,我国自古以来民众对实体正义的追求要高于程序正义,故民众对严格证据失权制度无法理解。其次,举证时限制度同样受到法院的排斥,对于可能对案件产生重大影响的逾期提出的证据,法院出于坚持追求客观真实的审判理念,一般都作为新证据予以采纳。法官所背负的业绩压力与社会舆论的压力都不允许其严格适用举证时限制度。可以说,这一阶段的举证时限制度,属于对证据随时提出主义的矫枉过正。

2012年,全国人大常委会对《民事诉讼法》进行修改,举证时限制度被正式写入2012年《民事诉讼法》中,但逾期提出证据的失权效与2001年《证据规定》相比已经大幅度缓和。2015年《民诉法解释》增加了当事人过错以及证据与案件基本事实有关作为考虑因素对法官进行限制。2019年修正后的《证据规定》,再次就举证时限的期间限制及相关的确定程序进行了细化与完善。

我国现今语境之下的举证时限制度,则是指负有举证责任的当事人应当在约定并经人民法院认可的或者人民法院指定的期限内,提出相应证据证明其主张,逾期不举证,将承担相应法律后果的一项民事诉讼制度。举证时限的性质为法院指定或由当事人协商确定的、当事人能够有效举证的指定期间。如果超过该期限即丧失证据提出权,对方当事人可以不同意质证,法院也可以不采纳该证据。举证时限制度以实现程序正义为价值追求。就具体功能而言,首先,举证时限制度的建立,最为根本的目的在于提升诉讼效率。通过促使当事人积极进行举证,防止当事人在诉讼的任意阶段提出新的证据以拖延诉讼进程。如果当事人可以在诉讼审理过程中反复提交新的证据,那么庭审将长时间停滞于事实调查阶段而无法推进,最终导致庭审效率的降低。其次,举证时限制度可以防止当事人通过诉讼过程中随时提出新的证据来对另一方当事人造成诉讼突袭,以保障双方当事人之间诉讼权利的平等。最后,举证时限制度有利于法院对诉讼中的争点进行整理,使庭审更加具有针对性。作为庭前准备程序的一环,举证时限的功能除了在程序上能够提高庭审效率外,在实体问题上也能帮助法官尽快整理案件的事实争点、证据争点等,以便在庭审中可以对症下药地对案件事实予以查明。

就具体的规则要素而言,举证时限制度主要由两部分组成。第一部分是举证时限的期间限制以及具体的确定程序,依照2019年修正的《证据规定》第49~59条的相关内容,举证时限的确定可以由当事人协商,并经过人民法院准许,也可以由人民法院直接指定。与此同时,立法也设置了期限范围予以限制,如第一审普通程序审理的案件不得少于 15 日等。当事人在期限内提供证据确有困难的,可以申请延长举证期限,应当在举证期限届满前提出书面申请。第二部分是关于逾期提交证据所产生的法律效果。根据《民诉法解释》第 101 条、第 102 条的规定,当事人逾期提供证据的,人民法院应当责令其说明理由,必要时可以要求其提供相应的证据。当事人因客观原因逾期提供证据,或者对方当事人对逾期提供证据未提出异议的,视为未逾期。当事人因故意或者重大过失逾期提供的证据,人民法院不予采纳。但该证据与案件基本事实有关的,人民法院应当采纳,并依照《民事诉讼法》的规定予以训诫、罚款。当事人非因故意或者重大过失逾期提供的证据,人民法院应当采纳,并对当事人予以训诫。

典型案例

北京百度网讯科技有限公司等诉北京奇虎科技公司等侵犯商标权及不正当竞争纠纷案[1]

被告在本案庭审当天提交了北京市方正公证处 2012 年 11 月 28 日作出的(2012)京方正内经证字第 14730 号公证书,用以证明原告亦在其自身网站搜索结果中加注警告标志、有其他安全软件亦存在向原告网页进行插标或拦截行为。对于该证据,两原告表示因为其系超期提交,对其不予质证。对此,法院认为,该证据的提交超过举证期限,且该证据的证明目的与被告行为是否构成商标侵权或不正当竞争无关,在原告明确拒绝质证的情况下,法院对该证据不予认可。

〔1〕 参见北京市第一中级人民法院(2012)一中民初字第 5718 号案例。

实用小贴士

实践中，法院对逾期举证理由要件和基本事实要件的不规范适用，导致以这两个要件的适用结果为前提的层次化逾期举证制裁措施无法付诸实践。对于当事人逾期提出的证据，法院应当严格遵从立法和司法解释规定的审查路径。首先，《民事诉讼法》及司法解释明确规定了逾期举证理由的要件，这也是立法规定的适用逾期举证规范制度时必须考虑的首要要件，即当事人逾期举证的，法官应当责令其说明理由并根据理由的合理程度判断适用何种逾期举证后果，通过对当事人逾期举证主观心态的判断将逾期举证理由分为客观、非属故意或者重大过失、属于故意或者重大过失三个层次。其次，只有在认定当事人的逾期举证属于故意或者重大过失后，才需要考察逾期证据和案件基本事实的关联性，最终决定对当事人提供的证据不予采纳，或者予以采纳并对当事人处以训诫和罚款。法官不能跨越对当事人主观心态的判断，直接基于该证据与案件基本事实之间的联系来决定证据的取舍。

第六十九条　【证据收据】人民法院收到当事人提交的证据材料，应当出具收据，写明证据名称、页数、份数、原件或者复印件以及收到时间等，并由经办人员签名或者盖章。

第七十条　【人民法院调查取证】人民法院有权向有关单位和个人调查取证，有关单位和个人不得拒绝。

人民法院对有关单位和个人提出的证明文书，应当辨别真伪，审查确定其效力。

第七十一条　【法庭质证】证据应当在法庭上出示，并由当事人互相质证。对涉及国家秘密、商业秘密和个人隐私的证据应当保密，需要在法庭出示的，不得在公开开庭时出示。

第七十二条　【公证证据效力】经过法定程序公证证明的法律事实和文书，人民法院应当作为认定事实的根据，但有相反证据足以推翻公证证明的除外。

第七十三条　【书证、物证】书证应当提交原件。物证应当提交原物。提交原件或者原物确有困难的，可以提交复制品、照片、副本、节录本。

提交外文书证，必须附有中文译本。

第七十四条　【视听资料】人民法院对视听资料，应当辨别真伪，并结合本案的其他证据，审查确定能否作为认定事实的根据。

第七十五条　【证人出庭作证义务与资格】凡是知道案件情况的单位和个人，都有义务出庭作证。有关单位的负责人应当支持证人作证。

不能正确表达意思的人，不能作证。

重点解读

本条是关于证人的出庭作证义务以及证人应具备的条件的相关规定。

第1款规定了证人具有出庭作证的义务。证人，是指了解案件情况并向法院提供证词的人。证人证言，是指证人就其了解的案件事实情况向法院作出的陈述。在民事诉讼中，当事人如果申请以证人证言作为证据方法，一般而言，证人需要出庭作证，无正当理由未出庭的证人以书面等方式提供的证言，不得作为认定案件事实的根据。这一做法主要有两个方面的意义：一方面，要求证人出庭作证并接受法院和当事人双方的交叉询问与辩驳，从认识论的角度来看有助于检验证人所观察的事实是否准确，记忆是否牢靠。法院也可以结合证人在发表证言以及接受法院和当事人询问时的表情、语气、态度等因素，综合判断该证人所提供的证言是否真实。另一方面，要求证人出庭也是要求法官在庭审中以口头方式直接接触证人证言，以满足直接言词原则。“直接言词原则”是直接原则与言词原则的合称，是指法官、陪审员必须亲自主持庭审，听取当事人的口头陈述及辩论，亲自审查证据和相关的诉讼材料，并最终作出判决的原则。之所以将其合并为一个原则，是因为直接原则与言词原则具有实质上的重叠性，二者联系紧密，在内容、要求和目的上具有很多共通之处。通过满足直接言词原则，使诉讼中的各方参与人包括证人可以当场传达意见，法官可以快速地获得信息并及时作出反应，掌握证人的真实意图，揭开事实的真相。与此同时，法官可以当场对各方主体模糊的陈述予以确认，澄清不清楚或矛盾的问题，制止当事人或证人等进行无关的陈述，并可以通过灵活应变的释明更好地发现及整理争点，进而实现紧贴双方辩论的活跃审理。

2015 年《民诉法解释》及 2019 年《证据规定》均对证人出庭作证的具体程序进行了细化。总结而言，当事人申请证人出庭作证的，应当在举证期限届满前提出，符合法官依职权调查收集证据情形的，人民法院可以依职权通知证人出庭作证。未经人民法院通知，证人不得出庭作证，但双方当事人同意并经人民法院准许的除外，双方当事人也可以同意证人不出庭而以其他方式作证，但需要经过人民法院准许。人民法院在证人出庭作证前应当告知其如实作证的义务以及作伪证的法律后果，并责令其签署保证书，但无民事行为能力人和限制民事行为能力人除外。证人拒绝签署保证书的，不得作证。除此之外，证人发表证言并非一定要在庭审之中，在审理前的准备阶段或者人民法院调查、询问等双方当事人在场时陈述证言的，也视为出庭作证。

本条第 2 款从反面规定了证人应该具有的条件，即能够正确表达其意思。此处的“表达”并非仅指通过口头方式进行，也可以使用其他方式，如患有聋、哑等疾病的证人，可以通过书面、手语等方式表达其意思。与鉴定人不同，由于了解案件事实情况的证人具有少数性甚至是唯一性而无法替代，故证人并不适用回避原则。实践中，多数证人都跟当事人有近亲属关系或是跟案件本身有利害关系。由于此类证人所作出的证言往往带有主观色彩，甚至呈现明显的倾向性，法院在判断此类证人证言时就需要综合各方因素加以考虑，从而依据自由心证确认其证明力的大小。对于无民事行为能力人、限制民事行为能力人所作出的证言，2019 年《证据规定》第 67 条第 2 款规定："待证事实与其年龄、智力状况或者精神健康状况相适应的无民事行为能力人和限制民事行为能力人，可以作为证人。"除此之外，诉讼代理人、审判人员、鉴定人员、翻译人员不能同时作为该案件的证人。这些人员如果事先知道案件情况，应在终止委托代理关系或者回避之后，再以证人身份出庭作证。

典型案例

再审申请人安徽省十字铺茶场与被申请人合肥建工金鸟集团有限公司建设工程合同纠纷案[1]

证人证言在诉讼证据中因其生动、具体、形象而占有重要的地位。目前，我国证人出庭率很低。本案正是由于刘某在原审中未出庭作证，导致一、二审法院对涉及 137 万元有关事实的认定有出入。再审庭审时，关键证人刘某出庭作证。合议庭成员及双方代理人就案件事实对刘某进行了交叉询问，并结合原审中十字铺茶场的记账凭证、转款凭证，孙某、吴某出具的领条及其二人签字的"收款收据记账联"，再审中补充的当时参与处理农民工工资发放的郎溪县人社局及派出所的证明，刘某银行账户流水单等证据，认为上述证据构成了基本完整的证据链，足以证明十字铺茶场垫付的农民工工资 137 万元已经支付完毕。合议庭在证人出庭的基础上查明了争议事实，具备当庭宣判的基础条件，本案当庭宣判水到渠成。

---

〔1〕 参见最高人民法院(2017)最高法民 183 号案例。

实用小贴士

关于庭审时临时申请证人出庭的问题。如果当事人在指定的举证期限内未向法院申请证人出庭,而在庭审时向法院申请证人出庭作证的,应当参照《民事诉讼法》《民诉法解释》《证据规定》关于逾期提供证据的相关规定进行处理。法院应当首先责令其说明理由,必要时可以要求其提供相应的证据。当事人因客观原因逾期申请证人出庭,或者对方当事人同意证人出庭作证的,视为未逾期。当事人因故意或者重大过失逾期申请证人出庭的,人民法院不予准许,但如果该证人所作证言与案件基本事实有关的,人民法院应当准许证人出庭作证,并依照《民事诉讼法》的规定予以训诫、罚款。当事人非因故意或者重大过失逾期申请证人出庭的,人民法院应当准许该证人出庭作证,并对当事人予以训诫。

第七十六条　【证人出庭作证】经人民法院通知,证人应当出庭作证。有下列情形之一的,经人民法院许可,可以通过书面证言、视听传输技术或者视听资料等方式作证:

(一)因健康原因不能出庭的;

(二)因路途遥远,交通不便不能出庭的;

(三)因自然灾害等不可抗力不能出庭的;

(四)其他有正当理由不能出庭的。

第七十七条　【证人出庭费用负担】证人因履行出庭作证义务而支出的交通、住宿、就餐等必要费用以及误工损失,由败诉一方当事人负担。当事人申请证人作证的,由该当事人先行垫付;当事人没有申请,人民法院通知证人作证的,由人民法院先行垫付。

第七十八条　【当事人陈述】人民法院对当事人的陈述,应当结合本案的其他证据,审查确定能否作为认定事实的根据。

当事人拒绝陈述的,不影响人民法院根据证据认定案件事实。

第七十九条　【鉴定启动方式及鉴定人的确定】当事人可以就查明事实的专门性问题向人民法院申请鉴定。当事人申请鉴定的,

由双方当事人协商确定具备资格的鉴定人；协商不成的，由人民法院指定。

当事人未申请鉴定，人民法院对专门性问题认为需要鉴定的，应当委托具备资格的鉴定人进行鉴定。

重点解读

本条是关于鉴定启动方式及鉴定人确定的规定。

鉴定意见作为我国《民事诉讼法》规定的一种证据形式，是指具有鉴定资格的专业人员运用专业知识和科技手段，对案件中的专门性问题进行分析、判断后所作出的书面意见。在民事诉讼中实施鉴定的必要性在于，从认识论的角度来讲，法官或当事人对于某些具有专业性的事实，无法依靠一般的生活常识或经验加以认识并作出判断，需要委托鉴定机构或鉴定人员，借助其专业知识或者特别的技术手段来获取相关信息，进而形成书面报告来证明某一案件事实的存在。由于鉴定意见本身是由具有专门知识的人员或机构利用科技等特殊手段对鉴定材料进行分析、判断所形成的，因此在保证鉴定人选任的公正性基础上，与证人证言、当事人陈述等言词证据形式相比具有较强的客观性，因此也较为真实可靠。

一、鉴定的对象

鉴定的对象为查明案件的专门性问题。首先，鉴定只能用于查明案件所需要的事实，即请求权规范或抗辩权规范所对应的要件事实或用以证明该要件事实的间接事实。如果某一事实不属于案件的证明对象，如与案件无关的事实或法律规定的免证事实，则不能成为鉴定的对象。其次，鉴定针对当事人或法院仅凭生活常识或经验无法进行判断的专门性问题。随着社会的发展，纠纷涉及的领域越来越广泛、越来越复杂，司法实践中针对各类纠纷所产生的鉴定事项也是五花八门。既有医疗鉴定、工程质量鉴定、文书鉴定、产品质量鉴定、会计鉴定等类型化鉴定,也有对字画的鉴定、对特定物品特征的鉴定等非类型化鉴定。因此,对于“专门性问题”这一概念,几乎无法进行周延的界定。

二、鉴定的启动方式

我国《民事诉讼法》经历了从只能由法院依职权启动到以当事人申请为主、法院依职权启动为辅的发展历程。这是因为,从当事人角度来看,在民事诉讼结构由职权主义向当事人主义转型的背景下,当事人对案件事实承担举证责任,那么立法也应该同时保证当事人的证据收集能力。鉴定作为对审判结果有重大影响的证据收集手段,是否启动理应由当事人决定。从法官的角度来看,基于法官的中立地位,将鉴定的启动权交由法官也有违法官的中立地位,破坏了民事诉讼的程序公正。

具体而言,根据司法解释的相关规定,当事人申请鉴定,可以在举证期限届满前提出。申请鉴定的事项与待证事实无关联,或者对证明待证事实无意义的,人民法院不予准许。当事人申请鉴定应当预交鉴定费用,逾期不提出申请或者不预交鉴定费用的,视为放弃申请。由法院依职权委托鉴定的情况,主要有两种:一种是本条所规定的“当事人未申请鉴定,人民法院对专门性问题认为需要鉴定”的情况,但此种情况在司法实践中往往通过法官释明一方当事人申请予以解决。基于当事人负担案件事实的举证责任,法官一般不会直接依职权委托鉴定。另一种是《民诉法解释》第 121 条第 3 款所明确的,符合依职权调查收集证据条件的,人民法院应当依职权委托鉴定。

三、鉴定人的确定

在当事人申请鉴定的情况下,先由双方当事人协商确定,协商不成的再由人民法院指定。此种做法体现了对当事人意愿和诉讼权利的尊重,可以避免当事人对法院和鉴定人中立性的质疑。在法院依职权委托鉴定的情况下，根据《证据规定》第32条第2款的规定，法院可以在询问当事人的意见后，指定具备相应资格的鉴定人。

典型案例

湖南省益阳市人民检察院诉夏顺安等15人生态破坏民事公益诉讼案[1]

本案中，夏顺安等15人的非法采砂生态破坏行为，导致了洞庭湖生态系统的损害，具体包括丰富的鱼类、虾蟹类和螺蚌等软体动物生物资源的损失，并严重威胁洞庭湖河床的稳定性及防洪安全，破坏水生生物资源繁衍生存的环境。为确保生态环境损害数额认定的科学性、全面性和合理性，人民法院委托具备资格的机构进行司法鉴定，通过对生态环境损害鉴定意见的司法审查，合理确定生态破坏行为所导致生态环境损害的赔偿数额。本案中，人民法院指导鉴定专家按照全面赔偿原则，对非法采砂行为所导致的采砂区域河床、水源涵养、生物栖息地、鱼虾生物资源、水环境质量等遭受的破坏进行全方位的鉴定，根据抽取砂土总量、膨胀系数、水中松散沙土的密度、含水比例以及洞庭湖平均鱼类资源产量等指标量化了各类损失程度。被告虽主张公共利益受损与其无关联，但本案各被告当庭陈述均认可实施了采砂行为。根据另案生效判决认定的事实及审理查明的事实，各被告实施的采砂行为非法，且鉴定意见书明确了采砂行为造成生态环境受损，故认定被告的采砂行为破坏了生态环境资源。各被告未提交反驳证据推翻案涉鉴定意见，经审查，对鉴定意见载明的各项损失及修复费用予以确认。

---

〔1〕 参见湖南省高级人民法院(2020)湘民终1862号案例。

实用小贴士

本条确定了民事诉讼中鉴定的启动以当事人申请为主，以法院职权委托为辅，但没有明确在当事人之间应当由谁承担针对某一特定事实申请鉴定的责任。对此，2019 年《证据规定》第 31 条第 2 款规定了具体由哪一方当事人申请鉴定，需要根据举证责任的分配来予以确定。当事人应当对其所依据的请求权规范或者抗辩权规范所对应的于己有利的相关事实主张承担举证责任。对需要鉴定的待证事实负有举证责任的当事人，在人民法院指定期间内无正当理由不提出鉴定申请或者不预交鉴定费用，或者拒不提供相关材料，致使待证事实无法查明的，应当承担举证不能的法律后果。

第八十条　【鉴定人权利义务】鉴定人有权了解进行鉴定所需要的案件材料，必要时可以询问当事人、证人。

鉴定人应当提出书面鉴定意见，在鉴定书上签名或者盖章。

第八十一条　【鉴定人出庭作证】当事人对鉴定意见有异议或者人民法院认为鉴定人有必要出庭的，鉴定人应当出庭作证。经人民法院通知，鉴定人拒不出庭作证的，鉴定意见不得作为认定事实的根据；支付鉴定费用的当事人可以要求返还鉴定费用。

第八十二条　【有专门知识的人】当事人可以申请人民法院通知有专门知识的人出庭，就鉴定人作出的鉴定意见或者专业问题提出意见。

重点解读

本条是关于有专门知识的人的相关规定。

有专门知识的人，又称“专家辅助人”，是指在科学、技术以及其他专业知识方面具有特殊专门知识或者经验的人员，根据当事人的聘请并经人民法院准许，出庭辅助当事人对诉争的案件事实所涉及的专门性问题进行说明或发表意见和评论的人。随着社会的发展，纠纷涉及的领域越来越广泛、越来越复杂，需要借助专门知识的案件也越来越多。在法官和当事人无法仅凭借生活常识或经验对案件中的专业性问题加以判断时，就有必要将相关问题委托给具有专门知识的个人或机构加以鉴定，或者是由当事人申请具有专门知识的人出庭发表相关意见。与鉴定意见相似，具有专门知识的人出庭发表相关意见的意义在于既可以帮助诉讼当事人客观把握纷争焦点，合理认知自身权益与责任，也可以使法官从专业技术问题的困扰中解脱出来，提高审判效率，还可以摒弃传统的向专业部门单方咨询的职权化色彩，充分发挥双方当事人主动行使自己诉讼权利的积极性。

有专业知识的人发表意见的对象，是鉴定人所作出的鉴定意见或者是诉讼中的专业问题。前者是一种对已有结论的质询意见，而后者则属于一种原初性的结论。对于鉴定意见，虽然立法规定在当事人有异议或者人民法院认为鉴定人有必要出庭的情况下，鉴定人应当出庭接受法院和当事人的询问，以完成对鉴定意见的质证。但由于法官和当事人一般缺乏相应的专业性知识，因此司法实践中对鉴定人的询问往往只就局限于鉴定意见的制作流程等程序性事项，对于实质性的问题却无法进行有效质询。有鉴于此，当事人可以通过申请具有相关知识的专家辅助人出庭代其发表针对鉴定意见的实质性质证意见。两种制度互为表里、相互配合，实际上保障了当事人的质证权。对于专业问题，按照本条的表述，是指在诉讼中涉及某一领域的专门知识而无法或者无须通过鉴定解决的事实或问题，如对某一领域内的专业术语应当如何进行理解。对于这一类问题显然超出了法官的知识领域范畴，因此当事人可以申请专家辅助人出庭进行解释。在实践操作中，很难将鉴定所指向的对象与本条所述的“专业问题”完全加以区分，具体采取何种方式，需要法官根据具体情况进行斟酌与选择。

具体而言，根据司法解释的细化规定，当事人可以在举证期限届满前通过提交申请书的方式申请1~2名具有专门知识的人出庭，申请书中应当载明有专门知识的人的基本情况和申请的目的。法院在专家出庭的问题上享有决定权，准许当事人申请的，应当通知双方当事人。与证人与鉴定人出庭作证的相关规定不同，有专门知识的人出庭所需的相关费用由提出申请的当事人自行负担。

就有专门知识的人所发表问题的具体内容而言，在对鉴定人所作出的鉴定意见进行质证时，可以根据其专业知识，寻找鉴定中可能存在的问题，如鉴定方法是否可行、鉴定程序是否合法、鉴定材料的选取是否适合等，从而为法官甄别鉴定意见、作出科学的判断、提高内心的确信提供参考，保证案件的公正审理。从反面来讲，通过有专业知识的人辅助寻找鉴定中可能存在的问题，也可以加强鉴定人在鉴定过程中的责任意识，进而促进其鉴定活动的正当化、合理化。在对诉讼中的专业问题发表相关意见的情形中，专家辅助人则需要借助自己的专业知识，将其所了解的相关领域内的信息告知给当事人和法院。专家辅助人在发表相关意见时，应当以客观存在的专业知识为基准，必须尊重事实，阐释的意见体现专门性、科学性和独立性，不得为了一方当事人的利益而歪曲或滥用这种知识。当然，专家辅助人作为一方当事人的辅助，难免可能带有利益倾向性，因此对于专家辅助人的相关意见，人民法院也应当进行斟酌与判断。除了发表相关意见之外，根据《民诉法解释》第123条的规定，人民法院可以对出庭的具有专门知识的人进行询问。经法庭准许，当事人可以对出庭的具有专门知识的人进行询问，当事人各自申请的具有专门知识的人可以就案件中的有关问题进行对质。需要注意的是，具有专门知识的人不得参与专业问题之外的法庭审理活动，如不得对当事人应否承担法律责任提出意见。

典型案例

许建惠、许玉仙民事公益诉讼案[1]

围绕专业技术问题，引入专家辅助人。环境民事公益诉讼案件，涉及土壤污染、非法排污、因果关系、环境修复等大量的专业技术问题，检察机关可以通过甄选环境专家协助办案，厘清关键证据中的专业性技术问题。专家辅助人出庭就鉴定人作出的鉴定意见或者就因果关系、生态环境修复方式、生态环境修复费用以及生态环境受到损害至恢复原状期间服务功能的损失等专门性问题，作出说明或提出意见，经质证后可以作为认定事实的根据。

实用小贴士

专家辅助人所出具的相关意见并非法定的证据种类，因此不能在证据层面理解专家辅助人所出具的意见。《民诉法解释》第 122 条第 2 款明确了专家辅助人所作出的相关意见的性质，即“具有专门知识的人在法庭上就专业问题提出的意见，视为当事人的陈述”。在司法实务中，专家辅助人提出的意见仅仅旨在帮助当事人和法院认识和理解相关证据的内容，而专家辅助人出庭起到的只是对专门性问题进行阐释和说明的作用，实际上相当于当事人对其陈述在专业领域层面的具体化。

第八十三条　【勘验笔录】勘验物证或者现场，勘验人必须出示人民法院的证件，并邀请当地基层组织或者当事人所在单位派人参加。当事人或者当事人的成年家属应当到场，拒不到场的，不

〔1〕 参见最高人民检察院指导案例第 28 号案例。

影响勘验的进行。

有关单位和个人根据人民法院的通知，有义务保护现场，协助勘验工作。

勘验人应当将勘验情况和结果制作笔录，由勘验人、当事人和被邀参加人签名或者盖章。

第八十四条 【证据保全】在证据可能灭失或者以后难以取得的情况下，当事人可以在诉讼过程中向人民法院申请保全证据，人民法院也可以主动采取保全措施。

因情况紧急，在证据可能灭失或者以后难以取得的情况下，利害关系人可以在提起诉讼或者申请仲裁前向证据所在地、被申请人住所地或者对案件有管辖权的人民法院申请保全证据。

证据保全的其他程序，参照适用本法第九章保全的有关规定。

重点解读

本条是有关证据保全的规定。

证据保全，是指当对于诉讼查明案情真相有重要意义的证据可能发生毁损、灭失及其他不再能够取得的危险时，法院根据当事人的申请或依职权，对证据加以固定和保护的制度。在民事诉讼中，法官认定案件事实的活动是以证据为基础展开的。只有依据相关证据，法院才能够查明案件真相，明确纠纷发生的原因并正确合理地作出裁判。然而，在现实生活中，从纠纷现实发生到案件开庭审理阶段，往往存在一段时间的真空期。在这段时间内，基于某些不可抗力或者人为的原因，可能会导致某些证据灭失或者在开庭时难以取得。为了防止这类情况的发生，《民事诉讼法》规定了证据保全制度。在出现证据可能灭失或以后难以取得的情况下，法院通过对证据的固定和保护，可以避免在开庭时由于证据的灭失或难以取得给案件审理带来的困难,使法官认定案件事实能够更加接近客观真相,同时也可以充分保障当事人的证据收集权,维护当事人的合法权益。

一、证据保全的条件

当事人申请证据保全,需要满足以下两个条件:一是证据可能灭失或以后难以取得。所谓"证据可能灭失",是指相关物证、书证、电子数据、视听资料等可能会腐烂或者被销毁,相关证人可能会因为自身原因死亡或者无法正确进行表达等情况;所谓"以后难以取得",是指虽然证据没有灭失,但如果不及时采取措施加以保全,在诉讼系属之后取得该证据成本可能过高或者难度过大,如案涉证人出国定居或学习。二是申请保全的证据与本案事实需具有关联性,当事人申请保全的证据,其拟证明的案件事实必须是请求权规范或抗辩权规范所对应的要件事实,或者是用于推定要件事实的间接事实。

二、证据保全的类型

证据保全依据申请保全的时间可以分为诉讼或仲裁过程中的证据保全和诉前或申请仲裁前的证据保全。诉讼或仲裁过程中的证据保全,是指在诉讼或仲裁进行过程中,在证据可能灭失或者今后难以取得的情况下,法院依申请或者依职权对证据予以调查收集和固定保护的行为。诉讼或仲裁过程中的证据保全既可以由当事人申请启动,也可以由法院依职权启动。诉前或申请仲裁前的证据保全,是指在提起诉讼或者申请仲裁前,因情况紧急,在证据可能灭失或者以后难以取得的情况下,法院依利害关系人申请对证据予以调查收集和固定保护的行为。相较于前者,诉前或申请仲裁前的证据保全需要满足"情况紧急"的条件。所谓"情况紧急",系指利害关系人来不及提起诉讼或申请仲裁,相关证据就已经面临灭失或难以取得的风险的情况。此种情况下,如果不立刻实施证据保全,就可能使证据灭失或者难以取得,以至于在后续审理过程中无法作为认定案件事实的基础。诉前或申请仲裁前的证据保全只能由利害关系人申请启动，法院不能对相关证据依职权进行保全。

三、证据保全的程序

根据司法解释的相关规定，当事人可以在举证期限届满前书面提出证据保全申请，申请书应当载明需要保全的证据的基本情况、申请保全的理由以及采取何种保全措施等内容。当事人或者利害关系人申请采取查封、扣押等限制保全标的物使用、流通等保全措施，或者保全可能对证据持有人造成损失的，人民法院应当责令申请人提供相应的担保。就担保的方式和数额而言，由人民法院根据保全措施对证据持有人的影响、保全标的物的价值、当事人或者利害关系人争议的诉讼标的金额等因素综合确定。申请证据保全错误造成财产损失，当事人请求申请人承担赔偿责任的，人民法院应予支持。

诉前或申请仲裁前的证据保全还涉及管辖法院的选择问题。本条规定，利害关系人可以在提起诉讼或者申请仲裁前向证据所在地、被申请人住所地或者对案件有管辖权的人民法院申请保全证据，由此可以看出该规定适用的是地域管辖原则。在人民法院采取诉前证据保全措施后，当事人向其他有管辖权的人民法院提起诉讼的，采取保全措施的人民法院应当根据当事人的申请，将保全的证据及时移交受理案件的人民法院。

除此之外，由于证据保全与财产保全在程序上具有诸多相同之处，在涉及保全担保、保全范围、保全实施等更多具体的程序规定时，可以参照适用本法第 9 章中关于保全的相关规定。

四、证据保全的方法

根据 2019 年《证据规定》第 27 条的规定，人民法院进行证据保全，可以要求当事人或者诉讼代理人到场，同时根据当事人的申请和具体情况，可以采取查封、扣押、录音、录像、复制、鉴定、勘验等方法进行证据保全，并制作笔录。实务操作中，法官应该根据不同证据的特点，采取不同的方法。对证人证言，应当采取制作笔录或录音的方法；对书证的保全，应当采取拍照、复制的方法；对物证的保全，应当采取勘验、制作笔录、绘图、拍照、录像、保存原物的方法等，客观真实地反映证据。需要注意的是，由于证据的形式有多种，保全方法也较多，人民法院应根据案件和证据的具体情况，平等保护双方当事人的利益，选择低成本、高效率、最合适的方法采取保全措施。

典型案例

安徽皖垦种业股份有限公司诉宿州市金种子有限责任公司、李继德侵害植物新品种权纠纷案[1]

当事人取证难是目前审理农业植物新品种案件普遍存在的问题。侵权者为了逃避法律责任，一般将侵权种子存放于较隐蔽的地方，即便权利人查到了侵权种子的存放地点，也难以获取有效证据以证明侵权的事实。当事人在初步判断存在侵权的可能性后，在诉讼中申请法院证据保全。而法官并不具有种子检验资质，抽取样品的代表性及合法性往往在诉讼中遭到质疑，因而农业行政机关具有协助法院取证的职责。本案中，法院根据当事人的申请，在邀请被告在场的情况下，对被控侵权种子进行抽样证据保全，并在判决中采纳了保全的证据，简化了取证程序，客观上加大了植物新品种司法保护的力度。

实用小贴士

证据保全虽然可以发挥帮助一方当事人收集证据的作用，但这种作用是以证据处于可能发生灭失或难以取得的危险之下这一条件作为前提的。在目前的司法实

〔1〕 参见安徽省合肥市中级人民法院(2011)合民三初字第148号案例。

践中，证据公证作为一种不受这项条件限制却能够发挥保全证据功能的方法得到了更为广泛的运用。所谓证据公证，是指当事人在诉讼前或诉讼中委托公证机构对某种证据的存在、状态或作用等进行公证，以期保证此后能够向法院提交该证据，并提高其真实可靠性及证明力。在公证的法律服务越来越便利的社会背景下，证据公证的方法不仅可以发挥与证据保全相同的保存或固定证据的功能，而且还能以公证机构的公信力作为担保，增强特定证据的真实可靠性和证明力，从而提升证据的价值。因此，在实践中证据公证适用的情形有超过证据保全的势头。

第七章　期间、送达

第一节　期　　间

第八十五条　【期间】期间包括法定期间和人民法院指定的期间。

期间以时、日、月、年计算。期间开始的时和日，不计算在期间内。

期间届满的最后一日是法定休假日的，以法定休假日后的第一日为期间届满的日期。

期间不包括在途时间，诉讼文书在期满前交邮的，不算过期。

条文对照

2017 年《民事诉讼法》	2021 年《民事诉讼法》
第八十二条　期间包括法定期间和人民法院指定的期间。 期间以时、日、月、年计算。期间开始的时和日，不计算在期间内。 期间届满的最后一日是节假日的，以节假日后的第一日为期间届满的日期。	**第八十五条**　期间包括法定期间和人民法院指定的期间。 期间以时、日、月、年计算。期间开始的时和日，不计算在期间内。 期间届满的最后一日是**法定休假日**的，以**法定休假日**后的第一日为期间届满的日期。

续表

2017 年《民事诉讼法》	2021 年《民事诉讼法》
期间不包括在途时间，诉讼文书在期满前交邮的，不算过期。	期间不包括在途时间，诉讼文书在期满前交邮的，不算过期。

重点解读

本条是关于民事诉讼期间的规定。

一、期间的含义

民事诉讼是法院、当事人和诉讼参与人共同参与进行的一项解决纠纷的活动。纠纷能否通过诉讼得到合理解决，与法院、当事人和其他诉讼参与人投入的时间与精力息息相关。如果投入过少，纠纷难以平息；如果投入过多，容易造成诉讼的迟延。所以，为保证法院、当事人和其他诉讼参与人既有足够的时间进行诉讼，又能防止诉讼拖延，《民事诉讼法》规定了期间制度。

期间，是指法院、当事人和其他诉讼参与人单独或者会合在一起实施或者完成特定诉讼活动所应遵守的时间，包括期限与期日。本条及民事诉讼立法中的期间应采狭义理解，即期间只指期限而不包括期日。

二、期间的分类

根据本条第 1 款的规定，民事诉讼期间分为法定期间和人民法院指定的期间。法定期间，是指由法律直接规定的期间。对于法定期间，除法律另有规定外，法院、当事人和其他诉讼参与人不得予以变更。人民法院指定的期间，是指法律明确授权法院根据审理案件的具体情形，依职权指定的期间。多数情形下，法院指定的期间，是当事人或者其他诉讼参与人实施或者完成特定诉讼活动的期限。法律授权法院具有指定期间的权力与空间，其原因在于民事诉讼案件种类繁多，各案件的审理情况千差万别，很难用一个统一的时间来对其加以规定。通过授权法院根据案件具体情况来指定期间，既可以使当事人或者其他诉讼参与人有足够的时间进行相应的诉讼活动，又不会造成诉讼迟延，更加具有合理性和灵活性。此外，期间还有一个类别即约定期间。约定期间，是指当事人根据法律的规定，协商一致并经法院认可的期间，例如，当事人可以约定举证期限。约定期间体现了民事诉讼对当事人处分权的充分尊重。

三、期间的计算方法

本条第2款规定了期间的计算方法，即期间以时、日、月、年计算。但是对于具体的某一个诉讼活动，是以时、日、月为计算单位，还是以年为计算单位，则需要由法律明确规定或者法院指定。期间开始的时和日，不计算在期间内。即期间若以时为计算单位，开始的小时便不计算在内，而是从下一个小时开始计算，终期则根据期间的实际小时数相加确定；期间若以日为计算单位，开始的日也不计算在内，而是从第二日开始计算，终期则根据期间的实际天数相加确定。同样，期间若以月和年为计算单位，由于月和年实际上也是由日组成，因此也是从第二日开始计算，终期则是根据期间的实际月或者年数相加所确定的届满月或者届满年的始期对应日。如果没有对应日的，则以该月的最后一日为届满日。

本条第3款对期间计算的特殊情况进行了规定：期间届满的最后一日是法定休假日的，以法定休假日后的第一日为届满日。亦即，如果期间届满遇上法定休假日的话，就不能按照一般的计算方法，而是以法定休假日结束后的第一日为终期届满日。本次《民事诉讼法》修正时，将“节假日”的表述修改为“法定休假日”。应注意的是，如果法定休假日是在期间的中间而不是在期间届满的最后一日，则以法定休假日后的第一个工作日为届满日。

本条第4款规定，期间不包括在途时间，诉讼文书在期满前交邮的，不算过期。在途时间是指人、物从出发地到目的地所花费的时间。在民事诉讼中，主要是指诉讼文书在邮寄途中所花费的时间。因期间不包括在途时间，所以诉讼文书在期满前交付邮局的，不算过期。法院确定诉讼文书交邮的时间，应以邮寄地邮局所盖邮戳上的时间为准。

四、期间的耽误

当事人或者其他诉讼参与人应在法定期间或者指定期间内实施或者完成某一诉讼活动，因为某种原因未能实施或者完成该诉讼活动的状态称为期间的耽误。如果期间的耽误是因为当事人或者其他诉讼参与人主观方面的原因，则他们将丧失实施或者完成某一诉讼活动的权利，并承担相应的不利后果；如果期间的耽误是因为某种客观原因，当事人可以申请顺延期限，是否准许，由人民法院决定。

典型案例

朱从光与安徽恒制纺织科技有限公司劳动争议纠纷案[1]

本案系劳动争议纠纷，应当仲裁前置。在仲裁中无具体规定的程序性问题，可以参照《民事诉讼法》的相关规定执行。因仲裁程序中对仲裁期间的计算无特别规定，仲裁期间可以参照《民事诉讼法》关于期间计算的有关规定执行。依照《劳动争议调解仲裁法》第50条“当事人对本法第四十七条规定以外的其他劳动争议案件的仲裁裁决不服的，可以自收到仲裁裁决书之日起十五日内向人民法院提起诉讼；期满不起诉的，裁决书发生法律效力”及《民事诉讼法》第82条“……期间以时、日、月、年计算。期间开始的时和日，不计算在期间内。期间届满的最后一日是节假日的，以节假日后的第一日为期间届满的日期……”之规定，恒制公司对仲裁裁决不服应于2021年9月26日向人民法院提起诉讼，但2021年9月26日系周日，因此2021年9月27日系期间届满之日，恒制公司于2021年9月

〔1〕 参见安徽省蚌埠市中级人民法院(2021)皖03民终3975号案例。

27 日向五河县人民法院递交民事起诉状，未超过法定起诉期限。一审法院以超过起诉期限为由裁定不予受理不当，依法应予以纠正，本案一审法院应当依法进行立案受理。

实用小贴士

司法实践中，期间的确定与变更应注意以下问题：(1)民事诉讼法定期间既有《民事诉讼法》直接规定的，也有其他法律规定的。在对法定期间进行考量时，不仅要看《民事诉讼法》的规定，还要根据案件的具体情况分析是否受其他法律规定的约束。(2)为防止法院指定的期间过短，损害当事人的诉讼权利，有时法律会对指定期间的范围作出限定。例如，人民法院确定的举证期限，第一审普通程序案件不得少于 15 日。同时，人民法院指定期间的，要有具体明确的日期，要从案件实际情况出发，综合考量后慎重作出。(3)期间有不变期间和可变期间之分。不变期间，是指一经法律规定，非有法定情形任何人不得予以变更的期间，如上诉期间、申请再审的期间等。法院、当事人或者其他诉讼参与人不得加以变更。一般而言，法定期间就是不变期间，但有一些法定期间可以在符合法律明确规定的情形下予以变更。例如，对于一审普通程序的审限，法律规定为 6 个月，但如果有特殊情况，由本院院长批准，可以延长 6 个月。

第八十六条　【期间顺延】当事人因不可抗拒的事由或者其他正当理由耽误期限的，在障碍消除后的十日内，可以申请顺延期限，是否准许，由人民法院决定。

第二节　送　　达

第八十七条　【送达回证】送达诉讼文书必须有送达回证，由受送达人在送达回证上记明收到日期，签名或者盖章。

受送达人在送达回证上的签收日期为送达日期。

第八十八条 【直接送达】送达诉讼文书，应当直接送交受送达人。受送达人是公民的，本人不在交他的同住成年家属签收；受送达人是法人或者其他组织的，应当由法人的法定代表人、其他组织的主要负责人或者该法人、组织负责收件的人签收；受送达人有诉讼代理人的，可以送交其代理人签收；受送达人已向人民法院指定代收人的，送交代收人签收。

受送达人的同住成年家属，法人或者其他组织的负责收件的人，诉讼代理人或者代收人在送达回证上签收的日期为送达日期。

第八十九条 【留置送达】 受送达人或者他的同住成年家属拒绝接收诉讼文书的，送达人可以邀请有关基层组织或者所在单位的代表到场，说明情况，在送达回证上记明拒收事由和日期，由送达人、见证人签名或者盖章，把诉讼文书留在受送达人的住所；也可以把诉讼文书留在受送达人的住所，并采用拍照、录像等方式记录送达过程，即视为送达。

重点解读

本条是对留置送达的规定。

一、留置送达的含义及具体情形

留置送达，是指当受送达人拒绝签收所送达的诉讼文书时，送达人依法将诉讼文书放置在受送达人住所即视为完成送达的送达方式。采取留置送达的具体情形及注意事项如下：

1. 法院在直接送达时，如果受送达人或者他的同住成年家属拒绝签收诉讼文书，送达人可以邀请有关基层组织或者所在单位的代表到场，说明情况，在送达回证上记明拒收事由和日期，由送达人、见证人签名或者盖章,把诉讼文书留在受送达人的住所,即视为送达。这里的“有关基层组织或者所在单位的代表”可以是受送达人住所地的居民委员会、村民委员会的工作人员以及受送达人所在单位的工作人员。

2. 法院向法人或者其他组织送达诉讼文书,应当由法定代表人、该组织的主要负责人或者办公室、收发室、值班室等负责收件的人签收或者盖章。如果其拒绝签收或者盖章的,同样适用留置送达。

3. 如果受送达人有诉讼代理人,人民法院既可以向受送达人送达,也可以向其诉讼代理人送达。受送达人指定诉讼代理人为代收人的,向诉讼代理人送达。同样,诉讼代理人拒绝签收的,也适用留置送达。

4. 受送达人或者他的同住成年家属拒绝接收诉讼文书的,除可以邀请有关基层组织或者所在单位的代表到场见证外,也可以把诉讼文书留在受送达人的住所,并采用拍照、录像等方式记录送达过程,即视为送达。

5. 民事调解书应当直接送达当事人本人,不适用留置送达。

二、留置送达的适用条件

虽然《民事诉讼法》规定了直接送达、留置送达、委托送达、邮寄送达、电子送达、转交送达和公告送达七种送达方式,但立法的表达隐含了送达方式选择的顺序优先性。直接送达需要的时间短且最为可靠,是首选的送达方式,也是立法者更倾向于采用的送达方式。直接送达时受送达人拒绝签收,送达人员就可以通过邀请见证人或者采用拍照、录像的方式来证明,将直接送达转化为留置送达。一般情况下,只有在直接送达与留置送达均无法实现送达时,才选择其他送达方式,如邮寄送达。电子送达、转交送达和委托送达这三种送达方式都有其适用的特别条件,当通过上述的各种方式都无法送达、无法联系上受送达人时,才适用公告送达。由此可见,留置送达是通过直接送达转化而来,法院优先选择直接送达方式。如果受送达人或者他的同住成年家属拒绝接收诉讼文书,才转化适用留置送达。

典型案例

中国长城资产管理公司昆明办事处与昆明新人人海鲜酒楼有限责任公司、昆明新人人金实酒楼有限责任公司借款合同纠纷案〔1〕

人民法院审理民事案件过程中，鉴于被告方数个企业法人的法定代表人为同一人，且其在各企业法人中的法定职权与义务基本相同，故在向被告方送达开庭传票等法律文书时，仅送至其中一个企业法人，并通过该企业法人向被告方其他企业法人转交或者留置送达的做法，并不影响当事人的诉讼权利，不属于审判程序违法。海鲜酒楼与金实酒楼的法定代表人为同一人，两个公司法定代表人的法定职权与义务基本相同。因此，原审法院通过向海鲜酒楼送达开庭传票等法律文书后转交金实酒楼或者留置送达，并不影响当事人的诉讼权利，更未造成当事人实体权利的损害，上诉人关于“审判程序违法”的上诉理由不能成立，法院予以驳回。

实用小贴士

司法实践中，邮寄送达更为普遍，甚至替代了直接送达成为首先采用的送达方式，很多法院只有在邮寄送达无法完成的情况下，才会采用直接送达或者留置送达的方式。这也是《最高人民法院关于以法院专递方式邮寄送达民事诉讼文书的若干规定》出台后带来的直接后果，“法院专递邮寄”的送达方式，很大程度上减轻了人民法院送达工作的压力，具有一定的优点，但并不能因此忽略了直接送达的优先性。在很轻易就能够通过直接送达的方式将诉讼文书送达给受送达人时，应严格按照优先次序来选择送达方式。

〔1〕 参见最高人民法院(2007)民二终字第210号案例。

第九十条　【电子送达】经受送达人同意，人民法院可以采用能够确认其收悉的电子方式送达诉讼文书。通过电子方式送达的判决书、裁定书、调解书，受送达人提出需要纸质文书的，人民法院应当提供。

采用前款方式送达的，以送达信息到达受送达人特定系统的日期为送达日期。

条文对照

2017 年《民事诉讼法》	2021 年《民事诉讼法》
第八十七条　经受送达人同意，人民法院可以采用传真、电子邮件等能够确认其收悉的方式送达诉讼文书，但判决书、裁定书、调解书除外。 采用前款方式送达的，以传真、电子邮件等到达受送达人特定系统的日期为送达日期。	**第九十条**　经受送达人同意，人民法院可以采用**能够确认其收悉的电子方式送达诉讼文书。通过电子方式送达的判决书、裁定书、调解书，受送达人提出需要纸质文书的，人民法院应当提供。** 采用前款方式送达的，以**送达信息**到达受送达人特定系统的日期为送达日期。

重点解读

本条是关于电子送达的规定。

一、电子送达的产生背景

电子送达，是指采用传真、电子邮件、移动通信等受送达人能够即时收悉的方式进行的送达。电子送达不同于传统的送达方式，是 2012 年《民事诉讼法》在传统的送达方式上新增加的送达方式。

电子送达方式产生的原因主要有两个方面:一是社会因素。随着当今社会不断的变革与发展,网络信息化时代的到来,电子信息的优势逐渐凸显。传统的直接送达、留置送达、委托送达、邮寄送达、转交送达与公告送达这6种方式已经无法适应人们的电子化生活需求,在这一社会背景下,送达采用电子信息化的方式并结合即时传讯技术,形成了方便、高效的民事诉讼送达方式——电子送达。二是传统送达面临送达难和送达累的现状。社会经济的发展与立案登记制的实施导致法院案件数量激增,法院案多人少加上人口流动的加快都导致法院送达面临着不小的问题。难以找到受送达人、送达地址的门难进以及送达回证的字难签等是司法实践中直接送达与留置送达面临的主要问题。同时,传统的送达方式对人力、物力的消耗较大,送达期间较长,同一送达工作反复多次进行的情况并不少见。送达的效率低直接影响了案件审理的效率,也造成了司法资源的浪费。综上,传统送达方式的不堪重负、社会通信方式的改变以及司法电子信息化的浪潮都推动了电子送达方式的产生。

二、电子送达制度的意义

电子送达对于我国送达制度的意义:一是电子送达的无形性可以有效地节约资源。电子送达通过将纸质诉讼材料等文本信息虚拟化、数字化输入电子系统,然后通过信息网络或者移动通信设备将这些信息发送给受送达人。整个过程都是通过电子载体完成的,无须打印、复印、整理文件等即可直接送达,降低了司法办案成本。二是电子送达的科技性可以突破时间和空间的限制,提高送达效率。从时间上看,电子送达的在途时间几乎为零,也不再有时间限制,可以24小时进行。从空间上看,即使收件地址不清楚,但只要受送达人的手机号码、微信、电子邮箱等账号明确便能够进行送达,无须送达人员来回奔波反复送达。三是电子送达的运用为电子诉讼的发展和普及奠定了基础。目前,我国有不少法院采取了电子诉讼的方式,电子送达作为电子诉讼的一个子系统,对电子诉讼的发展和普及起着重要作用。

三、电子送达的具体规定

本条规定的电子送达涉及以下三个方面的内容：

1. 采用电子送达方式，需要经过受送达人同意，并且要确认受送达人能够收悉。电子送达以受送达人同意为条件，若出现受送达人拒绝同意的情况则在程序中无法适用。受送达人同意采用电子方式送达的，应当在送达地址确认书中予以确认。

2. 2021 年《民事诉讼法》将判决书、裁定书、调解书纳入了电子送达的适用范围。原来的规定完全禁止法院裁判文书使用电子送达的方式进行送达，主要是考虑到裁判文书作为重要的司法文书，必须确保受送达人能够收到，且其需要进行长期保存，使用时须出示原件，电子送达的稳妥性不如传统送达方式。如今，电子送达技术已经能够保证法律文书成功送达，且法院结案后都会以电子和纸质两种方式进行存档，需要时申请调用即可。同时，根据 2021 年《民事诉讼法》的规定，判决书、裁定书、调解书通过电子送达的方式进行送达的，如果受送达人提出需要纸质文书，人民法院应当提供。

3. 采用电子方式送达的，以送达信息到达受送达人特定系统的日期为送达日期。一般而言，送达信息到达该电子地址的日期为人民法院对应系统显示发送成功的日期，但受送达人证明到达其特定系统的日期与人民法院对应系统显示发送成功的日期不一致的，以受送达人证明到达其特定系统的日期为准。

典型案例

最高人民法院发布第一批涉互联网典型案例之一：重庆市阿里巴巴小额贷款有限公司诉陈壮群小额借款合同纠纷案[1]

“送达难”一直是困扰审判工作的问题之一，严重影响司法效率，降低了司法公信。司法实践中，许多“送达难”问题产生的根源是受送达人躲避诉讼、拒不配合法院送达。在此种情况下，依靠诉中填写送达地址确认书，显然无法解决“送达难”问题。诉前约定送达符合双方当事人利益，应该被送达地址确认制度所吸收，丰富送达地址确认制度形式，与诉中填写送达地址确认书相互补充，成为高效解决“送达难”的有效形式。

本案中，当事人在签订合同时经合意约定了因合同纠纷成讼后，可使用电子送达方式及电子送达地址、可适用的程序范围、地址变更方式、因过错导致文书未送达的法律后果等内容，内容明确、具体，双方对送达条款均能够预见诉讼后产生的法律后果。该约定具有《送达地址确认书》的实质要件，具有相当于《送达地址确认书》的效力。诉前约定送达条款虽然与在诉中由法院引导填写、统一的印制格式等形式不尽相符，但是其能够在保障当事人诉权的前提下有效解决送达难题，是一种更便捷、高效的送达。因此，本案例确认，当事人在诉前相关合同中对电子送达方式、电子送达地址及法律后果作出明确、具体约定的，该约定具有相当于《送达地址确认书》的效力。人民法院在诉讼过程中可以直接适用电子送达方式向诉前约定的电子送达地址送达诉讼文书。

---

〔1〕 参见杭州互联网法院(2017)浙8601民初943号案例。

第九十一条　【委托送达、邮寄送达】直接送达诉讼文书有困难的，可以委托其他人民法院代为送达，或者邮寄送达。邮寄送达的，以回执上注明的收件日期为送达日期。

第九十二条　【转交送达之一】受送达人是军人的，通过其所在部队团以上单位的政治机关转交。

第九十三条　【转交送达之二】受送达人被监禁的，通过其所在监所转交。

受送达人被采取强制性教育措施的，通过其所在强制性教育机构转交。

第九十四条　【转交送达日期】代为转交的机关、单位收到诉讼文书后，必须立即交受送达人签收，以在送达回证上的签收日期，为送达日期。

第九十五条　【公告送达】受送达人下落不明，或者用本节规定的其他方式无法送达的，公告送达。自发出公告之日起，经过三十日，即视为送达。

公告送达，应当在案卷中记明原因和经过。

条文对照

2017 年《民事诉讼法》	2021 年《民事诉讼法》
第九十二条　受送达人下落不明，或者用本节规定的其他方式无法送达的，公告送达。自发出公告之日起，经过六十日，即视为送达。 公告送达，应当在案卷中记明原因和经过。	**第九十五条**　受送达人下落不明，或者用本节规定的其他方式无法送达的，公告送达。自发出公告之日起，经过**三十日**，即视为送达。 公告送达，应当在案卷中记明原因和经过。

重点解读

本条是关于公告送达的规定。

一、公告送达的含义及特征

公告送达是指人民法院在受送达人下落不明或用直接送达、留置送达、委托送达、邮寄送达、转交送达和电子送达等方式无法送达的情形下，被迫采用在法院的公告栏和受送达人住所地张贴公告或在报纸、信息网络等媒体上刊登公告的方式广发布告，经过一定期间即视为送达的送达方式。从其概念可以分析出公告送达具有以下特征：

首先，公告送达具有拟制性。公告送达的拟制性在于“视为送达”，也即公告送达并不是现实中的实体送达，其法律适用和效果是由法律规定的，具有严格的法定性。在法律规定的公告期间届满时，即使受送达人没有主观知悉诉讼情况，在客观上也视为产生受送达人接收到法院送达文书、知悉诉讼信息的效果。受送达人如果不如期参加诉讼，则视为对诉讼权利的放弃，法院可以直接对案件进行审理和裁判。

其次，公告送达具有启动的后置性。公告送达的适用限于两种情形：一是受送达人下落不明，人民法院可以直接对该受送达人公告送达；二是对非下落不明受送达人，在其他送达方式均无法送达时，最后才选择采用公告送达。对于第二项情形可以看出，公告送达方式在民事诉讼送达方式中居于辅助、后置的位置，程序上的启动具有后置性。司法实践中，在启动公告送达后，受送达人的到庭率也极低，法院通常会作出缺席裁判，这可能会给受送达人带来不利影响。所以适用公告送达具有一定风险，必须审慎适用，这也是其具有后置性的原因。

再次，公告送达具有程序的严格性。公告送达的后置性决定了其应当遵照严格的程序和方式，以保障程序正义，进而实现实体正义。公告送达期待实现的法律效果是最大范围、最大限度地使受送达人知悉法律文书的内容，进而选择处分自己的诉讼权利，但至于能否达到该目的是不确定的。同时,公告送达程序的严格设定还在于让明知诉讼存在却置之不理甚至抗拒的受送达人的权利受到限制,一旦过了法定期间,受送达人不按时行使诉讼权利便视为放弃。法院在采用公告送达方式时,也不得违反法律的既定规定。

最后,公告送达具有特殊程序排他性。公告送达不适用于简易程序。公告送达需要经过一定的期间才能够视为送达,而适用简易程序的案件一般是当事人权利义务关系明确、案件事实较为清楚的案件。在同一案件中,需要送达的绝不仅仅只是一次,通常情况下会存在多次采用公告方式进行送达各种法律文书的情形。虽然送达期间并不计入审限,但客观上随着时间的推移拖延了整个诉讼程序,给当事人增加了诉累。所以,简易程序不适用公告送达是兼顾效率和司法成本的制度设计。在督促程序中,人民法院向债务人发出的支付令也不适用公告送达。

二、公告送达的期间

2017 年《民事诉讼法》将公告送达的期间规定为 60 日,2021 年《民事诉讼法》将公告送达的期间缩短为 30 日。大陆法系国家或地区的公告送达期间一般都较短。例如,德国规定对于送达文书包含有传票的期间为 1 个月,不包含有传票的期间为 14 日;日本则规定公告张贴于法院公告牌之日起两周后生效。我国台湾地区公告送达的期间也视情况分为 20 日、60 日和次日。相较而言,2017 年《民事诉讼法》规定的公告送达期间为 60 日,时间过长。民事公告送达期间是不计入审限的,我国第一审普通程序案件的审理期限就长达 6 个月。如果一个普通案件将这 6 个月全部考虑在内,那么仅一次公告送达就会在此基础上增加两个月。而且我们国家也不存在像其他国家或地区一样区分送达次数和送达内容的制度规定,这样每一次的公告送达就会增加两个月,以此累加至案件结案,时间成本就会剧增,当事人的诉讼权利与民事实体权利因长期悬而未决将受到极大的冲击。基于此,新条文将公告送达期间缩短至 30 日。

公告送达还应注意:公告送达,应当在案卷中记明原因和经过。公告送达应当说明公告送达的原因；公告送达起诉状或者上诉状副本的，应当说明起诉或者上诉要点，受送达人答辩期限及逾期不答辩的法律后果；公告送达传票，应当说明出庭的时间和地点及逾期不出庭的法律后果；公告送达判决书、裁定书的，应当说明裁判的主要内容；当事人有权上诉的，还应当说明上诉权利、上诉期限和上诉的人民法院。

典型案例

经纬纺织机械股份有限公司与裘雅芬等分期付款买卖合同纠纷案[1]

上述查明事实足以认定一审法院违反了《民事诉讼法》第92条“受送达人下落不明，或者用本节规定的其他方式无法送达的，公告送达”以及该条第2款“公告送达，应当在案卷中记明原因和经过”的规定。裘雅芬的再审理由符合《民事诉讼法》第200条第8项规定的情形，本案应予再审。《最高人民法院关于适用〈中华人民共和国民事诉讼法〉的解释》第405条规定：“人民法院审理再审案件应当围绕再审请求进行。”裘雅芬的再审请求为驳回经纬公司要求其承担保证责任的诉讼请求。其依据的理由有二：一是经纬公司未向天盛公司支付7680万元货款，即主债权债务不存在；二是《个人保证担保函》中裘雅芬的签字系伪造。关于第二项理由，由于一审法院公告送达违反了《民事诉讼法》第92条的规定，导致裘雅芬未能参加一审庭审，未对《个人保证担保函》质证，申请鉴定的权利无法行使。因此，裘雅芬提出的其在《个人保证担保函》上的签字系伪造，并据此主张不应承担保证责任的理由能否成立，应当由再审法院在依法保障裘雅芬诉讼权利的基础上依照事实和法律作出认定。据此，本案再审审理应当围

〔1〕参见最高人民法院（2015）民申字第1823号案例。

绕《个人保证担保函》中裘雅芬的签字是否系伪造，裘雅芬是否应当承担保证责任进行。

实用小贴士

司法实践中，公告送达可以在法院的公告栏和受送达人住所地张贴公告，也可以在报纸、信息网络等媒体上刊登公告，发出公告日期以最后张贴或者刊登的日期为准。对公告送达方式有特殊要求的，应当按要求的方式进行。公告期间，即视为送达。人民法院在受送达人住所地张贴公告的，应当采取拍照、录像等方式记录张贴过程。

第八章　调　　解

第九十六条　【调解原则】人民法院审理民事案件，根据当事人自愿的原则，在事实清楚的基础上，分清是非，进行调解。

第九十七条　【调解组织形式】人民法院进行调解，可以由审判员一人主持，也可以由合议庭主持，并尽可能就地进行。

人民法院进行调解，可以用简便方式通知当事人、证人到庭。

第九十八条　【协助调解】人民法院进行调解，可以邀请有关单位和个人协助。被邀请的单位和个人，应当协助人民法院进行调解。

第九十九条　【调解协议】调解达成协议，必须双方自愿，不得强迫。调解协议的内容不得违反法律规定。

第一百条　【调解书】调解达成协议，人民法院应当制作调解书。调解书应当写明诉讼请求、案件的事实和调解结果。

调解书由审判人员、书记员署名，加盖人民法院印章，送达双方当事人。

调解书经双方当事人签收后，即具有法律效力。

重点解读

本条是关于民事调解书的制作及生效的规定。

一、法院调解的内涵及意义

此处的调解指的是法院调解，是指在人民法院审判人员的主持下，双方当事人通过自愿协商，达成协议，解决民事争议的活动和结案方式，又称“诉讼调解”或“诉讼上的调解”。法院调解制度是当事人行使处分权与人民法院行使审判权相结合的产物，所以其不同于当事人和解。当事人和解是指当事人在诉讼进行中，自愿协商，达成协议，解决纠纷，结束诉讼的活动。和解的开始、进行以及和解协议的达成，完全取决于双方当事人的自愿，没有审判人员的主持。和解协议只是双方当事人行使处分权的结果。

法院调解的意义在于，有利于彻底解决当事人之间的纠纷。法院调解是在人民法院的主持下，在双方自愿的基础上以平等协商的方式解决他们之间的纠纷。调解的过程中，尽可能使双方当事人对本案的事实问题和法律问题形成一致的认识，双方当事人最终的合意就是调解的结果，由于是当事人之间达成的合意，纠纷能够得到彻底解决。法院调解也有利于简化诉讼程序，及时化解矛盾。

法院调解应注意以下几点：(1)人民法院受理案件后，经审查，认为法律关系明确、事实清楚，在征得当事人双方同意后，可以径行调解。(2)法院调解的案件适用范围是有限制的，适用特别程序、督促程序、公示催告程序的案件，婚姻等身份关系确认案件以及其他根据案件性质不能进行调解的案件，不得调解。(3)人民法院审理民事案件，应当根据自愿、合法的原则进行调解。当事人一方或者双方坚持不愿调解的，应当及时裁判。(4)人民法院审理离婚案件，应当进行调解，但不应久调不决。(5)人民法院审理民事案件，调解过程不公开，但当事人同意公开的除外。调解协议内容不公开，但为保护国家利益、社会公共利益、他人合法权益，人民法院认为确有必要公开的除外。主持调解以及参与调解的人员，对调解过程以及调解过程中获悉的国家秘密、商业秘密、个人隐私和其他不宜公开的信息，应当保守秘密，但为保护国家利益、社会公共利益、他人合法权益的除外。(6)人民法院调解案件时，当事人不能出庭的，经其特别授权，可由其委托代理人参加调解，达成调解协议，可由委托代理人签名。

二、民事调解书的制作

本条第1款规定，调解达成协议，人民法院应当制作调解书。民事调解书的内容应当包括诉讼请求、案件的事实和调解结果。调解协议，是指在人民法院主持下，双方当事人就他们之间的争议及权利义务所达成的，并经人民法院确认的协议。调解协议与民事调解书有所不同。在我国，民事调解书是法院确认当事人调解协议内容的法律文书，在法院调解结案的案件中，只有民事调解书才能成为执行的依据。因此，凡是具有给付内容的调解协议都需要制作民事调解书。法院制作的调解书要求与调解协议内容的本质一致，不是照抄调解协议的文字表述，同时法院制作调解书时还应当对调解协议加以整理规范。当事人以民事调解书与调解协议的愿意不一致为由提出异议，人民法院审查后认为异议成立的，应当根据调解协议裁定补正民事调解书的相关内容。还应当注意，民事调解书的内容并不完全是当事人双方调解协议的内容。除诉讼请求、案件的事实和调解的结果应当包含在内外，与诉讼标的无关的一些内容也可以直接写入调解书中，作为执行的内容。例如，关于诉讼费用的承担，当事人对诉讼费用如何承担不能达成协议的，不影响调解协议的效力，人民法院可以直接决定当事人承担诉讼费用的比例，并将其记入调解书。

本条第2款规定了调解书的形式要求，民事调解书需要由审判人员、书记员署名，加盖人民法院印章，送达双方当事人。所以，调解书制作时的尾部，应当由审判人员署名，写明签发年月日，加盖法院印章，最后由书记员署名。

三、调解书的生效条件及效力

本条第3款规定了调解书的生效条件,调解书经双方当事人签收后,即具有法律效力。调解书的生效应当满足两个方面的要求:一是调解书必须送达双方当事人。调解书应当直接送达当事人本人,不适用留置送达。二是调解书必须经双方当事人签收后才能生效。如果一方或双方当事人拒绝签收,应当视为调解不成立,调解书不发生法律效力。另外,法院调解民事案件需要由无独立请求权第三人承担责任的,应当经其同意。该第三人在调解书送达前反悔的,法院应当及时裁判。

调解书同法院判决具有同等的效力,表现在以下几个方面:一是形式上的约束力。形式上的约束力,是指当事人和法院在调解生效后,就要受到调解的约束。当事人不能对调解不服提起上诉,本案诉讼也因调解生效而结束,当事人不得对本案继续争议。法院也不能撤销和变更调解书的内容。二是实质上的确定力,是指该案件争议的法律关系因为调解而发生确定的法律效果。三是形成力与执行力。部分生效的调解书具有形成力,如生效的离婚调解书能够消灭当事人之间的婚姻关系。有给付内容的调解书还具有强制执行力。如果在调解书中负有给付义务的当事人不自动履行义务时,权利人可以根据调解书向法院申请强制执行。

典型案例

美康中成药保健品进出口公司与非洲联船公司等海上货物运输合同纠纷案〔1〕

本案原告和第三人在涉案紫檀木提货权归属上争议很大,通过法院工作,最终达成调解方案:五箱货物由原告取得1.5箱提货权,第三人取

〔1〕 参见上海海事法院(2011)沪海法再初字第1号案例。

得3.5箱提货权。由于五箱紫檀原木系特定物,在品质、重量上稍有分别,且一箱货物不能做到绝对均分。因此,调解协议在货物分配问题上引入了抽签和竞价的方式。由原告先抽取1箱,第三人再抽取3箱,剩余1箱通过竞价,由出价高者获得,竞价所得款项由原告和第三人均分。同时,调解协议也保证了货物堆存费、集装箱超期使用费等的支付,保护了被告的权益。调解方案确定后,法院制定了抽签和竞价规则,对抽签和竞价中可能发生的问题,如当事人不到场、一方或双方放弃抽签或竞价、报价相同、不支付竞价款等都进行了规制,并将规则作为调解协议和民事调解书的附件向当事人释明。因此,内容缜密、结构合理、文字清晰是这一民事调解书的特色。也正是因为这一调解书的严谨和缜密,确保了紫檀木抽签与竞价的完满进行,调解书得以顺利履行,从而化解了当事人的多年积怨。

实用小贴士

调解书需经当事人签收后才发生法律效力的,应当以最后收到调解书的当事人签收的日期为生效日期。

第一百零一条 【不制作调解书的情形】下列案件调解达成协议,人民法院可以不制作调解书:

(一)调解和好的离婚案件;

(二)调解维持收养关系的案件;

(三)能够即时履行的案件;

(四)其他不需要制作调解书的案件。

对不需要制作调解书的协议,应当记入笔录,由双方当事人、审判人员、书记员签名或者盖章后,即具有法律效力。

重点解读

本条是关于可以不制作调解书情形的规定。

法院调解的结束有两种情形:一是因调解不成而结束;二是当事人达成调解协议,并由法院审查认可而结束。当事人达成的调解协议也包括两种形式:一种是需要制作调解书的调解协议;另一种是不需要制作调解书的调解协议。本条就是对后者不需要制作调解书的范围进行的规定,根据该规定的内容,调解和好的离婚案件、调解维持收养关系的案件、能够即时履行的案件以及其他不需要制作调解书的案件,法院可以不制作调解书。

根据《民事诉讼法》第100条的规定,调解达成协议,人民法院应当制作调解书。在我国,民事调解书是法院确认当事人调解协议内容的法律文书,在法院调解结案的案件中,只有民事调解书才能成为执行的依据。因此,凡是具有给付内容的调解协议都需要制作民事调解书。大多数情形下,签订调解协议与制作民事调解书是一个连续的过程,即从一个意思表示变为法律行为的过程。也就意味着达成调解协议是以制作民事调解书为目的的,调解协议是民事调解书实质内容的来源。调解协议与民事调解书相比,民事调解书在格式上更为严格,在文字表述上更为规范。但其内容实质上并没有区别,只是调解协议并不具备强制执行力,调解结案的案件只有民事调解书才能够成为强制执行的依据。

本条规定了4种特殊的调解案件,人民法院可以不制作民事调解书,只是将调解协议记入笔录中,由双方当事人、审判人员、书记员签名或者盖章后,即具有法律效力。虽然最终没有制作民事调解书,但实质上对于双方当事人来说,则是用调解笔录来代替民事调解书的存在,并以在调解笔录上签名或者盖章来确保调解协议的法律效力。这4类可以不制作调解书的特殊案件如下:

1. 调解和好的离婚案件。在这类案件中,双方当事人的婚姻关系仍然存续,也不存在任何强制执行的问题,不制作调解书更有利于夫妻双方感情的良性发展。

2. 调解维持收养关系的案件。在这类案件中，调解的结果仍是继续维持当事人间已有的民事法律关系，当事人之间的法律关系没有发生任何改变，调解协议中也没有给付内容，不会产生因一方不履行而进入强制执行阶段。同时，依照一定的法定程序将他人子女作为自己子女予以抚养所形成的收养关系，收养人与被收养人之间，如同父母与子女之间，不制作调解书更加有利于双方关系的融洽与情感的发展。

3. 能够即时履行的案件。前两类案件都是维持原来的法律关系，不存在权利的行使和义务的履行，而这类案件不同于前两类，调解协议中具有义务履行的内容。与其他含有给付内容的案件相比，这类案件调解协议所确定的权利义务关系是当事人能够即时履行的。亦即，双方当事人在调解协议签订后，已经即时履行了自己的义务，既不需要法院的强制执行，双方也不会再就案件的争议再起纠纷。因此，这类案件也可以不制作民事调解书。

4. 其他不需要制作调解书的案件。这是对不需要制作调解书情形规定的弹性条款，给予了人民法院自由裁量的余地，人民法院在审判实践中可依据案件实际情况灵活决定。但此处自由裁量的余地并不是无限的，如果将“其他不需要制作调解书的案件”扩展为所有案件的话，则必然架空了“应当制作调解书、调解书经签收才生效”的规定。所以此处的“其他不需要制作调解书的案件”，法院在裁量时应当注意符合不制作调解书的条件，也即不存在制作调解书的必要性和强制执行的情况。

对于可以不制作民事调解书的情形，如果当事人请求制作调解书的，人民法院审查确认后可以制作民事调解书送交当事人，而此处的送交与民事调解书经送达签收生效的效果有所不同。因为对于当事人请求制作的调解书来说，当事人拒收也不影响调解协议的效力。

实用小贴士

对于不制作民事调解书的案件，当事人各方同意在调解协议上签名或者盖章后即发生法律效力。法院经过审查确认后，应当将调解内容记入笔录，也可以选择将调解协议附卷，并由当事人、审判人员、书记员签名或者盖章后即具有法律效力。

第一百零二条　【调解失败】调解未达成协议或者调解书送达前一方反悔的，人民法院应当及时判决。

第九章　保全和先予执行

第一百零三条　【诉讼保全】人民法院对于可能因当事人一方的行为或者其他原因，使判决难以执行或者造成当事人其他损害的案件，根据对方当事人的申请，可以裁定对其财产进行保全、责令其作出一定行为或者禁止其作出一定行为；当事人没有提出申请的，人民法院在必要时也可以裁定采取保全措施。

人民法院采取保全措施，可以责令申请人提供担保，申请人不提供担保的，裁定驳回申请。

人民法院接受申请后，对情况紧急的，必须在四十八小时内作出裁定；裁定采取保全措施的，应当立即开始执行。

重点解读

本条是关于诉讼保全的规定。

一、诉讼保全的含义和目的

本条第1款对诉讼保全的含义和目的进行了规定。诉讼保全，是指法院在受理诉讼后作出判决前，为保证当事人民事诉讼目的得以实现，根据当事人的申请或者由法院依职权采取的强制性保护措施。诉讼保全的目的在于通过采取一定的措施来防止一方当事人在诉讼过程中恶意转移、处分、毁损财产，保证将来生效判决的执行，避免对方当事人继续实施侵权行为和申请人损失的扩大。

根据保全的对象不同，诉讼保全可以分为财产保全和行为保全。财产保全是指法院为防止一方当事人的行为或者其他原因，使生效的判决不能执行或者难以执行，根据当事人的申请或者法院依职权，对当事人的财产或诉讼标的所采取的强制性保护措施。在民事诉讼中，原告的请求一般是请求被告给付一定数额的金钱或物品，所以在司法实务中，保全大多为财产保全。行为保全是指当事人为维护其合法权益，保证生效裁判的执行、阻断侵害行为的继续、避免损失的扩大，法院依法责令另一方当事人为或者不为一定的行为，通常适用于侵权诉讼，目的在于防止被诉侵权方的行为进一步造成申请人的损失。行为保全同财产保全的区别在于，前者针对的是被申请人的行为，是法院命令被申请人不得为或者必须为一定的行为，后者则针对的是被申请人的财产。

二、诉讼保全的条件

构成诉讼保全必须具备以下几个条件：(1)诉讼保全的适用时间必须在案件受理后，尚未作出生效判决前。保全的意义在于提前采取措施保证将来的判决能够执行，生效判决作出后，则不是诉讼保全所涵盖的情形。所以诉讼保全的时间应是在案件受理后，尚未作出判决前。如果对当事人不服一审判决提起上诉的案件，在第二审人民法院接到报送的案件之前，当事人有转移、隐匿、出卖或者毁损财产等行为，必须采取保全措施的，由第一审人民法院依当事人申请或者依职权采取。第一审人民法院的保全裁定，应当及时报送第二审人民法院。此外，有一种特殊情形是执行前的保全。法律文书生效后，进入执行程序前，债权人因对方当事人转移财产等紧急情况，不申请保全将可能导致生效法律文书不能执行或者难以执行的，可以向执行法院申请采取保全措施。债权人在法律文书指定的履行期间届满后5日内不申请执行的，人民法院应当解除保全。(2)具有保全的必要性。只有具备“可能因当事人一方的行为或者其他原因，使判决难以执行或者造成当事人其他损害”这一法定原因，才能够采取保全措施。“当事人一方的行为”主要是指一方当事人有转移、处分、毁损财产和使财产灭失的行为。“其他原因”是指当事人行为之外的可能会使有关财产毁损灭失的原因。(3)原则上由当事人提出诉讼保全申请。一般情况下，法院只能根据当事人的申请采取保全措施。法院依职权采取保全措施是例外情形，只有当事人没有提出申请且法院认为必要时，法院才依职权进行诉讼保全。

三、诉讼保全的程序

1. 财产保全的申请与担保。诉讼财产保全既可以由当事人申请，也可以由人民法院依职权决定。在诉讼中，人民法院依申请或者依职权采取保全措施的，应当根据案件的具体情况，决定当事人是否应当提供担保以及担保的数额。法院责令申请人提供担保的，应当书面通知，申请人必须提供担保，否则法院将依法驳回申请。

2. 诉讼保全的范围。诉讼保全的范围限于请求的范围，或者与本案有关的财物。法院只能对被申请人而不能对案外人的财产进行保全，保全的范围应当与法院判决申请人胜诉时确定的给付财物的范围相一致，既不能超出诉讼请求的范围，也不能扩大到与本案无关的财物。

3. 诉讼财产保全的裁定和执行。人民法院接受诉讼保全申请后，情况紧急的，必须在48小时内作出裁定。人民法院裁定采取保全措施后，应当立即开始执行，有关单位有义务协助法院执行。

4. 当事人不服的复议。当事人对财产保全裁定不服的，可以申请复议一次。复议期间不停止裁定的执行。

典型案例

宜兴市建工建筑安装有限责任公司与张欣、张学山申请诉中财产保全损害赔偿责任纠纷案[1]

由于当事人的法律知识、对案件事实的举证证明能力、对法律关系的分析判断能力各不相同，通常达不到司法裁判所要求的专业水平，因此当事人对诉争事实和权利义务的判断未必与人民法院的裁判结果一致。对当事人申请保全所应尽到的注意义务的要求不应过于苛责。如果仅以保全申请人的诉讼请求是否得到支持作为申请保全是否错误的依据，必然会对善意当事人依法通过诉讼保全程序维护自己权利造成妨碍，影响诉讼保全制度功能的发挥。而且，根据《侵权责任法》第 6 条和第 7 条的规定，侵权行为以过错责任为原则，无过错责任必须要有法律依据，但《侵权责任法》所规定的无过错责任中并不包含申请保全错误损害赔偿责任。因此，申请保全错误，须以申请人主观存在过错为要件，不能仅以申请人的诉讼请求未得到支持为充分条件。

实用小贴士

保全裁定未经人民法院依法撤销或者解除的，进入执行程序后，自动转为执行中的查封、扣押、冻结措施，期限连续计算，执行法院无须重新制作裁定书，但查封、扣押、冻结期间届满的除外。

〔1〕 参见最高人民法院（2018）最高法民申 2027 号案例。

第一百零四条　【诉前保全】利害关系人因情况紧急，不立即申请保全将会使其合法权益受到难以弥补的损害的，可以在提起诉讼或者申请仲裁前向被保全财产所在地、被申请人住所地或者对案件有管辖权的人民法院申请采取保全措施。申请人应当提供担保，不提供担保的，裁定驳回申请。

人民法院接受申请后，必须在四十八小时内作出裁定；裁定采取保全措施的，应当立即开始执行。

申请人在人民法院采取保全措施后三十日内不依法提起诉讼或者申请仲裁的，人民法院应当解除保全。

第一百零五条　【保全范围】保全限于请求的范围，或者与本案有关的财物。

第一百零六条　【财产保全措施】财产保全采取查封、扣押、冻结或者法律规定的其他方法。人民法院保全财产后，应当立即通知被保全财产的人。

财产已被查封、冻结的，不得重复查封、冻结。

第一百零七条　【保全解除】财产纠纷案件，被申请人提供担保的，人民法院应当裁定解除保全。

第一百零八条　【保全错误补救】申请有错误的，申请人应当赔偿被申请人因保全所遭受的损失。

第一百零九条　【先予执行】人民法院对下列案件，根据当事人的申请，可以裁定先予执行：

（一）追索赡养费、扶养费、抚养费、抚恤金、医疗费用的；

（二）追索劳动报酬的；

（三）因情况紧急需要先予执行的。

条文对照

2017 年《民事诉讼法》	2021 年《民事诉讼法》
第一百零六条 人民法院对下列案件,根据当事人的申请,可以裁定先予执行: (一)追索赡养费、扶养费、抚育费、抚恤金、医疗费用的; (二)追索劳动报酬的; (三)因情况紧急需要先予执行的。	**第一百零九条** 人民法院对下列案件,根据当事人的申请,可以裁定先予执行: (一)追索赡养费、扶养费、**抚养费**、抚恤金、医疗费用的; (二)追索劳动报酬的; (三)因情况紧急需要先予执行的。

重点解读

本条是关于先予执行的规定。2021 年《民事诉讼法》将原先条文中的“抚育费”修改为“抚养费”,其原因在于与实体法相协调。原《婚姻法》第 21 条中规定“父母对子女有抚养教育的义务”,第 37 条中规定“离婚后,一方抚养的子女,另一方应负担必要的生活费和教育费的一部或全部”。因此,2017 年《民事诉讼法》采取的“抚育费”的表述,是“抚养教育”的简称,包含着生活费和教育费双重含义。根据相关司法解释的规定,《婚姻法》中的“抚养费”包括子女生活费、教育费、医疗费用等费用。据此,《民法典》第 1085 条将《婚姻法》第 37 条修改为:“离婚后,子女由一方直接抚养的,另一方应当负担部分或者全部抚养费。”并且,《民法典》中相关条文均统一采取“抚养费”的表述,如第 1067 条、第 1071 条,《最高人民法院关于适用〈中华人民共和国民法典〉婚姻家庭编的解释(一)》第 42 条也保留了抚养费包括子女生活费、教育费、医疗费等费用的规定。为了继续与《民法典》及其司法解释等实体法规定保持一致,此次《民事诉讼法》修改统一将“抚育费”修改成了“抚养费”。

一、先予执行的内涵及意义

先予执行,是指人民法院在案件受理后,终审判决作出之前,因为一方当事人生产、生活或者权利维护的迫切需要,根据一方当事人的申请,裁定对方当事人向其支付一定数额的金钱或者其他财产,实施或者停止某种行为,并立即付诸执行的一种制度。先予执行是相对于终审判决生效之后的强制执行而言的。正常情况下,债务人的义务应是在终审判决生效后才履行,但现实生活中有的案件审查时间很长,而一方当事人的生产、生活存在困难。如果严格按照正常形式进行,可能对这些人的生活、生产造成严重影响,甚至影响诉讼的顺利进行。因此,先予执行制度的意义就在于解决这部分当事人在生产、生活方面的迫切需要,保护有特殊需要原告的合法权益,保障诉讼顺利进行。

二、先予执行的启动方式

先予执行须由当事人提出申请,一般应以书面形式,提出申请的时间在法院受理案件后、作出终审判决前。法院在接到申请后,应当对是否属于先予执行范围之内的案件、是否符合先予执行的条件进行审查。特别需要注意的是,先予执行只能由当事人提出申请,不能由法院依职权启动。

三、先予执行的适用范围

先予执行的适用范围限于以下三类案件:1. 追索赡养费、扶养费、抚养费、抚恤金、医疗费用的案件。在这类案件中,原告往往是需要赡养、扶养、抚养的人以及受伤住院急需医疗费用的病人,被告则往往是与原告有着赡养、扶养和抚养关系的人,双方本身的权利义务关系也较为明确。申请先予执行的原告正处于困境之中,这种困境大多源自被告一方的不履行义务。先予执行不仅能够救济申请人的现实损害,而且能够避免潜在危害。对于被申请人,本来就是其本身应履行的义务,并不存在不公平。

2. 追索劳动报酬的案件。这类案件中的申请人与被申请人之间,存在较为明确的劳动合同关系。申请人往往是辛苦打拼却拿不到血汗钱的受雇方,劳动报酬是他们应得的,是被申请人应给付的。先予执行能很好地解决申请人当下没有生活来源的窘境,也没有给被申请人造成更大的负担。3. 因情况紧急需要先予执行的案件。这里的情况紧急包括:(1)需要立即停止侵害、排除妨碍的;(2)需要立即制止某项行为的;(3)追索恢复生产、经营急需的保险理赔费的;(4)需要立即返还社会保险金、社会救助资金的;(5)不立即返还款项,将严重影响权利人生活和生产经营的。这种类型的案件中,对于“需要立即停止侵害、排除妨碍,需要立即制止某项行为的”,先予执行主要发挥的功能在于对未来极有可能出现的危害的预防和避免。剩下的3类案件,主要解决申请人的实际困难,不影响其生活和生产。

四、先予执行的适用条件

人民法院裁定先予执行的,还应当符合以下条件:1. 当事人之间权利义务关系明确,不先予执行将严重影响申请人的生活或者生产经营的。亦即,人民法院对当事人申请先予执行的案件,只有在案件的基本事实清楚,当事人之间的权利义务关系明确,被申请人负有给付、返还或者赔偿义务,先予执行的财产为申请人生产、生活所需,不先予执行会造成更大损失的情况下,才能采取先予执行的措施。先予执行毕竟是在判决还未作出前就要求被申请人履行义务,案件的基本事实清楚、权利义务关系明确的要求将大幅度减少裁定错误的发生,先予执行的紧迫性也让裁定更加具有正当性。2. 被申请人具有履行能力。这一要求是先予执行的基础。先予执行本就是因为申请人的生活、生产紧迫需要设立的,如果被申请人没有履行能力,其本身的处境与申请人相比并没有更好,先予执行就没有任何的实际意义。

典型案例

南京梦金园珠宝首饰公司诉江苏紫金茂业珠宝公司因经营需要情况紧急申请先予执行案[1]

先予执行是人民法院在案件受理后、作出判决前，为解决权利人生活或生产经营的急迫需要，依法裁定义务人预先履行义务的制度。申请人举证证明其与被申请人存在明确的保管合同关系，并提供保管的物品归属于申请人的有效证据，若不先予返还该物品，将对申请人的生产经营活动造成严重影响，符合《民事诉讼法》关于先予执行适用范围和条件的规定。对申请人先予执行的请求，人民法院应当予以准许。

实用小贴士

尽管法律对先予执行的适用案件范围和适用条件作出了严格的限制，司法实践中还是会存在对先予执行适用的错误，如申请人最后败诉、申请人申请先予执行错误等。如果最终申请人败诉，或者虽然申请人胜诉但判决所确定的赔偿数额小于先予执行的数额，那么法院应当责令申请人返还因先予执行而获得的利益。如果申请人拒不返还的，被申请人可以要求法院强制执行。如果是因为申请人申请先予执行错误给被申请人造成损失的，由申请人予以赔偿。

第一百一十条 【先予执行条件】人民法院裁定先予执行的，应当符合下列条件：

（一）当事人之间权利义务关系明确，不先予执行将严重影响申请人的生活或者生产经营的；

（二）被申请人有履行能力。

---

〔1〕 参见江苏省南京市中级人民法院(2016)苏01民终7941号案例。

人民法院可以责令申请人提供担保,申请人不提供担保的,驳回申请。申请人败诉的,应当赔偿被申请人因先予执行遭受的财产损失。

第一百一十一条 【复议】当事人对保全或者先予执行的裁定不服的,可以申请复议一次。复议期间不停止裁定的执行。

第十章　对妨害民事诉讼的强制措施

第一百一十二条　【拘传】人民法院对必须到庭的被告，经两次传票传唤，无正当理由拒不到庭的，可以拘传。

第一百一十三条　【对妨害法庭秩序的强制措施】诉讼参与人和其他人应当遵守法庭规则。

人民法院对违反法庭规则的人，可以予以训诫，责令退出法庭或者予以罚款、拘留。

人民法院对哄闹、冲击法庭，侮辱、诽谤、威胁、殴打审判人员，严重扰乱法庭秩序的人，依法追究刑事责任；情节较轻的，予以罚款、拘留。

第一百一十四条　【对某些妨害诉讼行为的强制措施】诉讼参与人或者其他人有下列行为之一的，人民法院可以根据情节轻重予以罚款、拘留；构成犯罪的，依法追究刑事责任：

（一）伪造、毁灭重要证据，妨碍人民法院审理案件的；

（二）以暴力、威胁、贿买方法阻止证人作证或者指使、贿买、胁迫他人作伪证的；

（三）隐藏、转移、变卖、毁损已被查封、扣押的财产，或者已被清点并责令其保管的财产，转移已被冻结的财产的；

（四）对司法工作人员、诉讼参加人、证人、翻译人员、鉴定人、勘验人、协助执行的人，进行侮辱、诽谤、诬陷、殴打或者打击报复的；

（五）以暴力、威胁或者其他方法阻碍司法工作人员执行职务的；

（六）拒不履行人民法院已经发生法律效力的判决、裁定的。

人民法院对有前款规定的行为之一的单位，可以对其主要负责人或者直接责任人员予以罚款、拘留；构成犯罪的，依法追究刑事责任。

第一百一十五条　【对虚假诉讼、调解的处罚】当事人之间恶意串通，企图通过诉讼、调解等方式侵害他人合法权益的，人民法院应当驳回其请求，并根据情节轻重予以罚款、拘留；构成犯罪的，依法追究刑事责任。

重点解读

本条是关于对虚假诉讼、调解等行为进行司法处罚的规定。实践中存在大量的当事人滥用诉讼权利的行为，尤其是恶意诉讼以及在诉讼中弄虚作假和拖延诉讼的行为，这类行为的大量出现，不仅侵害了他人的合法权益，也造成了司法资源的严重浪费，降低了司法机关的公正性和权威性。为了维护社会和谐稳定，促进司法公信建设，2012 年《民事诉讼法》新增本条对虚假诉讼行为予以惩戒。

虚假诉讼，是指当事人意图通过诉讼侵害对方当事人或者第三人合法权益的诉讼行为。虚假诉讼的具体表现形式主要包括两种：一是诉讼双方当事人恶意串通，虚构事实，恶意诉讼，使法院作出错误裁判；二是诉讼单方当事人通过伪造证据、虚假陈述、捏造民事案件基本事实等提起单方恶意诉讼，使法院作出错误裁判，以损害对方当事人合法利益。根据 2021 年 11 月 4 日最高人民法院发布的《关于深入开展虚假诉讼整治工作的意见》的相关规定，虚假诉讼易发生在执行异议之诉、民间借贷、房屋买卖合同等纠纷中。其中,双方恶意串通诉讼的情形主要有以下几种:双方当事人之间存在亲属关系、关联关系等利害关系,诉讼结果可能涉及案外人利益;当事人之间不存在实质性民事权益争议,在诉讼中没有实质性对抗辩论;当事人的自认不符合常理;当事人身陷沉重债务负担却以明显不合理的低价转让财产、以明显不合理的高价受让财产或者放弃财产权利;认定案件事实的证据不足,当事人却主动迅速达成调解协议,请求人民法院制作调解书;当事人亲历案件事实却不能完整准确陈述案件事实或者陈述前后矛盾;等等。单方恶意诉讼主要有以下两种情形:一是原告起诉依据的事实、理由不符合常理;二是诉讼标的额与原告经济状况严重不符。另外,当第三人提起撤销之诉,若经审查原案当事人之间恶意串通进行虚假诉讼的,适用本条规定处理。

结合法律规范以及司法实践,虚假诉讼的构成要件包括:(1)主观上行为人是出于故意而提起虚假诉讼,通常具有侵占他人财产、逃避债务等目的。在认定民事虚假诉讼时,可以将当事人是否具有谋取非法利益的目的作为参考因素。(2)客观行为上具有多样性,如恶意诉讼、恶意申请调解等行为方式。(3)主体要件包括前面所说的单独一方当事人或者双方当事人相互之间恶意提起诉讼。(4)客体要件则要求虚假诉讼行为与他人遭受损失之间具有因果关系,"他人合法权益"包括司法秩序、他人的程序性权益、依行政法等法律享有的权利。

依据本条规定,虚假诉讼行为的法律后果包括人民法院驳回诉讼请求、罚款、拘留和追究刑事责任。虽然法官根据情节的轻重有自由裁量权,但是"应当"一词说明法官必须对虚假诉讼行为进行制裁。在追究刑事责任方面,《刑法》对虚假诉讼罪作了规定,构成该罪的判处 3 年以下有期徒刑、拘役或者管制,并处或者单处罚金;情节严重的,判处 3 年以上 7 年以下有期徒刑,并处罚金。单位犯虚假诉讼罪的,对单位判处罚金,并对其直接负责的主管人员和其他直接责任人员,依照上述规定处罚。

典型案例

上海欧宝生物科技有限公司诉辽宁特莱维置业发展有限公司企业借贷纠纷案[1]

人民法院保护合法的借贷关系，同时对于恶意串通进行虚假诉讼意图损害他人合法权益的行为，应当依法制裁。欧宝公司与特莱维公司提起本案诉讼存在恶意串通损害他人合法权益的问题：首先，无论欧宝公司，还是特莱维公司，对特莱维公司与一审申诉人谢涛及其他债权人的债权债务关系是明知的。从案涉判决执行的过程看，欧宝公司申请执行之后，对查封的房产不同意法院拍卖，而是继续允许该公司销售，特莱维公司每销售一套，欧宝公司即申请法院解封一套。在接受法院当庭询问时，欧宝公司对特莱维公司销售了多少查封房产、偿还了多少债务陈述不清，表明其提起本案诉讼并非为实现债权，而是通过司法程序进行保护性查封以阻止其他债权人对特莱维公司财产的受偿。虚构债权，恶意串通，损害他人合法权益的目的明显。其次，从欧宝公司与特莱维公司人员混同、银行账户同为王作新控制的事实可知，两公司同属一人，均已失去公司法人所具有的独立人格。《民事诉讼法》第 112 条规定："当事人之间恶意串通，企图通过诉讼、调解等方式侵害他人合法权益的，人民法院应当驳回其请求，并根据情节轻重予以罚款、拘留；构成犯罪的，依法追究刑事责任。"一审申诉人谢涛认为欧宝公司与特莱维公司之间恶意串通提起虚假诉讼损害其合法权益的意见，以及对有关当事人和相关责任人进行制裁的请求，于法有据，应予支持。

---

[1] 参见最高人民法院(2015)民二终字第 324 号案例。

实用小贴士

在认定是否构成民事虚假诉讼时，可以将《民事诉讼法》第115条、《最高人民法院关于防范和制裁虚假诉讼的指导意见》以及《刑法》中关于虚假诉讼的相关规定结合起来进行综合判断，看是否存在与他人恶意串通的虚构行为以及是否存在单方侵害他人合法权益的行为。

第一百一十六条　【对恶意串通逃避执行行为的司法处罚】被执行人与他人恶意串通，通过诉讼、仲裁、调解等方式逃避履行法律文书确定的义务的，人民法院应当根据情节轻重予以罚款、拘留；构成犯罪的，依法追究刑事责任。

第一百一十七条　【不协助调查、执行的强制措施】有义务协助调查、执行的单位有下列行为之一的，人民法院除责令其履行协助义务外，并可以予以罚款：

（一）有关单位拒绝或者妨碍人民法院调查取证的；

（二）有关单位接到人民法院协助执行通知书后，拒不协助查询、扣押、冻结、划拨、变价财产的；

（三）有关单位接到人民法院协助执行通知书后，拒不协助扣留被执行人的收入、办理有关财产权证照转移手续、转交有关票证、证照或者其他财产的；

（四）其他拒绝协助执行的。

人民法院对有前款规定的行为之一的单位，可以对其主要负责人或者直接责任人员予以罚款；对仍不履行协助义务的，可以予以拘留；并可以向监察机关或者有关机关提出予以纪律处分的司法建议。

第一百一十八条 【罚款和拘留】对个人的罚款金额，为人民币十万元以下。对单位的罚款金额，为人民币五万元以上一百万元以下。

拘留的期限，为十五日以下。

被拘留的人，由人民法院交公安机关看管。在拘留期间，被拘留人承认并改正错误的，人民法院可以决定提前解除拘留。

重点解读

本条是关于罚款金额和拘留措施的规定。

第1款是关于罚款金额的规定。随着经济社会的发展、收入水平的提高，也为了有效地制裁行为人，以保障民事诉讼活动的正常进行，2012年《民事诉讼法》提高了对妨害民事诉讼者采取罚款措施的罚款数额，对个人的罚款金额，从人民币1万元以下改为10万元以下；对单位的罚款金额，从人民币1万元以上30万元以下改为5万元以上100万元以下。单位有恶意诉讼和调解行为或者作为被执行人实施恶意诉讼、仲裁和调解行为的，人民法院应当对该单位进行罚款，并可以对其主要负责人或者直接责任人员予以罚款、拘留；构成犯罪的，依法追究刑事责任。人民法院对个人或者单位采取罚款措施时，应当根据单位或个人实施妨害民事诉讼行为的性质、情节、后果，当地的经济发展水平以及诉讼标的额等因素，在罚款限额内确定相应的罚款金额。

第2款、第3款规定了拘留的期限、看管被拘留人的机关以及提前解除拘留的条件。在程序上，采取拘留措施应当经院长批准，作出拘留决定书，由司法警察将被拘留人送交当地公安机关看管。跨区域拘留的，作出拘留决定的人民法院应当派员请被拘留人所在地的人民法院协助执行，受委托的人民法院应当及时派员协助执行。法院对被拘留人采取拘留措施后，应当在24小时内通知其家属，若确实无法按时通知或者通知不到的,应当记录在案。若被罚款、拘留的人不服罚款、拘留决定,可以自收到决定书之日起3日内向上一级法院申请复议。上级人民法院应当在收到复议申请后5日内作出决定,并将复议结果通知下级人民法院和当事人。若被拘留人在拘留期间认错悔改的,可以提前解除拘留。提前解除拘留,应报经院长批准并作出提前解除拘留决定书,交负责看管的公安机关执行。

实用小贴士

罚款、拘留可以单独适用,也可以合并适用,但是对同一妨害民事诉讼行为的罚款、拘留不得连续适用。发生新的妨害民事诉讼行为的,人民法院可以重新予以罚款、拘留。

第一百一十九条 【拘传、罚款、拘留程序】拘传、罚款、拘留必须经院长批准。

拘传应当发拘传票。

罚款、拘留应当用决定书。对决定不服的,可以向上一级人民法院申请复议一次。复议期间不停止执行。

第一百二十条 【强制措施决定权】采取对妨害民事诉讼的强制措施必须由人民法院决定。任何单位和个人采取非法拘禁他人或者非法私自扣押他人财产追索债务的,应当依法追究刑事责任,或者予以拘留、罚款。

第十一章　诉 讼 费 用

第一百二十一条　【诉讼费用的交纳】当事人进行民事诉讼，应当按照规定交纳案件受理费。财产案件除交纳案件受理费外，并按照规定交纳其他诉讼费用。

当事人交纳诉讼费用确有困难的，可以按照规定向人民法院申请缓交、减交或者免交。

收取诉讼费用的办法另行制定。

第二编　审 判 程 序

第十二章　第一审普通程序

第一节　起诉和受理

第一百二十二条　【起诉的积极条件】起诉必须符合下列条件：

（一）原告是与本案有直接利害关系的公民、法人和其他组织；

（二）有明确的被告；

（三）有具体的诉讼请求和事实、理由；

（四）属于人民法院受理民事诉讼的范围和受诉人民法院管辖。

重点解读

本条是关于起诉的积极条件的规定。

起诉，是指公民、法人或者其他组织认为自己享有的或者依法由自己管理、支配的民事权益受到侵害，或者与他人发生争议，以自己的名义要求法院通过审判予以司法保护的诉讼行为。起诉只是原告的一项诉讼行为，原告的起诉并非必然引起民事诉讼程序的发生，只有符合法律规定条件的起诉行为，才能启动民事诉讼程序。起诉条件是原告在提起诉讼时必须具备的基本条件，在民事诉讼法学理论上，起诉条件包括积极要件和消极要件。积极要件是指起诉应当具备的肯定条件；消极要件是指阻碍当事人起诉成立的条件。积极要件从正面设定了当事人起诉应当具备的条件；消极要件从反面设定了当事人起诉的条件，也就是当事人起诉不能存在的情形。当事人的起诉只有既符合积极要件的要求，又符合消极要件的要求，才能被法院受理。《民事诉讼法》第122条规定的起诉条件属于起诉条件中的积极要件，第127条规定的法院不予受理的情形属于起诉条件中的消极要件。根据本条规定，公民、法人或者其他组织向人民法院起诉必须符合以下四项条件：

一、原告是与本案有直接利害关系的公民、法人和其他组织

所谓“直接利害关系”，一般是指原告与被告之间争议涉及自己的民事权益。应当注意的是，原告不一定是为了实现自己的民事权利而提起诉讼，也可能是为了确认其民事义务而提起诉讼。例如，加害人为了确认自己的民事责任所提出的诉讼。原告也不一定是争议的民事法律关系的主体。例如，原告提起的要求法院确认与被告之间不存在某种法律关系的消极确认之诉。

二、有明确的被告

“有明确的被告”是指原告在起诉中已经使被告特定化、具体化，明确被告的目的在于能够将起诉状送达给被告。根据《民诉法解释》第209条的规定，原告提供被告的姓名或者名称、住所等信息具体明确，足以使被告与他人相区别的，可以认定为有明确的被告。起诉状列写被告信息不足以认定明确的被告的，人民法院可以告知原告补正。原告补正后仍不能确定明确的被告的，人民法院裁定不予受理。

三、有具体的诉讼请求和事实、理由

"有具体的诉讼请求和事实、理由"主要是便于法院了解原告的诉讼请求以及大致依据、方便被告对诉状作出有针对性的回应。诉讼请求必须明确其性质是给付、形成还是确认,请求内容也必须具体到如关于金钱的给付请求一定得有数额等。事实和理由是原告所认为的事实和理由,是一种形式上的要求,法院在审查受理时并不确认其真实性,该部分记载的最低限度应让法院和被告大致明白请求究竟是基于何种法律关系或纠纷事实。如果诉状的记载达不到这种程度的要求,法院可让原告对诉状进行补正,拒绝补正或者补正无法达到最低限度时,法院可以对起诉作出不予受理的裁定。

四、属于人民法院受理民事诉讼的范围和受诉人民法院管辖

主管和管辖问题,既是当事人的起诉条件之一,又是法院行使审判权的前提和基础。首先,原告提起的诉讼必须属于法院有权行使审判权予以处理的民事纠纷。其次,根据《民事诉讼法》关于管辖的规定,受诉法院必须对原告的起诉享有管辖权。

典型案例

中国人民财产保险股份有限公司金华市分公司与上饶市财政局、邓仕平机动车交通事故责任纠纷案[1]

江西省高级人民法院再审认为,因上饶市财政局不是本案的适格原告,无权向人民法院起诉主张未知名死者的丧葬费和死亡赔偿金,其提起本案诉讼缺乏法律依据,不符合《民事诉讼法》关于起诉条件的规定。原

〔1〕 参见江西省高级人民法院(2015)赣民提字第56号案例。

审判决认定上饶市财政局具有主体资格,适用法律存在错误,应予纠正。根据《最高人民法院关于适用〈中华人民共和国民事诉讼法〉的解释》第408条的规定:“按照第二审程序再审的案件,人民法院经审理认为不符合民事诉讼法规定的起诉条件或者符合民事诉讼法第一百二十四条规定不予受理情形的,应当裁定撤销一、二审判决,驳回起诉。”本案应裁定撤销一、二审判决,驳回上饶市财政局的起诉。

实用小贴士

对原告起诉的审查工作,由法院的立案庭负责。法院接到原告的起诉状,应当从两方面进行审查:一是从实质要件上进行审查,即审查原告的起诉是否符合《民事诉讼法》第122条、第127条规定的情形。二是从形式要件上进行审查,即审查原告提交的起诉状是否具备法定内容,是否按照被告人数提交了起诉状副本,如起诉状内容有欠缺、需要补交必要的相关材料或未提交起诉状副本,法院应当责令原告在限期内加以补正。审查后,法院对于原告的起诉视情况作出是否受理的决定。经审查,对于符合起诉条件的,在收到起诉状或者口头起诉之日起7日内予以受理并通知当事人;对于不符合起诉条件的,应当在7日内作出不予受理的裁定,当事人对此裁定不服的可以上诉。

第一百二十三条 【起诉方式】起诉应当向人民法院递交起诉状,并按照被告人数提出副本。

书写起诉状确有困难的,可以口头起诉,由人民法院记入笔录,并告知对方当事人。

第一百二十四条 【起诉状】起诉状应当记明下列事项:

(一)原告的姓名、性别、年龄、民族、职业、工作单位、住所、联系方式,法人或者其他组织的名称、住所和法定代表人或者主要负责人的姓名、职务、联系方式;

（二）被告的姓名、性别、工作单位、住所等信息，法人或者其他组织的名称、住所等信息；

（三）诉讼请求和所根据的事实与理由；

（四）证据和证据来源，证人姓名和住所。

第一百二十五条　【先行调解】当事人起诉到人民法院的民事纠纷，适宜调解的，先行调解，但当事人拒绝调解的除外。

第一百二十六条　【立案期限】人民法院应当保障当事人依照法律规定享有的起诉权利。对符合本法第一百二十二条的起诉，必须受理。符合起诉条件的，应当在七日内立案，并通知当事人；不符合起诉条件的，应当在七日内作出裁定书，不予受理；原告对裁定不服的，可以提起上诉。

第一百二十七条　【起诉的消极条件】人民法院对下列起诉，分别情形，予以处理：

（一）依照行政诉讼法的规定，属于行政诉讼受案范围的，告知原告提起行政诉讼；

（二）依照法律规定，双方当事人达成书面仲裁协议申请仲裁、不得向人民法院起诉的，告知原告向仲裁机构申请仲裁；

（三）依照法律规定，应当由其他机关处理的争议，告知原告向有关机关申请解决；

（四）对不属于本院管辖的案件，告知原告向有管辖权的人民法院起诉；

（五）对判决、裁定、调解书已经发生法律效力的案件，当事人又起诉的，告知原告申请再审，但人民法院准许撤诉的裁定除外；

（六）依照法律规定，在一定期限内不得起诉的案件，在不得起诉的期限内起诉的，不予受理；

（七）判决不准离婚和调解和好的离婚案件，判决、调解维持收养关系的案件，没有新情况、新理由，原告在六个月内又起诉的，不予受理。

重点解读

本条是关于起诉的消极条件的规定。

与起诉的积极条件相对应，起诉的消极条件指代的是原告起诉前应当予以避免的情形。现实生活中存在很多纠纷，并不是所有的纠纷都可以通过民事诉讼由人民法院解决。为了保障当事人的合法权益，如果属于民事诉讼范围的，法律规定必须受理；如果不属于民事诉讼范围的，或者法律对其诉讼行为有特殊限制的，应当分别情形处理。这既保障了当事人的诉讼权利，也保障了人民法院诉讼活动的正常进行。本条前 3 项是关于法院主管范围的问题，第 4 项是关于法院管辖的问题，第 5 项涉及“一事不再理”问题，第 6 项和第 7 项是关于特定情形禁诉期的规定。在具体适用本条规定时，应注意以下问题：

一是关于特定情形禁诉期的理解。本条第 6 项主要是指《民法典》第 1082 条的规定，“女方在怀孕期间、分娩后一年内或者终止妊娠后六个月内，男方不得提出离婚；但是，女方提出离婚或者人民法院认为确有必要受理男方离婚请求的除外”。本条第 7 项针对的是判决不准离婚和调解和好的离婚案件，判决、调解维持收养关系的案件，没有新情况、新理由，原告在 6 个月内又起诉的，不予受理。这意味着在这三种特定的情况下，存在新情况、新理由，原告在 6 个月内又起诉的，法院应当受理。即使在这三种特定的情况下，如果存在新情况、新理由，被告在 6 个月内又起诉的，法院就应当受理。

二是关于本条第 5 项的理解。当事人在法定期间对一审判决、裁定没有提起上诉的，该一审判决、裁定发生法律效力，或者上诉后经过第二审人民法院作出判决、裁定的，该第二审判决、裁定立即发生法律效力，不得上诉。并且当事人必须履行，不得以同一事实和同一诉讼标的再次提起诉讼。如果当事人认为已生效的判决、裁定有错误的，只能通过再审程序解决。但是，经人民法院裁定准许撤诉的，当事人可以再行起诉。原告申请撤诉，只是其对诉讼权利的处分，并不意味着放弃实体权利，就诉讼程序而言，人民法院用裁定方式准许原告的撤诉申请，仅意味着同意原告对自己诉讼权利的处分，当事人还可以同一事实和理由，就同一诉讼标的再次提起诉讼。

三是仲裁协议对法院受理案件的影响。仲裁协议对法院受理案件的影响具体表现如下：(1)在书面合同中订有仲裁条款，或者在发生纠纷后达成书面仲裁协议，一方向人民法院起诉的，人民法院裁定不予受理，告知原告向仲裁机构申请仲裁。但仲裁条款、仲裁协议无效、失效或者内容不明确无法执行的除外。(2)当事人在仲裁条款或者协议中选择的仲裁机构不存在，或者选择裁决的事项超越仲裁机构权限的，人民法院有权受理当事人一方的起诉。(3)当事人一方向人民法院起诉时未声明有仲裁协议，人民法院受理后，对方当事人又应诉答辩的，视为人民法院有管辖权。(4)法院在审查起诉时没有发现当事人之间存在仲裁协议而受理了案件，在首次开庭前，被告以有书面仲裁协议为由对受理民事案件提出异议，经审查符合下列情形之一的，法院应当裁定驳回起诉：仲裁机构或者法院已经确认仲裁协议有效的；当事人没有在仲裁庭首次开庭前对仲裁协议的效力提出异议的；仲裁协议符合《仲裁法》第 16 条规定且不具有《仲裁法》第 17 条规定的情形。被告在首次开庭前未对人民法院受理该案提出异议的，视为放弃仲裁协议，人民法院应当继续审理。《仲裁法》第 16 条规定："仲裁协议包括合同中订立的仲裁条款和以其他书面方式在纠纷发生前或者纠纷发生后达成的请求仲裁的协议。仲裁协议应当具有下列内容：(一)请求仲裁的意思表示；(二)仲裁事项；(三)选定的仲裁委员会。"第 17 条规定："有下列情形之一的，仲裁协议无效：(一)约定的仲裁事项超出法律规定的仲裁范围的；(二)无民事行为能力人或者限制民事行为能力人订立的仲裁协议;(三)一方采取胁迫手段,迫使对方订立仲裁协议的。"由此可见,仲裁协议符合《仲裁法》第16条规定且不具有《仲裁法》第17条规定的情形指代的是满足有效仲裁协议的要素,且不具备使仲裁协议无效的情形。

典型案例

李阿金诉泰州市信鸽协会等因比赛成绩被取消引发纠纷被驳回起诉案[1]

本案中,李阿金参加由信鸽协会组织的2015年秋季幼鸽特比环比赛,李阿金诉称,在比赛中后,信鸽协会以报名单填写错误,取消了李阿金信鸽本次比赛成绩。被告信鸽协会及赛鸽俱乐部的此行为是故意刁难,有失诚信,损害了原告李阿金的合法权益。法院认为,竞技体育以提高运动技术水平和创造优异竞赛成绩为目的,不同于以社会全体成员为对象、以健身娱乐为主要目的的社会体育活动。我国《体育法》第32条规定,在竞技体育活动中发生纠纷,由体育仲裁机构负责调解、仲裁,从而排除了人民法院的司法管辖权,是基于对竞技体育纠纷特殊性考虑的制度安排。本案中,李阿金参加的是由信鸽协会组织的2015年秋季幼鸽特比环比赛,"信鸽"与"田径""体操""游泳""足球"等,均属于我国正式开展的体育项目,本案中信鸽协会就比赛成绩作出裁决,取消比赛成绩所致纠纷,属于在竞技体育活动中发生的纠纷,依法该纠纷应由体育仲裁机构负责调解和仲裁,不属于人民法院受理民事诉讼的范围。故判决驳回原告李阿金的起诉。

---

〔1〕 参见泰州医药高新技术产业开发区人民法院(2015)泰开民初字第1775号案例。

实用小贴士

根据《民诉法解释》的相关规定，有5种比较特殊的案件，人民法院应予受理，并妥善处理：(1)裁定不予受理、驳回起诉的案件，原告再次起诉的，符合起诉条件且不属于《民事诉讼法》第124条[1]规定的情形，人民法院应予受理。(2)夫妻一方下落不明，另一方诉至人民法院，只要求离婚，不申请宣告下落不明人失踪或者死亡的案件，人民法院应当受理，对下落不明人公告送达诉讼文书。(3)赡养费、扶养费、抚育费案件，裁判发生法律效力后，因新情况、新理由，一方当事人再行起诉要求增加或者减少费用的，人民法院应作为新案受理。(4)当事人超过诉讼时效期间起诉的，人民法院应予受理。受理后对方当事人提出诉讼时效抗辩，人民法院经审理认为抗辩事由成立的，判决驳回原告的诉讼请求。(5)裁判发生法律效力后，发生新的事实，当事人再次提起诉讼的，人民法院应当依法受理。

第二节　审理前的准备

第一百二十八条　【答辩状提出】人民法院应当在立案之日起五日内将起诉状副本发送被告，被告应当在收到之日起十五日内提出答辩状。答辩状应当记明被告的姓名、性别、年龄、民族、职业、工作单位、住所、联系方式；法人或者其他组织的名称、住所和法定代表人或者主要负责人的姓名、职务、联系方式。人民法院应当在收到答辩状之日起五日内将答辩状副本发送原告。

被告不提出答辩状的，不影响人民法院审理。

第一百二十九条　【权利义务告知】人民法院对决定受理的案件，应当在受理案件通知书和应诉通知书中向当事人告知有关的诉讼权利义务，或者口头告知。

[1] 对应2021年《民事诉讼法》第127条。

第一百三十条　【管辖权异议、应诉管辖】人民法院受理案件后，当事人对管辖权有异议的，应当在提交答辩状期间提出。人民法院对当事人提出的异议，应当审查。异议成立的，裁定将案件移送有管辖权的人民法院；异议不成立的，裁定驳回。

当事人未提出管辖异议，并应诉答辩的，视为受诉人民法院有管辖权，但违反级别管辖和专属管辖规定的除外。

重点解读

本条是关于管辖权异议和应诉管辖的规定。

一、管辖权异议的含义

所谓管辖权异议，是指在民事诉讼中，当事人对受诉法院对本案的管辖权提出的质疑。管辖权的行使属于法院的职权，但法院在判断是否属于本院管辖时也有可能存在错误，并且管辖问题又涉及当事人的利益，因此就应当给予当事人提出异议的机会，以便于受诉法院斟酌其管辖权的行使是否符合法律的规定。被告如果在自送达之日起至答辩期满的15天内针对原告诉状的实体或程序的其他方面作出答辩、陈述或者提起反诉，却没有提起管辖权异议的话，则视为其同意了受理案件的法院拥有管辖权，只是不得违反有关级别管辖和专属管辖的规定。此后，不仅被告已无权对管辖进行争议，法院原则上（与级别管辖和专属管辖抵触时除外）也不能再以发现本院无管辖权为由，将案件移送其他法院管辖。

二、管辖权异议提起的条件

管辖权异议提起的主体是当事人，且一般是本诉被告。一般而言，原告不能提出管辖权异议，是因为原告主动地提起诉讼，从而选择了本诉的管辖法院。但是，后续程序中追加的共同原告可以提出管辖权异议。有独立请求权的第三人不能提出管辖权异议,因为有独立请求权第三人提出的是一种参加之诉,是以本诉的存在为前提的,所以不能对本诉的管辖权提出异议。无独立请求权的第三人也不能提出管辖权异议,无独立请求权的第三人参加诉讼本身就决定了其作为参加者是以本诉的存在为前提,质疑本诉的管辖权将导致本诉的不确定。管辖权异议的对象是人民法院对本案一审的管辖权。不存在对二审法院二审案件管辖权提出异议的问题,因为二审案件的上诉法院只能是一审法院的上一级法院。管辖权异议在内容上既可以针对地域管辖的问题,也可以针对级别管辖的问题。此外,当事人提出管辖权异议的时间为提交答辩状期间届满之前,即被告收到起诉状副本之日起 15 日之内。

典型案例

准格尔旗鼎峰商贸有限责任公司与中铁十局集团有限公司铁路修建合同纠纷管辖权异议案〔1〕

中铁十局集团有限公司与准格尔旗鼎峰商贸有限责任公司在签订的《建设施工合同》中约定“经调解达不成协议时,向工程所在地有管辖权的人民法院提起诉讼”,该约定是双方真实的意思表示。本案系铁路专用线建设施工合同纠纷,根据《最高人民法院关于铁路运输法院案件管辖范围的若干规定》第 3 条第 6 项“与铁路及其附属设施的建设施工有关的合同纠纷”由铁路运输法院管辖之规定,本案应由铁路运输法院专门管辖。本案工程所在地准格尔旗在太原铁路局辖区,属于太原铁路运输中级法院辖区,一审原告鼎峰公司住所地准格尔旗,属于太原铁路运输中级法院辖区,因而也在山西省高级人民法院辖区。一审被告中铁十局公司住所地为山东省济南

〔1〕 参见最高人民法院(2013)民提字第 231 号案例。

市，既不在太原铁路局辖区，也不在山西省辖区，因而不在山西省高级人民法院辖区。根据最高人民法院《全国各省、自治区、直辖市高级人民法院和中级人民法院管辖第一审民商事案件标准》的规定，山西省高级人民法院管辖诉讼标的额在1亿元以上的第一审民商事案件，以及诉讼标的额在5000万元以上且当事人一方住所地不在本辖区或者涉外、涉港澳台的第一审民商事案件。本案诉讼标的额为8000余万元，且一审被告中铁十局公司住所地不在山西省高级人民法院辖区，因此案件属于山西省高级人民法院管辖的第一审民事案件，太原铁路运输中级法院对本案没有管辖权。

第一百三十一条　【告知审判人员组成】审判人员确定后，应当在三日内告知当事人。

条文对照

2017年《民事诉讼法》	2021年《民事诉讼法》
第一百二十八条　合议庭组成人员确定后，应当在三日内告知当事人。	**第一百三十一条　审判人员**确定后，应当在三日内告知当事人。

重点解读

本条是关于告知当事人审判人员组成的规定。

本条是对2017年《民事诉讼法》第128条规定的修改。根据本法关于审判组织的规定，人民法院立案后，将案件交由审判人员承办。2021年《民事诉讼法》增加了普通程序和二审可以适用独任制的规定，即“基层人民法院审理的基本事实清楚、权利义务关系明确的第一审民事案件，可以由审判员一人适用普通程序独任审理”以及“中级人民法院对第一审适用简易程序审结或者不服裁定提起上诉的第二审民事案件,事实清楚、权利义务关系明确的,经双方当事人同意,可以由审判员一人独任审理”。以上两点是此次《民事诉讼法》修改的亮点之一,扩大了独任制的适用范围,目的在于优化配置司法资源,分别发挥“独任制灵活高效、合议制民主议决”的制度优势,从审判组织安排上确保“简案快审,繁案精审”,推动资源投入与诉讼程序“匹配适当,精准施力”。全国人大宪法和法律委员会副主任委员江必新强调,“我们把有限的资源用在最需要用的地方”。因此,此次修法后既有可能是向当事人告知合议庭组成人员,也有可能是向当事人告知独任庭组成人员。

根据本条规定,人民法院应当在审判人员确定后3日内将审判人员名单告知当事人。当事人有权知晓负责审判的审判人员,以便日后开庭审理时依法充分、有效地行使申请回避的权利。人民法院在告知当事人审判人员后,可以根据需要对其进行必要的调整,但应当在调整后3日内告知当事人。在开庭前3日内决定调整审判人员的,原定的开庭日期应予顺延。

典型案例

江西远梦地产置业有限公司、遂川县新世界广场投资管理有限公司建设工程施工合同纠纷案〔1〕

新世界公司、郭金生、郭晓春、刘流、冯学工提出上诉请求的事实理由中,上诉人主张原审法院审理程序违法。原审中,本案经过两次庭审,第一次开庭时(2019年3月19日)原审法院告知的合议庭组成人员是审判长彭海鹏和审判员郭卫斌、陶松兵,第二次开庭时原审法院并未告知合议庭组成人员发生了变化,而是在原审判决作出之日的下午下班后以

〔1〕 参见最高人民法院(2019)最高法民终1755号案例。

短信形式告知合议庭组成人员进行了变更，原合议庭审判员陶松兵变更为肖童亮，法官助理为陈慧。原审法院在合议庭组成人员发生变更时未告知当事人，且未征询当事人是否对合议庭组成人员要求回避，程序违法。

实用小贴士

当事人有权及时知晓负责审判的审判人员，以便日后开庭审理时依法充分有效地行使申请回避的权利。申请回避的权利是当事人最重要的诉讼权利之一，也是保证案件得到公正审理的基础。根据本条规定，人民法院应当在确定审判人员后3日内将审判人员告知当事人。

第一百三十二条 【审核取证】审判人员必须认真审核诉讼材料，调查收集必要的证据。

第一百三十三条 【法院调查程序】人民法院派出人员进行调查时，应当向被调查人出示证件。

调查笔录经被调查人校阅后，由被调查人、调查人签名或者盖章。

第一百三十四条 【委托调查】人民法院在必要时可以委托外地人民法院调查。

委托调查，必须提出明确的项目和要求。受委托人民法院可以主动补充调查。

受委托人民法院收到委托书后，应当在三十日内完成调查。因故不能完成的，应当在上述期限内函告委托人民法院。

第一百三十五条 【当事人追加】必须共同进行诉讼的当事人没有参加诉讼的，人民法院应当通知其参加诉讼。

第一百三十六条　【庭前准备程序】人民法院对受理的案件，分别情形，予以处理：

（一）当事人没有争议，符合督促程序规定条件的，可以转入督促程序；

（二）开庭前可以调解的，采取调解方式及时解决纠纷；

（三）根据案件情况，确定适用简易程序或者普通程序；

（四）需要开庭审理的，通过要求当事人交换证据等方式，明确争议焦点。

重点解读

本条是关于开庭前准备阶段对案件处理情况的规定。

一、审前准备程序

《民事诉讼法》第十二章“第一审普通程序”第二节“审理前的准备”专门规定了有关审理前的准备工作，这一阶段的主要功能是保障开庭审理的正常进行与诉讼公正。亦即，其在于防止庭审的突然袭击，使双方当事人于开庭审理前能够了解对方的主要证据，从根本上保证当事人之间平等的辩论机会。与国外的审前程序相比较，我国的审前程序突出开庭审理的准备功能，对于庭审效率的提高，其功能效果不突出。这种功能上的差异主要源于我国民事诉讼传统上轻视庭审，结果导致庭审非中心化。在人们逐渐重视程序正义，强调“以审判为中心”的理念之下，庭审必然成为诉讼和审判的中心。在这一背景下，提高庭审效率也必然成为重要的价值追求。由此，庭前准备程序的充实和完善也就成为诉讼制度改革的一项重要任务。本条即是关于审前准备程序中分别情形不同处理的规定。

二、法律对不同情形规定的不同处理办法

1. 对于当事人之间没有争议并且符合督促程序适用条件的案件，转入督促程序。所谓“督促”，是指对于给付金钱或者有价证券为标的的请求，人民法院根据债权人的申请，向债务人发出附有条件的支付令，如果债务人在法定期间内未履行义务又不提出书面异议，债权人可以根据支付令向人民法院申请强制执行。督促程序设立的目的，是使那些在当事人之间没有争议的，以给付一定金钱、有价证券为标的，并且已经到期的债权能够在社会生活中及时实现。从性质上看，督促程序不同于普通的诉讼程序，法院只作形式审查，省去了答辩、调查、开庭、上诉和二审等环节，这使督促程序具有简便、迅速的特点。

2. 开庭前可以调解的，采取调解方式及时解决纠纷。调解是我国《民事诉讼法》的一项基本原则，在当事人有和解意思且案件类型等客观条件也有利于协商解决纠纷等情形下，开庭前以提出的证据和已然清楚的事实为基础，再通过法院调解来达到某种可以使当事人获得“双赢”的处理结果，也是一条很值得尝试的程序路径。调解还是应遵循自愿和合法的原则，当事人拒绝调解的，应尊重当事人的意愿，及时开庭审理。

3. 根据案件情况，确定案件适用简易程序或者普通程序。该项规定是关于法院确定案件审理程序的内容。《民事诉讼法》对于简易程序的适用条件作了明确的规定，主要分为两类：一是“事实清楚、权利义务关系明确、争议不大的简单的民事案件”，上述标准由受理该类案件的基层人民法院和它派出的法庭判断掌握；二是在上述民事案件之外，“当事人双方也可以约定适用简易程序”。虽然简易程序和普通程序都适用于第一审民事诉讼案件的诉讼程序，但是仍然存在一定的区别。

4. 需要开庭审理的，通过要求当事人交换证据等方式，明确争议焦点。该规定的意义在于，采用普通程序的部分案件由于涉及的纠纷头绪繁多、案情复杂且证据又分散，如果能够在程序早期阶段促使证据尽可能完备地收集和提出，并在此基础上厘清案情，整理出双方争执对立的焦点

所在，正式开庭之后往往更易于实现对案件实体内容进行有序而充实的审理。反之，要是未能做好充分准备就进入审理，则可能导致庭审的节奏拖沓散漫、耗时耗力却不得要领，或者不得不三番五次地反复开庭，造成程序进行的效率低下或诉讼严重迟延。

实用小贴士

实务中证据交换的方式主要有两种：一种是当事人在指定的期限内到法院提交己方的证据，领取对方提交的证据；另一种则是双方会合到一起，面对面地交换各自掌握的证据，通常还会针对各个证据表明己方态度或作初步的核对。前一种方式的证据一般只涉及书证的复印件；后一种方式的证据除书证的复印件外，可能还包括其他证据。在后一种方式下，双方当事人的会合不一定仅仅限于证据的交换，在双方当事人向法院提交证据且与对方当场交换各自手中现有的证据，并表明己方对方证据的态度的基础上，审判人员可以进一步引导双方当事人对案件事实进行梳理，去除双方已无争议的部分，对仍然存在的争点加以固定。

第三节 开庭审理

第一百三十七条 【审理民事案件的方式】人民法院审理民事案件，除涉及国家秘密、个人隐私或者法律另有规定的以外，应当公开进行。

离婚案件，涉及商业秘密的案件，当事人申请不公开审理的，可以不公开审理。

重点解读

本条是关于人民法院审理民事案件方式的规定。

民事诉讼中，人民法院开庭审理的案件可以分为公开审理的案件和不公开审理的案件。公开审理的案件，是指人民法院在审理案件过程中应当向社会公众公开庭审，公开举证、质证和公开宣判的案件。根据本条规定，人民法院审理民事案件一般应当公开进行，除非法律另有规定。公开审理是我国民事诉讼的一项基本原则，要求人民法院应当将审理民事案件的过程和判决结果置于社会公众的监督之下。在民事诉讼中实行公开审理是实现诉讼文明的必然要求，但也要注意并非所有民事案件都必须进行公开审理。

涉及国家秘密、个人隐私或者法律另有规定的其他案件，人民法院应当依职权决定不公开审理。所谓国家秘密，是指关系国家的安全和利益，依照法定程序确定，在一定时间内只限一定范围的人员知情的事项。所谓个人隐私，是自然人的私人生活安宁和不愿为他人知晓的私密空间、私密活动、私密信息。隐私权作为自然人享有的一项重要人格权，在民事诉讼中也应当得到保护，不受非法侵扰、知悉、搜集、利用和公开。

离婚案件以及涉及商业秘密的案件，如果当事人申请不公开审理的，人民法院可以不公开审理。对于离婚案件的双方当事人而言，各个诉讼阶段都会涉及彼此合法的隐私权，如恋爱过程、收入状况等，这些涉及个人隐私的事情当事人往往不希望公众知悉。如果离婚案件的当事人向人民法院申请不公开审理的，人民法院一般应当允许，否则会对当事人的个人隐私造成一定的威胁。所谓商业秘密，是指不为公众所知悉、能为权利人带来经济利益、具有实用性并经权利人采取保密措施的技术信息和经营信息。商业秘密是企业的财产权利，也是一个企业在市场竞争中取胜的关键，对企业的生存和发展至关重要。若人民法院对这类案件公开审理，可能会泄露企业的商业秘密，从而造成难以挽回的重大损失。因此，涉及商业秘密的案件，如果当事人申请不公开审理，人民法院应当根据相关法律规定对案件具体情况予以认定，从而决定该案是否公开审理。

典型案例

伊莱利利公司诉豪森制药公司专利侵权纠纷案[1]

“对涉及国家秘密、商业秘密和个人隐私的证据应当保密，需要在法庭出示的，不得在公开开庭时出示”。上述法律规定，在程序上给予上诉人伊莱利利公司要求被控侵权方有效披露完整的涉及该新产品制造方法的证据材料并进行质证的权利，给予被上诉人要求上诉人对披露的证据中涉及商业秘密的内容进行保密的权利；在实体上对当事人在诉讼中披露商业秘密可能受到的损害也充分给予了考虑，在保障当事人合法诉讼权利的同时对当事人的实体民事权益提供有效保护。对被上诉人豪森公司提交的要求保密的制备盐酸吉西他滨产品的工艺方法资料，也应当依照上述法律规定进行质证。只有在双方当事人对证据进行质证的基础上，才能够对被控侵权方法与专利方法是相同、等同还是不同作出正确的判断。因此，本院在审理本案过程中，根据被上诉人豪森公司的申请采取不公开审理的方式，并要求上诉人伊莱利利公司法定代表人、委托代理人以及其他参与诉讼的人员承担保密义务，不得将通过诉讼程序获得的属于豪森公司商业秘密的技术信息用于诉讼以外的商业用途，否则将追究其法律责任。上述庭审质证方式，既能保障上诉人伊莱利利公司依法获得涉及被控侵权方法的证据材料进行质证的诉讼权利，同时也能避免被上诉人豪森公司所称其商业秘密因诉讼程序而泄露，保护豪森公司的合法利益。

实用小贴士

在民事诉讼中，合议庭在案件开庭后就案件事实和案件判决进行评议。合议庭评议案件时，如果意见出现分歧，应当适用少数服从多数的原则，但是少数人的意见

〔1〕 参见最高人民法院(2002)民三终字第8号案例。

应当记入评议笔录，由合议庭的组成人员签名。需要注意的是，不管案件是否公开审理，合议庭评议都是不公开的。

第一百三十八条 【巡回审理】人民法院审理民事案件，根据需要进行巡回审理，就地办案。

第一百三十九条 【开庭通知及公告】人民法院审理民事案件，应当在开庭三日前通知当事人和其他诉讼参与人。公开审理的，应当公告当事人姓名、案由和开庭的时间、地点。

第一百四十条 【开庭准备事项】开庭审理前，书记员应当查明当事人和其他诉讼参与人是否到庭，宣布法庭纪律。

开庭审理时，由审判长或者独任审判员核对当事人，宣布案由，宣布审判人员、书记员名单，告知当事人有关的诉讼权利义务，询问当事人是否提出回避申请。

条文对照

2017年《民事诉讼法》	2021年《民事诉讼法》
第一百三十七条 开庭审理前，书记员应当查明当事人和其他诉讼参与人是否到庭，宣布法庭纪律。 开庭审理时，由审判长核对当事人，宣布案由，宣布审判人员、书记员名单，告知当事人有关的诉讼权利义务，询问当事人是否提出回避申请。	**第一百四十条** 开庭审理前，书记员应当查明当事人和其他诉讼参与人是否到庭，宣布法庭纪律。 开庭审理时，由**审判长或者独任审判员**核对当事人，宣布案由，宣布审判人员、书记员名单，告知当事人有关的诉讼权利义务，询问当事人是否提出回避申请。

重点解读

本条是关于人民法院在开庭审理前和审理时应做事项的规定。

2021年修正的《民事诉讼法》第40条、第41条扩大了民事诉讼中独任制的适用范围，明确普通程序、中级人民法院（含专门法院）第二审程序可以适用独任制。这对于分别发挥“独任制灵活高效、合议制民主决议”的制度优势以及优化司法资源配置，确保“简案快审，繁案精审”具有重要意义。本条规定在此基础上也进行了相应的文字修正，原条文中的“审判长”修改为“审判长或者独任审判员”。

开庭审理，是指人民法院在当事人和其他诉讼参与人的参加下，依照法定程序和方式，全面审查和认定案件事实，并依法作出裁判的活动。开庭审理是人民法院行使审判权、当事人行使诉权的重要阶段，也是整个民事诉讼程序的最核心阶段。开庭审理可以保障当事人诉讼权利的充分实现，并通过辩论、质证保护自己的合法权益。案件中所涉及的一切证据、事实，都要在开庭审理阶段审查、认定，人民法院在正确认定事实的基础上，才能分清责任是非、正确适用法律并公正裁判民事案件。因此，人民法院的庭审活动必须严格按照法定的程序进行。庭审准备是开庭审理的最初阶段，是衔接审理前准备与开庭审理的阶段，根据本条规定，人民法院在开庭审理前和审理时应当完成以下两项工作：

第一，开庭审理前，由书记员查明当事人和其他诉讼参与人是否到庭，由书记员向全体诉讼参与人和旁听群众宣布法庭纪律。该项规定可以分为以下两个层面：第一层面，如果应当到庭的当事人或者其他诉讼参与人没有到庭，书记员应当及时报告审判长或者独任审判员，由审判长或者独任审判员依法决定是否延期开庭或者中止诉讼。决定延期开庭审理的，应当及时通知当事人和其他诉讼参与人；决定中止诉讼的，应当制作裁定书，发给当事人。第二层面，依照《人民法院法庭规则》的相关规定，法庭纪律主要包括：诉讼参与人应当遵守法庭规则，维护法庭秩序，不得喧哗、吵闹；发言、陈述和辩论，须经审判长或者独任审判员许可；旁听人员不得录音、录像和摄影，不得随意走动和进入审判区，不得发言、提问，不得鼓掌、喧哗、哄闹和实施其他妨害审判活动的行为；新闻记者未经审判长或者独任审判员许可，不得在庭审过程中录音、录像、摄影。

第二，由审判长或者独任审判员宣布开庭，核对当事人，宣布案由，宣布审判人员、书记员名单，告知当事人有关的诉讼权利义务，询问当事人是否提出回避申请。该项规定可以分为以下三个层面：第一层面，审判长或者独任审判员应当宣布案由并开始庭审，对依法不公开审理的案件应当说明理由。第二层面，审判长或者独任审判员应当核对当事人身份，查明原告、被告及其诉讼代理人的姓名、性别、年龄、职业等身份情况，查明诉讼代理人有无授权委托书及代理权限。第三层面，审判长或者独任审判员应当宣布合议庭或独任庭组成人员、书记员名单。逐项告知当事人法律规定的诉讼权利和义务，询问当事人是否提出回避申请，当事人提出回避申请的，人民法院应当依法作出处理。

典型案例

谭湘粤与保利房地产股份有限公司商品房预售合同纠纷案[1]

原审被告谭湘粤不服原审法院民事判决，向法院提起上诉称：一、一审判决程序违法。上诉人接到法院传票后，于2004年8月6日8时30分来到法庭，待被上诉人到庭后，一审法官要本人出示身份证，其才发现身份证没有带在身上，遂恳求马上回去拿，约需30分左右，审判员说开庭时间不允许更改；上诉人又提出，在送达诉讼文书时，书记员是直接送达的，同时与被上诉人商议合同问题时曾见面，可以证实本人身份，恳求能否先出庭，待散庭后半小时内取回，但未获允许；最后上诉人申请延期开庭审

〔1〕 参见广东省广州市中级人民法院（2004）穗中法民四终字第4655号案例。

理，被拒绝。现判决书上“被告谭湘粤经合法传唤，无正当理由拒不到庭，依法作缺席审判”是歪曲事实的，违反延期开庭审理的规定。法院认为，上诉人认为一审法官违反程序，不让其参加庭审，其应当举证证明该事实。上诉人并无任何证据可证实其主张，法院对此不予采信。另外，依照《民事诉讼法》的规定，在开庭前，必须核实当事人的身份。上诉人自称一审开庭时无法提交身份证明，一审法官在此情况下拒绝上诉人参加庭审并无不当。开庭时不带身份证并不属于《民事诉讼法》规定可以延期开庭的情况，一审法官拒绝其延期开庭审理之申请亦并无不妥。上诉人上诉称一审程序违法，理由不成立，法院不予采纳。

实用小贴士

第一，当事人在民事诉讼中享有的诉讼权利：原告有增加、放弃、变更诉讼请求的权利，有申请财产保全、证据保全的权利；被告有针对原告的起诉进行应诉和答辩及提起反诉的权利。此外，双方当事人还享有以下权利：有委托诉讼代理人参加诉讼的权利；有使用本民族语言文字进行诉讼的权利；对审判人员、书记员、翻译人员、鉴定人、勘验人有法定情形之一的，有用口头或者书面方式申请他们回避的权利；有按规定申请延长举证期限或向法院申请调查、收集证据的权利；有进行辩论、请求调解、自行和解的权利；有查阅法庭笔录并要求补正的权利；有在法定期限内提起上诉的权利；有申请执行已经发生法律效力的判决、裁定、调解书的权利。

第二，当事人在民事诉讼中需要履行的诉讼义务：遵守诉讼秩序和法庭纪律，依法行使诉讼权利的义务；按规定交纳诉讼费用的义务；向法院提供准确的送达地址和联系方式的义务；按规定期限向法院提供诉讼主张相关证据的义务；履行已经发生法律效力的判决、裁定、调解书的义务。

第一百四十一条 【法庭调查顺序】法庭调查按照下列顺序进行：

（一）当事人陈述；

（二）告知证人的权利义务，证人作证，宣读未到庭的证人证言；

（三）出示书证、物证、视听资料和电子数据；

（四）宣读鉴定意见；

（五）宣读勘验笔录。

第一百四十二条 【当事人庭审权利】当事人在法庭上可以提出新的证据。

当事人经法庭许可，可以向证人、鉴定人、勘验人发问。

当事人要求重新进行调查、鉴定或者勘验的，是否准许，由人民法院决定。

第一百四十三条 【诉的合并】原告增加诉讼请求，被告提出反诉，第三人提出与本案有关的诉讼请求，可以合并审理。

第一百四十四条 【法庭辩论】法庭辩论按照下列顺序进行：

（一）原告及其诉讼代理人发言；

（二）被告及其诉讼代理人答辩；

（三）第三人及其诉讼代理人发言或者答辩；

（四）互相辩论。

法庭辩论终结，由审判长或者独任审判员按照原告、被告、第三人的先后顺序征询各方最后意见。

条文对照

2017 年《民事诉讼法》	2021 年《民事诉讼法》
第一百四十一条　法庭辩论按照下列顺序进行： （一）原告及其诉讼代理人发言； （二）被告及其诉讼代理人答辩； （三）第三人及其诉讼代理人发言或者答辩； （四）互相辩论。 法庭辩论终结，由审判长按照原告、被告、第三人的先后顺序征询各方最后意见。	**第一百四十四条**　法庭辩论按照下列顺序进行： （一）原告及其诉讼代理人发言； （二）被告及其诉讼代理人答辩； （三）第三人及其诉讼代理人发言或者答辩； （四）互相辩论。 法庭辩论终结，由**审判长或者独任审判员**按照原告、被告、第三人的先后顺序征询各方最后意见。

重点解读

本条是关于法庭辩论的规定，主要规定了法庭辩论的顺序。

法庭辩论是指在审判长或者独任审判员的主持下，当事人及其诉讼代理人就法庭调查查明的事实和证据，阐明自己的意见，反驳对方的主张，互相进行辩论的诉讼活动。法庭辩论是当事人行使辩论权比较集中的一个阶段，通过辩论，对案件有争议的问题进行进一步的审查、核实，分清是非责任，为人民法院正确适用法律及进行公正裁判奠定基础。在法庭辩论中，法官不仅要给双方当事人平等辩论的机会，而且要引导双方当事人围绕案件争议的焦点问题进行辩论。如果出现当事人及其诉讼代理人在法庭辩论中的发言与本案无关或者重复未被法庭认定事实的情况时，法官可以予以制止。按照本条规定，法庭辩论应当按照以下顺序进行：

第一，原告及其代理人发言。法官宣布开庭审理进入法庭辩论环节后，首先由原告对法庭调查的事实和证据以及本案的法律适用问题发表意见。如果原告有诉讼代理人，在原告陈述完毕后，其诉讼代理人可以对原告的陈述作出补充和进一步的说明，从而更好地维护原告的权益。原告未出庭的，可以由其诉讼代理人代为发言。

第二，被告及其代理人答辩。原告及其代理人陈述完毕后，由被告对法庭调查的事实和证据以及本案的法律适用问题发表意见，并针对原告及其代理人的发言进行答辩。如果被告有诉讼代理人，在被告陈述完毕后，其诉讼代理人可以对被告的陈述作出补充和进一步的说明，从而更好地维护被告的权益。被告未出庭的，可以由其诉讼代理人代为发言和答辩。

第三，第三人及其诉讼代理人发言或者答辩。如果有第三人参加诉讼，在原告和被告发言、答辩后，应当由第三人对法庭调查的事实和证据以及本案的法律适用问题发表意见，并针对原告和被告以及他们的诉讼代理人的发言、答辩提出自己的意见。第三人有诉讼代理人的，诉讼代理人可以代其进行发言和答辩。

第四，互相辩论。经过以上的法庭辩论后，法官应当引导和组织双方当事人和第三人围绕案件争议的焦点问题进行互相辩论。法官应当认真听取当事人的辩论，并引导当事人进行辩论，平等保障当事人的辩论权利，以促进民事纠纷的解决。

法庭辩论应当按照上述顺序进行，但实务中法庭辩论通常会分成几轮进行。第一轮法庭辩论结束后当事人要求继续辩论的，可以进行下一轮辩论，但需要注意的是，下一轮辩论不得重复已经辩论过的内容。法庭辩论终结后，审判长或者独任审判员应按照原告、被告、第三人的先后顺序征询各方最后意见。审判长或者独任审判员在征得各方当事人的同意后，可以进行调解，调解不成的，应当及时进行裁判。

典型案例

曾云侵害英烈名誉案[1]

2018年5月12日下午，江苏省淮安市消防支队水上大队城南中队副班长谢勇在实施灭火救援行动中不幸牺牲。5月13日，公安部批准谢勇同志为烈士并颁发献身国防金质纪念章；5月14日，中共江苏省公安厅委员会追认谢勇同志为中国共产党党员，追记一等功；淮安市人民政府追授谢勇同志“灭火救援勇士”荣誉称号。2018年5月14日，曾云因就职受挫、生活不顺等原因，饮酒后看到其他网友发表悼念谢勇烈士的消息，为发泄自己的不满，在微信群公开发表一系列侮辱性言论，歪曲谢勇烈士英勇牺牲的事实。该微信群共有成员131人，多人阅看了曾云的言论，有多人转发。曾云歪曲事实、侮辱英烈的行为，侵害了烈士的名誉，造成了较为恶劣的社会影响。2018年5月21日，淮安市人民检察院就曾云侵害谢勇烈士名誉案向淮安市中级人民法院提起民事公益诉讼。6月12日，淮安市中级人民法院公开开庭审理本案。在法庭辩论环节，公益诉讼起诉人发表出庭意见：一是曾云公开发表侮辱性言论，歪曲英雄被追认为烈士的相关事实，侵害了谢勇烈士的名誉。证据充分证明曾云发表的不当言论被众多网友知晓并转发，在社会上产生了负面影响，侵害了谢勇烈士的名誉。二是曾云的行为损害了社会公共利益。英雄事迹是社会主义核心价值观和民族精神的体现。曾云的行为置社会主义核心价值观于不顾，严重损害了社会公共利益。三是检察机关依法提起民事公益诉讼，意义重大。检察机关对侵害英烈名誉的行为提起公益诉讼，旨在对全社会起到警示教育作用，形成崇尚英雄、学习英雄、传承英雄精神的社会风尚。曾云承认在微信群发表不当言论对烈士亲属造成了伤害，愿意通过媒体公开赔礼道歉，并当庭宣读了道歉信。

---

[1] 参见最高人民检察院第十三批指导性案例(检例第51号)。

实用小贴士

关于法庭调查和法庭辩论的顺序。法庭调查是指法官在法庭上对案件事实、证据材料进行全面审查、核实的诉讼活动。法庭调查是庭审的重要环节，是对案件进行实体审理的重要阶段。通过双方当事人对案件事实的陈述、举证、质证，人民法院审查、核实、认定证据的效力，为查清案件事实和正确适用法律提供客观依据。需要注意的是，法庭调查和法庭辩论环节在民事诉讼中并非绝对按照先后顺序进行。原因在于，法官对案件事实的调查与当事人之间进行的辩论是紧密联系的，在法庭辩论环节往往会涉及案件事实问题，而法庭调查环节中也会存在有关事实问题和法律问题的辩论。因此，在人民法院的开庭审理中，不能机械地将法庭调查和法庭辩论予以先后顺序进行划分。

第一百四十五条　【法庭辩论后的调解】法庭辩论终结，应当依法作出判决。判决前能够调解的，还可以进行调解，调解不成的，应当及时判决。

第一百四十六条　【原告无正当理由拒不到庭和中途退庭的处理】原告经传票传唤，无正当理由拒不到庭的，或者未经法庭许可中途退庭的，可以按撤诉处理；被告反诉的，可以缺席判决。

重点解读

本条是关于民事诉讼的原告无正当理由拒不到庭，或者未经法庭许可中途退庭如何处理的规定。民事诉讼是国家审判权与当事人的诉权相结合运作的一个动态过程。在民事诉讼中，当事人是诉讼活动的利害关系人，没有当事人就没有诉讼。人民法院是国家审判权的行使者，法官是民事诉讼的指挥者和裁决者。为了保证民事诉讼程序的正常进行，保障当事人的合法权益和法律的权威，法律要求双方当事人必须遵守诉讼秩序，服从法庭指挥。原告作为民事诉讼的发起者，其提起诉讼的目的是让法院解决其与被告之间的民事纠纷，因此原告在诉讼过程中理应积极配合人民法院的审判工作，协助人民法院查明案件事实、适用国家法律，从而使案件可以得到及时公正的处理。如果原告无正当理由拒不到庭，则应当根据本条规定承当相应的法律后果。

一、原告无正当理由拒不到庭的法律后果

在民事诉讼中，原告经人民法院传票传唤，有义务按时到庭，从而保证诉讼活动的顺利进行。如果原告确实存在不能到庭的正当事由，在收到人民法院的传票后，应当及时向人民法院提出。人民法院审查后认为原告确实存在不能到庭的正当事由的，可以决定延期审理，并且及时通知双方当事人。如果原告经法院传票传唤，无正当理由拒不到庭的，可以视为原告放弃自身的诉讼请求。人民法院面对原告消极处分自身诉讼权利的行为，可以按撤诉处理。但如果被告提起反诉，基于反诉的独立性，本诉中的原告此时也是反诉中的被告，此时法院面对原告无正当理由拒不到庭的行为，可以缺席判决。

二、原告未经法庭许可中途退庭的法律后果

如果原告未经法庭许可中途退庭，会使人民法院正在进行的庭审活动无法继续进行，原告的这一行为严重违反了法庭纪律，不仅会干扰诉讼活动的正常进行，而且也是对法律权威的不尊重。为了减少这种扰乱诉讼秩序的行为所带来的不利影响，维护国家法律和人民法院的尊严与权威，原告应当承担相应的法律后果。根据本条规定，对于原告未经法庭许可中途退庭的行为，人民法院可以按撤诉处理，被告反诉的，可以缺席审判。

三、按撤诉处理和缺席判决

撤诉，是指人民法院受理案件后，判决宣告前，原告将已经成立之诉

撤回的诉讼行为。撤诉是民事诉讼中的原告对自身诉讼权利行使处分权的表现,民事诉讼中的撤诉包括原告申请撤诉和人民法院按撤诉处理两种情况。需要注意的是,申请撤诉的“原告”指“诉”的原告,包括:(1)有独立请求权的第三人作为第三人参加之诉的原告,有权撤回第三人参加之诉;(2)反诉原告作为反诉的原告,有权撤回反诉。同样,人民法院按撤诉处理也包括有独立请求权的第三人、反诉原告经人民法院传票传唤,无正当理由拒不到庭或者未经许可中途退庭的情形,此时人民法院可以将第三人参加之诉和反诉按撤诉处理,本诉则继续进行。

缺席判决是相对对席判决而言,是指民事诉讼中一方当事人无正当理由拒不到庭或者未经法庭许可中途退庭时,人民法院依法对案件作出的判决。在民事诉讼中,适用缺席判决的情形主要分为以下几种:第一,在人民法院宣判前,原告申请撤诉未获人民法院准许,经传票传唤无正当理由拒不到庭或者未经法庭许可中途退庭的;第二,非必须到庭的被告,经人民法院传票传唤,无正当理由拒不到庭或者未经法庭许可中途退庭的;第三,无独立请求权的第三人经法院传票传唤无正当理由拒不到庭,或者未经法庭许可中途退庭的,不影响案件的审理,此时人民法院可以对无独立请求权的第三人作出缺席判决。

典型案例

香港新建业有限公司等诉上海新建业有限公司等欠款担保纠纷案〔1〕

上诉人上海新建业公司的委托代理人臧俊,被上诉人香港新建业公司的法定代表人沈柱邦、委托代理人岑文绮,被上诉人森达公司的委托代理人陈荣全、戴斌,到庭参加诉讼;上诉人伟成公司经法院合法传唤无正

〔1〕 参见最高人民法院(2001)民四终字第13号案例。

当理由拒不到庭参加诉讼。法院经审理认为:本案二审时,经法院合法传唤,伟成公司无正当理由拒不到庭参加诉讼。根据“原告经传票传唤,无正当理由拒不到庭的,或者未经法庭许可中途退庭的,可以按撤诉处理;被告反诉的,可以缺席判决”的规定,应认定伟成公司撤回了上诉。因此,有关伟成公司的上诉法院不予审查。

实用小贴士

第一,何为正当理由?目前法律及相关司法解释并未对何为正当理由作出详细规定,从司法实务来看,正当理由一般是指不可抗拒的理由或者事实,原告无法预见和不能克服的困难或障碍,如自然灾害、突然病重等情况。

第二,在按照自动撤诉处理时应当注意应诉手续送达是否符合正当程序。一般而言,向原告送达传票应当提前3日送达原告处,给原告充分的准备时间,同时需要原告在送达回证上签字。如果是邮寄送达的,则签收之日视为送达之日。如果原告拒收或者退回的不能视为送达。在司法实践中,如果符合上述三个条件,且传票送达均无问题的,法院一般会按照撤诉处理。

第三,对于某些涉及国家利益或者社会公共利益的民事案件,如果原告经传票传唤,无正当理由拒不到庭的,或者未经法庭许可中途退庭的,为了保护国家利益或者社会公共利益,人民法院不宜按撤诉处理,此时应当继续审理该案件。

第一百四十七条　【被告不到庭和中途退庭的处理】被告经传票传唤,无正当理由拒不到庭的,或者未经法庭许可中途退庭的,可以缺席判决。

重点解读

本条是关于被告无正当理由拒不到庭或者未经法庭许可中途退庭如

何处理的规定。

本条一方面规定了对于被告不出庭时,法院的应对和处理方式,即法院可以缺席判决;另一方面,本条对于被告不出庭或未经法庭许可中途退庭的情况,规定了相应的法律后果,即让被告对自己的诉讼行为承担法律上的后果,法院虽然是在被告缺席的情况下作出的判决,但判决对被告依然有约束力。对于"被告"一词,应理解为在诉讼中具有相当于被告地位的其他主体,最典型的就是反诉被告,还包括被告为无民事行为能力人时的法定代理人。"无正当理由",一般指没有不可抗力、意外事件等使被告无法到庭的特殊情况。"缺席判决",是与当事人同时到庭的对席判决相对应的,即在部分当事人缺席的情况下对案件作出实体处理结果。司法实务中,法院以作出对席判决为原则,缺席判决为例外。因为对席判决是在法官、当事人同时到庭的情况下产生的,能够贯彻程序参与、直接言词、辩论等程序原则,相较于缺席判决,能够更好地平衡保障双方当事人的合法权益,有助于法官认定案件事实。

对法院而言,未经传票传唤缺席判决的属于《民事诉讼法》规定的再审事由,应慎重适用缺席审判。在具体适用时应严格遵守法定程序,否则就可能导致案件进入再审程序,影响司法的公信力和权威性。对于当事人而言,为了保障自己的合法权益,应当配合人民法院的工作,在人民法院传票传唤之后按时出庭、尊重法庭、遵守规则,明确诉讼中会因自己的不当行为带来不必要的诉讼风险。被告确有不能按时到庭的事由,应当及早向人民法院提出。人民法院经审查,认为被告提出的理由正当,确实不能到庭的,可以决定延期审理,并将延期审理的情况及时通知原告。人民法院经审理,认为被告提出的理由不正当,可以决定不延期审理,并将不延期审理的决定通知被告。被告接到人民法院的通知后,应当按时出庭。如果被告经人民法院传票传唤,无正当理由拒不到庭,或者被告虽然到庭,但在审理过程中,未经法庭许可中途退庭的,人民法院应当按期开庭或者继续开庭审理,对于到庭的当事人的诉讼请求、双方的诉辩理由以及已经提交的证据及其他诉讼材料进行审理后,可以依法缺席判决。

典型案例

丹东保利天赐房地产开发有限公司与东港市恒东建筑安装有限公司、赵宏、袁韶刚合同纠纷案[1]

上诉人丹东保利天赐房地产开发有限公司(以下简称保利公司)因与上诉人东港市恒东建筑安装有限公司、被上诉人赵宏、被上诉人袁韶刚合同纠纷一案,不服丹东市振兴区人民法院(2017)辽0603民初1088号民事判决,向法院提起上诉。法院于2017年7月19日立案后,依法组成合议庭,开庭进行了审理。保利公司上诉称,一审判决程序违法,请求撤销一审判决,依法驳回赵宏的诉讼请求。二审法院经审理认为被告袁韶刚经一审法院传票传唤,无正当理由,拒不到庭,故依法缺席判决。

实用小贴士

根据判决是否为当事人双方出庭之后作出的,可以分为对席判决和缺席判决。对席判决是在双方当事人都出庭进行诉讼后所作出的判决。缺席判决是一方当事人没有出庭进行诉讼所作出的判决。缺席判决与对席判决的法律效力相同。在大多数情况下,人民法院所作出的都是对席判决,只有在法律有明确规定的情形时,才能作出缺席判决。

第一百四十八条　【撤诉】宣判前,原告申请撤诉的,是否准许,由人民法院裁定。

人民法院裁定不准许撤诉的,原告经传票传唤,无正当理由拒不到庭的,可以缺席判决。

[1] 参见辽宁省丹东市中级人民法院(2017)辽06民终1244号案例。

第一百四十九条　【延期审理】有下列情形之一的，可以延期开庭审理：

（一）必须到庭的当事人和其他诉讼参与人有正当理由没有到庭的；

（二）当事人临时提出回避申请的；

（三）需要通知新的证人到庭，调取新的证据，重新鉴定、勘验，或者需要补充调查的；

（四）其他应当延期的情形。

重点解读

本条是关于延期审理的规定。

延期审理，是指出现法律规定的特殊情形，致使不能按照确定的日期进行法庭审理，法院将法庭审理推延至另一期日的诉讼制度。诉讼程序开始后，应当连续进行，直至案件审理完毕结束。但司法实践中常出现难以预料的特殊情况，致使法院无法按照确定的开庭日期对案件进行审理，延期审理便是为了应对此类特殊情况的应急性保障制度。在适用本条规定时，应注意以下几点：

第一，必须到庭的当事人和其他诉讼参与人有正当理由没有到庭和没有正当理由不到庭时法院处理方式的区别。必须到庭的当事人一般是指负有赡养、抚养义务的被告以及不出庭就无法查清案情的被告。必须到庭的诉讼参与人一般是指知道案件重要情况必须到庭的证人、庭审必不可少的翻译人员等。正当理由主要是指无法预见、无法克服、不能避免的客观上的原因。对于必须到庭的当事人和其他诉讼参与人有正当理由不能到庭的，人民法院可以决定延期审理。如果当事人和其他诉讼代理人没有正当理由而拒不到庭，则要分情况进行处理，既可以将其拘传到庭，也可以作出缺席判决。

第二,临时提出回避申请的时间与非临时提出回避申请的差别。在开庭审理前,合议庭或独任审判员确定后,应当在 3 日内告知当事人,以便于当事人有充分的时间考虑是否需要申请有关人员回避。但当事人在开庭审理后才知道回避事由的,也可以在法庭辩论终结前提出。除案件需要采取紧急措施外,被申请回避的人员在人民法院作出是否回避的决定之前,应当暂停参加本案的工作。当事人在开庭时才提出回避申请的,人民法院就应当延期开庭审理,以便对回避事项作出处理。

第三,对需要通知新的证人到庭,调取新的证据,重新鉴定、勘验,或者需要补充调查等事项的处理。由于这些事项的进行需要花费时日,不可能在法庭上完成,而需要在法庭审判程序外进行,所以法院应当决定延期审理。

第四,对于其他应当延期审理的情况的理解。这是兜底性的规定,属于弹性条款,其目的是授权法院根据案件具体情况灵活处理,以便适应法庭审理过程中可能出现的各种复杂情况。需要注意的是,延期审理在一定程度上影响法院的审判效率,在审判实践中,人民法院应当严格把握延期审理适用的法定条件,以避免过分滥用自由裁量权导致诉讼迟延。

典型案例

王泉诉东方肾脏病医院邮购药品赔偿纠纷案〔1〕

东方肾脏病医院上诉认为:一审程序违法。因上诉人同时有另一案件需在广东省深圳市福田区人民法院开庭,上诉人有正当理由申请原审法院另定开庭时间,但原审法院未予准许而进行缺席判决是错误的。被上诉人答辩认为:上诉人要求延期审理证据不充分,一审进行缺席判决是正确的。四川

〔1〕 参见四川省泸州市中级人民法院(2006)泸民终字第 783 号案例。

省泸州市中级人民法院审理认为：上诉人以另一案件开庭时间与本案一审开庭时间均为同一天为由，要求一审延期审理，但其所举传票为复印件，未证明该证据的来源。故一审以其证据不足，未准许其延期申请并无不当。法院对上诉人因一审未准许其延期审理申请而主张一审程序违法的上诉理由，不予支持。

实用小贴士

延期审理与休庭之辨析

现行《民事诉讼法》并没有关于休庭的条文规定，但在民事诉讼审理的实践中，法院经常使用“休庭”一词。对于休庭的含义，一般理解为开庭的短暂中止或停止，如参与庭审人员中间休息、进行合议处理相关事务的情形。休庭与延期审理有所不同。延期审理是因为出现法定的事由，使正常的开庭程序无法进行，需要推迟一段时间审理，指较长时间不开庭审理但未中止诉讼的状态。延期审理本质上是一种应急性的保障制度，需要有法定事由才能适用。休庭是庭审过程中程序的暂停，无须法定事由，通常是在案件审理时需要暂时停顿的情况下适用。休庭属于诉讼程序中的正常情况，而延期审理属于诉讼程序中的特殊情况，且延期审理的期限不计入审理期限。

第一百五十条　【法庭笔录】书记员应当将法庭审理的全部活动记入笔录，由审判人员和书记员签名。

法庭笔录应当当庭宣读，也可以告知当事人和其他诉讼参与人当庭或者在五日内阅读。当事人和其他诉讼参与人认为对自己的陈述记录有遗漏或者差错的，有权申请补正。如果不予补正，应当将申请记录在案。

法庭笔录由当事人和其他诉讼参与人签名或者盖章。拒绝签名盖章的，记明情况附卷。

第一百五十一条　【宣判】人民法院对公开审理或者不公开审理的案件，一律公开宣告判决。

当庭宣判的，应当在十日内发送判决书；定期宣判的，宣判后立即发给判决书。

宣告判决时，必须告知当事人上诉权利、上诉期限和上诉的法院。

宣告离婚判决，必须告知当事人在判决发生法律效力前不得另行结婚。

第一百五十二条　【一审审限】人民法院适用普通程序审理的案件，应当在立案之日起六个月内审结。有特殊情况需要延长的，经本院院长批准，可以延长六个月；还需要延长的，报请上级人民法院批准。

条文对照

2017 年《民事诉讼法》	2021 年《民事诉讼法》
第一百四十九条　人民法院适用普通程序审理的案件，应当在立案之日起六个月内审结。有特殊情况需要延长的，由本院院长批准，可以延长六个月；还需要延长的，报请上级人民法院批准。	**第一百五十二条**　人民法院适用普通程序审理的案件，应当在立案之日起六个月内审结。有特殊情况需要延长的，**经**本院院长批准，可以延长六个月；还需要延长的，报请上级人民法院批准。

重点解读

本条是关于人民法院审理一审民事案件期限的规定。

审结期限是指法律规定人民法院审理案件的期限，也称审限。法律是否应当设置审结期限,是实务界和理论界存在争议的问题。肯定说认为,如果法律没有明确规定案件的审结期限,司法实践中就会存在案件审理被拖延的情况;否定说认为,每一个案件都有自身的特殊性,其存在的实际情况不同,审理这一案件所需要的时间也会不同,因此法律不应当设定审结期限。

从我国立法来看,《民事诉讼法》明确规定了人民法院审理民事案件的期限。根据本条规定,人民法院适用普通程序审理的案件,应当在立案之日起6个月内审结。这一规定,不仅有利于促使人民法院及时审结民事案件,而且有利于及时保护当事人的合法权益。同时,考虑到民事案件的复杂性,司法实践中存在一些民事案件在法定的期限内审结有困难,因此本条规定也授权了人民法院根据具体案情的需要,可以适当延长期限,并规定了批准延期的权限和程序:有特殊情况需要延长审结期限的,经本院院长批准,可以延长6个月;还需要延长的,报请上级人民法院批准。这一规定既保证了人民法院可以在法定期限内及时审结民事案件,同时又使《民事诉讼法》对结案期限的规定更加符合客观实际。

典型案例

国泰君安证券股份有限公司天津新开路证券营业部等诉中国投资咨询有限责任公司等债权纠纷案[1]

关于案件的审限,适用普通程序审理的一审案件应在立案之日起6个月内审结,但公告期间不应计算在内,且经一审法院院长批准,可以延长6个月。本案中,自2013年3月5日立案受理后,因海投公司下落不明,公告送达60日,后又经审批延长审限一个半月,故一审法院于2013年11月25日签署判决,并分别于2013年11月27日和29日将该判决送

[1] 参见海南省高级人民法院(2014)琼民二终字第11号案例。

达各方当事人，一审法院审理本案并未超过审限。

实用小贴士

以下几种情形不计入审理期限：

因当事人、诉讼代理人申请通知新的证人到庭、调取新的证据、申请重新鉴定或者勘验，法院决定延期审理一个月之内的期间；民事案件公告、鉴定的期间；审理当事人提出的管辖权异议和处理法院之间的管辖争议的期间；民事案件由有关专业机构进行审计、评估、资产清理的期间；中止诉讼至恢复诉讼的期间。

第四节　诉讼中止和终结

第一百五十三条　【中止诉讼】有下列情形之一的，中止诉讼：

（一）一方当事人死亡，需要等待继承人表明是否参加诉讼的；

（二）一方当事人丧失诉讼行为能力，尚未确定法定代理人的；

（三）作为一方当事人的法人或者其他组织终止，尚未确定权利义务承受人的；

（四）一方当事人因不可抗拒的事由，不能参加诉讼的；

（五）本案必须以另一案的审理结果为依据，而另一案尚未审结的；

（六）其他应当中止诉讼的情形。

中止诉讼的原因消除后，恢复诉讼。

重点解读

本条是关于诉讼中止事由的规定。

诉讼中止是指在诉讼进行过程中，因出现某些特殊情况使本案诉讼活动难以继续进行时，受诉法院依法裁定暂时停止本案诉讼程序，在导致

中止诉讼的原因消除后,人民法院应当及时恢复诉讼程序。依本条规定,出现下列情况时应中止诉讼:

(一)一方当事人死亡,需要等待继承人表明是否参加诉讼

根据《民法典》第13条的规定,自然人的民事权利能力始于出生,终于死亡,因民事诉讼对主体要求必须具备诉讼权利能力,而当事人的民事权利能力是民事诉讼权利能力存在的前提,当事人存在又是民事权利能力存在的前提,因此,在财产纠纷案件中,一方当事人死亡,其民事诉讼权利能力即告消灭。当事人死亡后,基于实体权利由其继承人享有,在继承人表明参加诉讼的情况下,诉讼程序才能继续进行,但是确定继承人可能需要一定的时间,甚至可能发生争议。因此,在确定继承人是否承担被继承人的诉讼权利义务需要一定时间的情况下,人民法院应当中止诉讼;若能够即时确定继承人参加诉讼,人民法院可以不中止诉讼。

(二)一方当事人丧失诉讼行为能力,尚未确定法定代理人

与当事人丧失当事人能力(民事诉讼权利能力)导致诉讼中止的情况相比,该种情况指当事人丧失诉讼行为能力而导致诉讼中止,如突发精神病,以致无法表达自身意志,不能自主行使诉讼权利、履行诉讼义务。当事人因丧失诉讼行为能力而无法亲自实施相关的诉讼行为,在尚未确定法定代理人的情况下,需要人民法院中止诉讼,等待代当事人实施诉讼的法定代理人确定之后再恢复诉讼。

(三)作为一方当事人的法人或者其他组织终止,尚未确定权利义务承受人

当事人为法人或者其他组织的,在因合并、撤销、解散等原因而终止的情况下,其主体资格消灭,在权利义务承受人确定之前,人民法院应当中止诉讼,权利义务承受人确定之后,由其作为新的当事人再继续原来的诉讼。

（四）一方当事人因不可抗拒的事由，不能参加诉讼

不可抗拒的事由是指客观上发生的当事人意志以外的特殊情况，导致当事人在较长时间内不可能参加诉讼，如地震、洪水等自然灾害，或者战争爆发、交通阻断等个人力量无法避免的情况，当事人因不可抗拒的事由而不能参加诉讼的，法院应中止诉讼。

（五）本案必须以另一案的审理结果为依据，而另一案尚未审结

审判实践中，在一个案件的事实认定或法律适用要以另一个案件的审理结果为依据的情况下，如果不等待另一个案件的审理结果而继续对本案进行审理，必然会在认定事实和适用法律上遇到难以逾越的障碍，甚至导致矛盾裁判。出于国家法律实施体系化的要求和维护当事人合法权益的需要，在这种情况下应当中止诉讼，等待另一个案件的审理结果。

（六）其他应当中止诉讼的情形

该项规定作为“兜底性条款”，由受诉法院视案件具体情况灵活掌握，如当事人住所临时变动，一时无法知悉其新的住所地，使案件的审理程序不能进行。因为此处涉及法官自由裁量权，为防止法官滥用该条款损害当事人的利益，所以有必要通过司法解释对其予以具体明确。

诉讼中止的裁定既可以是书面的，也可以是口头的，但是口头裁定必须记入法院的笔录之中。中止诉讼的裁定一经作出即发生法律效力，当事人不得对该裁定提起上诉或者申请复议。诉讼中止只是暂时停止诉讼程序，除了已经作出的财产保全和先予执行的裁定需要继续执行外，中止期间不再实施诉讼活动，即使当事人或者人民法院从事某种诉讼行为也不生效，原已进行的程序及其结果暂时保留。在导致诉讼中止的事由消除后，人民法院应当及时恢复诉讼程序，此时无须撤销原裁定，从人民法院通知或者准许双方当事人继续进行诉讼时起，中止诉讼的裁定即失去效力，已经进行的诉讼行为对新出现的诉讼承担人具有约束力。

典型案例

青岛中金渝能置业有限公司与青岛中金实业股份有限公司、滨州市中金豪运置业有限责任公司财产保全损害责任纠纷案[1]

《民事诉讼法》第150条第1款第5项规定，本案必须以另一案的审理结果为依据，而另一案尚未审结的，中止诉讼。本案中，首先，判断本案中金实业公司在山东省高级人民法院(2011)鲁商初字第2号案中申请财产保全是否错误要看其当时在该案中的诉讼行为是否存在过错，而非该案之后其是否还享有回购权。不管山东省高级人民法院(2015)鲁民一初字第39号案最终判决结果确定其是否回购青岛渝能公司股权，均不影响本案的裁判。其次，本案判决结果确定的损失赔偿属于青岛渝能公司独立的财产，不仅与其股东利益相关，还涉及青岛渝能公司债权人的利益，即使中金实业公司回购股权后与青岛渝能公司系母公司与子公司的关系，对本案诉争也应作出判决。因此，中金实业公司关于本案应当中止审理的上诉主张不能成立。

第一百五十四条　【终结诉讼】有下列情形之一的，终结诉讼：

（一）原告死亡，没有继承人，或者继承人放弃诉讼权利的；

（二）被告死亡，没有遗产，也没有应当承担义务的人的；

（三）离婚案件一方当事人死亡的；

（四）追索赡养费、扶养费、抚养费以及解除收养关系案件的一方当事人死亡的。

---

〔1〕 参见最高人民法院(2017)最高法民终118号案例。

条文对照

2017 年《民事诉讼法》	2021 年《民事诉讼法》
第一百五十一条　有下列情形之一的，终结诉讼： （一）原告死亡，没有继承人，或者继承人放弃诉讼权利的； （二）被告死亡，没有遗产，也没有应当承担义务的人的； （三）离婚案件一方当事人死亡的； （四）追索赡养费、扶养费、抚育费以及解除收养关系案件的一方当事人死亡的。	**第一百五十四条**　有下列情形之一的，终结诉讼： （一）原告死亡，没有继承人，或者继承人放弃诉讼权利的； （二）被告死亡，没有遗产，也没有应当承担义务的人的； （三）离婚案件一方当事人死亡的； （四）追索赡养费、扶养费、**抚养费**以及解除收养关系案件的一方当事人死亡的。

重点解读

本条是关于诉讼终结事由的规定。

《民法典》第 1058 条规定："夫妻双方平等享有对未成年子女抚养、教育和保护的权利，共同承担对未成年子女抚养、教育和保护的义务。"为保持文字一致，2021 年修正的《民事诉讼法》将"抚育费"的表述方式修改为"抚养费"。

诉讼终结是指在诉讼进行过程中，因出现某些特殊情况使本案诉讼活动无法进行或者没有必要继续进行时，受诉法院依法裁定结束本案诉讼程序的制度。依本条规定，出现下列情况时应终结诉讼：

（一）原告死亡，没有继承人，或者继承人放弃诉讼权利

民事诉讼始于原告向人民法院起诉，申请审理相关民事纠纷，在原告缺失的情况下民事诉讼无从开始。换言之，没有原告就不存在民事诉讼。

在原告死亡且没有继承人或者继承人放弃诉讼权利的情况下,因为没有了权利主张者,民事诉讼程序无法继续进行,所以人民法院只能依法作出终结诉讼的裁定。

(二)被告死亡,没有遗产,也没有应当承担义务的人

在财产纠纷案件中,原告起诉被告的目的是获得财产上的权益,因此,原告实现诉讼请求的前提是被告拥有财产。如果被告死亡留有遗产,在其继承人继承遗产的情况下,其继承人必须参加诉讼,在其继承人放弃继承遗产的情况下,人民法院可以在遗产范围内判决,原诉讼可继续进行;如果被告死亡没有留下遗产,但存在相应的义务承受人,原诉讼亦可继续进行,无须诉讼终结;但是在被告死亡没有留下遗产,且没有义务承受人的情况下,原告的诉讼请求不可能实现,人民法院已经没有继续审理案件的必要,应当裁定终结诉讼。

(三)离婚案件一方当事人死亡

离婚案件属于因身份关系而提起的民事诉讼。离婚案件中一方当事人死亡,婚姻关系自然解除,案件已经没有审理必要,人民法院应当裁定终结诉讼。

(四)追索赡养费、扶养费、抚养费以及解除收养关系案件的一方当事人死亡

此类诉讼是基于特定的身份关系而提起,其他人不能也不可能代替当事人,任何一方当事人死亡,均导致案件中实体权利义务关系的自然消灭。本案诉讼程序因没有继续进行的可能和必要,受诉法院应当裁定终结诉讼。具体而言,在追索赡养费、扶养费、抚养费的情况下,由于一方当事人的死亡,给付赡养费、扶养费、抚养费已经没有可能或者没有必要,案件无须继续审理。在解除收养关系案件的一方当事人死亡的情况下,收养关系自然解除,案件无须继续审理。

诉讼终结的裁定既可以是书面的,也可以是口头的,裁定一经作出即发生法律效力,当事人不得对该裁定提起上诉或者申请复议。需要注意的是,人民法院裁定终结诉讼,并不能确定死亡一方当事人的财产归属,这是因为诉讼终结仅是诉讼程序的终结,表明案件不再系属于诉讼之中,其既不干涉实体权益的丧失,也不涉及实体义务的免除,人民法院对案件争议的实体性问题不能作出任何处理。

典型案例

张某1、张某2、张某3分家析产纠纷案[1]

法院再审过程中,根据再审查明的事实,案涉房屋所有权人已于2004年5月19日变更登记为案外人李宏娥,鉴于原审判决考虑房屋的来源及实际居住等具体情况将案涉房屋判决归张德有所有并无不当,本案再审时房屋所有权人已变更为案外人,故应当由张德有承担其他共有人的房屋份额对价款给付义务。现张德有已死亡,应由其继承人在继承遗产的范围内承担义务。再审庭审中,张德有的3名法定继承人张某1、张某2、张某3均表示未继承张德有遗产,亦未提供证据证明张德有留有遗产。根据《民事诉讼法》第151条第1款第2项"有下列情形之一的,终结诉讼:(二)被告死亡,没有遗产,也没有应当承担义务的人的"之规定,因析产纠纷中,当事人互相享有权利及负有相应义务,应当承担义务的当事人的诉讼地位相当于被告,故本案再审程序现因张德有死亡,没有遗产,也没有应当承担义务的人,符合上述规定情形,应当终结诉讼。

[1] 参见吉林省吉林市船营区人民法院(2021)吉0204民再10号案例。

实用小贴士

1. 诉讼终结与诉讼中止存在一定的联系，诉讼中止是因为某些特殊情况的出现使诉讼暂时停止，在导致诉讼中止的原因消除后，诉讼将继续进行。但是，在某些情况下，诉讼中止之后没有必要恢复诉讼程序，此时人民法院应终结诉讼，如在原告死亡，没有继承人的情形下，诉讼中止转化为诉讼终结。另外，比较诉讼中止和诉讼终结的事由可发现，诉讼中止的事由中，有的与当事人相关，有的与当事人无关，而诉讼终结事由均与当事人的状况相关。

2. 诉讼终结与案件审结具有相同的效力，当事人不得基于同一事实和理由，就同一诉讼标的再行起诉，人民法院也不得再行受理。另外，人民法院裁定诉讼终结直接导致本案审理的终结，当事人对该裁定不得提起上诉和申请复议。

3. 因为诉讼终结从法律上排除当事人诉讼权利的行使，影响当事人民事权益得到保护的权利，所以与《民事诉讼法》规定的诉讼中止的“兜底性条款”不同，该条明确规定诉讼终结只能适用于公民作为当事人死亡后出现的以上四种法定情况。除本条规定的四种诉讼终结的事由外，不允许扩张适用诉讼终结，即便某种情况对诉讼造成严重障碍。

第五节　判决和裁定

第一百五十五条　【判决书】判决书应当写明判决结果和作出该判决的理由。判决书内容包括：

（一）案由、诉讼请求、争议的事实和理由；

（二）判决认定的事实和理由、适用的法律和理由；

（三）判决结果和诉讼费用的负担；

（四）上诉期间和上诉的法院。

判决书由审判人员、书记员署名，加盖人民法院印章。

重点解读

本条是关于制作民事判决书的规定。民事判决书是指人民法院对于民事案件进行审理后,将判决的内容按照规定的格式制作的法律文书。人民法院的民事判决可以从不同角度作出不同的分类。根据判决所决定的诉的不同种类或不同性质,可以分为给付之诉、确认之诉和变更之诉;根据判决就其解决案件的全部或部分争议的不同,可以分为全部判决和部分判决;根据判决所处理的民事案件是否具有争议性,可以分为诉讼判决和非诉讼判决;根据判决是否为双方当事人同时到庭的情况所作出的,可以分为对席判决和缺席判决;根据诉讼程序的不同,可以分为一审判决、二审判决和再审判决;根据判决所解决案件结果的不同,可以分为肯定判决和否定判决。

民事判决书既是人民法院行使国家审判权的体现,也是对当事人权利和义务的权威性、终局性判定。判决发生效力后,便具有对人的拘束力、对事的确定力和执行力,因而判决书在司法活动中具有重要的意义,因此本条对判决书的内容和制作进行了规定。

判决书制作的基本要求是写明判决结果和作出该判决的理由。判决书应当以书面形式作出,由审判人员、书记员署名,加盖人民法院印章。具体而言,判决书应当包括以下几个方面的内容:

1. 案由、诉讼请求、争议的事实和理由。案由,是指按照诉讼请求的内容来划分的案件的种类,如继承、离婚、合同、人身损害赔偿纠纷等。判决书中的诉讼请求以及事实和理由部分既要载明原告的诉讼请求、事实和理由,也要载明被告对原告诉讼请求承认或反驳的事实和理由。被告提出反诉的,其诉讼请求以及所根据的事实和理由也应当如实载明。

2. 判决认定的事实和理由、适用的法律和理由。人民法院审理民事案件,必须以事实为根据,以法律为准绳。案件事实的认定以及法律条款的适用是司法裁判的两项重要内容。在事实认定方面,人民法院除了应当在判决书中载明予以认定的事实和不予以认定的事实外,还应当说明相关事实认定的理由。在说理部分应当对证据的客观性、合法性、关联性进行具体分析、论证,并全面呈现法庭审理以及事实认定的全过程,从而增强判决书的说理性,促使当事人服判息讼。在法律适用方面,判决书应当写明裁判所依据的法律条款,并说明理由。判决书不能仅宣告裁判所引用的法律条款,而应当对该法律条款作为裁判依据的理由予以详尽阐释,这不仅有利于使判决获得公众的信服,而且有利于约束法官裁判行为,防止司法权的专横与滥用。

3. 判决结果和诉讼费用的负担。判决结果一般又称判决的主文,是判决书的核心部分,也是法院对当事人诉讼请求的回应。判决结果的内容应当具体、明确,具有可操作性。判决主文应当对当事人所有的诉讼请求和主张予以回应,不得遗漏,同时基于处分原则和不告不理原则的要求,判决主文不得超出当事人请求的范围。人民法院审理终结后还应当根据案件的情况,依法确定诉讼费用由哪一方当事人承担以及承担的具体数额。

4. 上诉期间和上诉的法院。上诉权是当事人一项重要的诉讼权利,因此在判决书的结束部分应当写明上诉的期间和应当向哪个人民法院提起上诉,以便当事人行使上诉权。

除上述内容外,在判决书的开端应当写明原告、被告、第三人及各自诉讼代理人的基本情况。在判决书的主文下面,应当由审判员和书记员署名,加盖人民法院印章并注明作出判决书的日期。

第一百五十六条 【先行判决】人民法院审理案件,其中一部分事实已经清楚,可以就该部分先行判决。

第一百五十七条 【裁定】裁定适用于下列范围:

(一)不予受理;

(二)对管辖权有异议的;

(三)驳回起诉;

（四）保全和先予执行；

（五）准许或者不准许撤诉；

（六）中止或者终结诉讼；

（七）补正判决书中的笔误；

（八）中止或者终结执行；

（九）撤销或者不予执行仲裁裁决；

（十）不予执行公证机关赋予强制执行效力的债权文书；

（十一）其他需要裁定解决的事项。

对前款第一项至第三项裁定，可以上诉。

裁定书应当写明裁定结果和作出该裁定的理由。裁定书由审判人员、书记员署名，加盖人民法院印章。口头裁定的，记入笔录。

第一百五十八条　【生效裁判】最高人民法院的判决、裁定，以及依法不准上诉或者超过上诉期没有上诉的判决、裁定，是发生法律效力的判决、裁定。

第一百五十九条　【裁判文书公开】公众可以查阅发生法律效力的判决书、裁定书，但涉及国家秘密、商业秘密和个人隐私的内容除外。

第十三章 简易程序

第一百六十条 【简易程序适用范围】基层人民法院和它派出的法庭审理事实清楚、权利义务关系明确、争议不大的简单的民事案件，适用本章规定。

基层人民法院和它派出的法庭审理前款规定以外的民事案件，当事人双方也可以约定适用简易程序。

重点解读

本条是关于简易程序适用范围的规定。

本条第1款对简易程序适用的条件和范围作出了规定。将简易程序适用的法院层级限定为基层人民法院和它的派出法庭，中级以上人民法院不得适用简易程序，进而也就决定了简易程序仅适用于基层人民法院审理的第一审民事案件。当事人提起上诉的二审案件、发回重审的案件和按照审判监督程序再审的案件不适用简易程序。

本条将简易程序的适用范围限定于简单民事案件，并对简单民事案件的识别标准进行了概括，即"事实清楚、权利义务关系明确、争议不大"。《民诉法解释》第256条对何谓"事实清楚、权利义务关系明确、争议不大"作了细化规定："事实清楚"是指当事人对争议的事实陈述基本一致，并能提供相应的证据，无须人民法院调查收集证据即可查明案件事实；"权利义务关系明确"是指能够明确区分谁是责任的承担者，谁是权利的享有者;“争议不大”是指当事人对于案件的是非、责任承担以及诉讼标的争执无原则性分歧。针对“事实清楚”解释中的“提供相应的证据”这一要求,应当注意在此阶段对于证据真实性、关联性、合法性的审查判断应当尽可能限缩于关联性的范围之内。从法律文本表述出发,仅要求提供“相应”的证据,从证据审查判断的角度出发,对于证据的深入审查应当于庭审程序中进行。此时尚处于庭审开始之前的程序选择阶段,故而此处所谓“相应证据”的审查标准应当尽可能限缩于关联性的范围内,且对其审查的程度也应当是较为缓和的。对于此处“争议不大”的理解应注意其是强调当事人之间对于谁是责任的承担者不存在根本性的分歧,而不是对于责任的性质争议不大。

本条第2款是关于当事人约定适用简易程序的规定,赋予了当事人自愿选择适用简易程序的选择权。该款规定具有以下含义:第一,当事人选择适用简易程序的案件范围仅限于基层人民法院及其派出法庭审理的第一审民事案件,对于中级以上人民法院审理的案件无权约定,对于二审案件、发回重审和适用审判监督程序再审的案件也无权约定适用简易程序。第二,当事人选择适用简易程序以双方当事人在自愿的基础上达成合意、协商一致为条件,仅有原告意见或被告意见选择适用简易程序,不能适用。未经当事人的一致同意,法院不得依职权将普通程序转为简易程序,否则即属程序违法。第三,当事人双方约定适用简易程序,约定的形式并无限制,既可以是口头形式,也可以是书面形式。第四,当事人双方仅能约定将原本应适用普通程序的民事案件转为适用简易程序进行审理,不能作出相反的约定,也就是说,当事人不能约定将适用简易程序的案件转为适用普通程序进行审理。第五,当事人双方达成合意,必须是在审理程序开始之前。《民诉法解释》第260条规定:“已经按照普通程序审理的案件,在开庭后不得转为简易程序审理。”若审理程序已经开始,那么当事人即便达成合意,也不得再转为简易程序。第六,本条规定虽然并未要求当事人约定适用简易程序需经法院同意,但对于当事人约定适用简易程序也要有必要的限制,不能损害国家利益、社会公共利益或他人合法权益。

实用小贴士

本条确立的简易程序适用范围在实务中具有一定的局限性，对于简单民事案件的判断是较为主观的，在进入审判程序之前，很难确定案件简单与否。因此，《民诉法解释》第257条规定了适用简易程序的除外情形，对于下列几类案件不适用简易程序：起诉时被告下落不明的；发回重审的；当事人一方人数众多的；适用审判监督程序的；涉及国家利益、社会公共利益的；第三人起诉请求改变或撤销生效判决、裁定、调解书的；其他不宜适用简易程序的案件。最后一项作为一项弹性条款列入其中，对于简单民事案件并非必须适用简易程序，新类型案件、需要统一裁量标准的较多类似案件以及社会影响较大的案件等，即便案情简单，法院也可以依据该项规定适用普通程序进行审理。

第一百六十一条　【起诉方式】对简单的民事案件，原告可以口头起诉。

当事人双方可以同时到基层人民法院或者它派出的法庭，请求解决纠纷。基层人民法院或者它派出的法庭可以当即审理，也可以另定日期审理。

第一百六十二条　【简便方式传唤、送达和审理】基层人民法院和它派出的法庭审理简单的民事案件，可以用简便方式传唤当事人和证人、送达诉讼文书、审理案件，但应当保障当事人陈述意见的权利。

第一百六十三条　【简单民事案件的审理方式】简单的民事案件由审判员一人独任审理，并不受本法第一百三十九条、第一百四十一条、第一百四十四条规定的限制。

第一百六十四条　【简易程序的审理期限】人民法院适用简易程序审理案件，应当在立案之日起三个月内审结。有特殊情况需要延长的，经本院院长批准，可以延长一个月。

条文对照

2017 年《民事诉讼法》	2021 年《民事诉讼法》
第一百六十一条 人民法院适用简易程序审理案件,应当在立案之日起三个月内审结。	**第一百六十四条** 人民法院适用简易程序审理案件,应当在立案之日起三个月内审结。**有特殊情况需要延长的,经本院院长批准,可以延长一个月。**

重点解读

本条是关于人民法院适用简易程序审理民事案件的审理期限的规定。

审理期限也称审限,是法律规定人民法院审理民事案件从立案到审结的法定期间限制。《民事诉讼法》针对法院审理民事案件时所适用的程序不同,分别设定了不同的审理期限规定,第 152 条规定了人民法院适用普通程序审理的案件,应当在立案之日起 6 个月内审结;第 168 条规定了人民法院适用小额诉讼的程序审理案件,应当在立案之日起 2 个月内审结。审理期限设定的目的在于促使法院及时审结民事案件,避免诉讼过分迟延,维护当事人的合法权利。当事人将民事纠纷诉诸法院,其目的在于通过诉讼的方式解决纠纷,维护自身合法权益。正如法谚所言"迟来的正义非正义",民事诉讼需要及时审结,快速解决当事人之间的民事纠纷,过分迟延的诉讼程序和迟到的判决,可能会使当事人之间的矛盾激化,导致当事人对于司法丧失信心,有损司法的公信力。审理期限的规定意味着一切诉讼行为的实施和完成都要遵循一定的时间要求,科学的审理期限有利于保证当事人及时行使诉讼权利,履行诉讼义务,促使法院及时履行自身的职责,推动诉讼进程的顺畅进行。小额诉讼程序、简易程序、普通程序这三种不同类型的民事诉讼程序,存在由简到繁的逻辑演进,故而在审理期限的设定方面,也应当与此相契合,即普通程序适用 6 个月的审理期限;简易程序适用 3 个月的审理期限;小额诉讼程序则适用 2 个月的审理期限。

2021 年《民事诉讼法》在沿袭了《民诉法解释》第 258 条的基础上新增了关于简易程序审理期限延长的规定,同时对于司法解释所规定的“延长后的审理期限累计不得超过六个月”调整为“可以延长一个月”,以更加契合简易程序的内在要求。对于适用简易程序审理的案件,如果在简易程序规定的审理期限 3 个月内无法审理完毕,那么在一定程度上就可以说明案件确实复杂,不宜适用简易程序进行审理,此时应当转为普通程序继续进行审理。但是,司法实践中确实存在个别适用简易程序的案件虽然已经临近 3 个月的审理期限,但审判人员已经查明了案件事实,可以作出裁判,但由于部分非主观原因导致无法在 3 个月内作出裁判或者案件事实已经基本查清,仅需要再对个别证据进行调查就可以查清全案事实作出裁判,此时一律转为普通程序继续进行审理则将导致当事人诉讼程序的增加和司法资源的浪费。因此,对于适用简易程序审理的案件,在超出审理期限无法按时审结时,应当可以允许延长审理期限,以避免司法资源的无端损耗。但是,对于审理期限延长的上限则需要在综合考量各方面因素的基础上审慎作出决定。

如前所述,人民法院适用普通程序审理第一审民事案件时,审理期限不得超过 6 个月,而这与简易程序审理期限延长后的上限相同。审理期限 6 个月上限的设置与普通程序的审理期限相同,在一定程度上模糊了普通程序与简易程序之间的区别。故而 2021 年《民事诉讼法》在承袭《民诉法解释》规定的基础上,对延长的上限进行了调整,由可以延长 3 个月降低至可以延长一个月,更加契合适用简易程序延长审理期限两类情形的需要。对于审判人员已经查明了案件事实,可以作出裁判,只是由于部分非主观原因导致无法在 3 个月内作出裁判的情形,通常在一个月内足以排除非主观原因的影响,审结案件作出裁判。另外一种情形即案件事实已经基本查清,仅需要再对个别证据进行调查就可以查清全案事实作出裁判,通常在一个月内是可以实现的。仅对于个别证据进行调查核实,一个月的延长期限已经较为充足。如果在一个月内无法完成对于个别证据调查核实的工作，那么就意味着该案件确实复杂，不适宜继续采用简易程序进行审理，应当转为普通程序，以更好地保证对案件事实的查证，确保司法判决的公正性。而《民诉法解释》所规定的3个月延长期限在一定程度上存在超标现象，延长后的审理期限与普通程序的审理期限等同，可能存在不宜适用简易程序审理的案件错误地适用简易程序进行审理并最终审理终结的情况，如此一来便对当事人的程序保障产生缺陷，在一定程度上有损司法公正。

实用小贴士

人民法院适用简易程序审理案件无法在审理期限内按时审结时，法院首先要判断本案是否适宜继续适用简易程序进行审理，认为可以继续适用简易程序审理的，依照本条规定，延长审理期限。如果认为不宜继续适用简易程序进行审理的，就应当转为普通程序进行审理。根据《民诉法解释》第258条第3款的规定，"案件转为普通程序审理的，审理期限自人民法院立案之日起算"，即对于转为普通程序继续审理的，审理期限并不重新起算，而是从立案之日起算。

第一百六十五条　【小额诉讼程序的适用范围】基层人民法院和它派出的法庭审理事实清楚、权利义务关系明确、争议不大的简单金钱给付民事案件，标的额为各省、自治区、直辖市上年度就业人员年平均工资百分之五十以下的，适用小额诉讼的程序审理，实行一审终审。

基层人民法院和它派出的法庭审理前款规定的民事案件，标的额超过各省、自治区、直辖市上年度就业人员年平均工资百分之五十但在二倍以下的，当事人双方也可以约定适用小额诉讼的程序。

条文对照

2017 年《民事诉讼法》	2021 年《民事诉讼法》
第一百六十二条 基层人民法院和它派出的法庭审理符合本法第一百五十七条第一款规定的简单的民事案件,标的额为各省、自治区、直辖市上年度就业人员年平均工资百分之三十以下的,实行一审终审。	**第一百六十五条** 基层人民法院和它派出的法庭审理**事实清楚、权利义务关系明确、争议不大的简单金钱给付民事案件**,标的额为各省、自治区、直辖市上年度就业人员年平均工资**百分之五十以下的,适用小额诉讼的程序审理**,实行一审终审。 **基层人民法院和它派出的法庭审理前款规定的民事案件,标的额超过各省、自治区、直辖市上年度就业人员年平均工资百分之五十但在二倍以下的,当事人双方也可以约定适用小额诉讼的程序。**

重点解读

本条是关于小额诉讼程序适用范围的规定。

较之 2017 年《民事诉讼法》、2021 年《民事诉讼法》对小额诉讼程序适用的范围进行了修改,由标的额为各省、自治区、直辖市上年度就业人员年平均工资 30% 以下的简单民事案件调整为标的额为各省、自治区、直辖市上年度就业人员年平均工资 50% 以下的事实清楚、权利义务关系明确、争议不大的简单金钱给付民事案件。并新增了当事人双方约定适用小额诉讼程序的规定,在标的额超出前述范围,但在各省、自治区、直辖市上年度就业人员年平均工资 2 倍以下的,当事人双方可以约定适用小额诉讼程序。

一、小额诉讼程序的法定范围

本条第1款是关于小额诉讼程序的规定，该款规定包含以下几层含义：

第一，小额诉讼程序只能在基层人民法院和它派出的法庭审理民事案件中适用，中级以上人民法院不得适用小额诉讼程序。

第二，小额诉讼程序审理的案件仅限于标的额为省、自治区、直辖市上年度就业人员年平均工资50%以下的事实清楚、权利义务关系明确、争议不大的简单金钱给付民事案件。2021年《民事诉讼法》将小额诉讼适用的案件类型由不加以限制的简单民事案件限缩为简单金钱给付民事案件，且在条文上由过去"符合本法第一百五十七条第一款规定的简单的民事案件"修改为"事实清楚、权利义务关系明确、争议不大的简单金钱给付民事案件"。结合本法第160条对简易程序适用范围的规定可以推知，小额诉讼程序仍然作为简易程序进一步简化的特殊程序而存在。因此，对于在小额诉讼程序相关规定中并未明确规定的内容，仍然可以适用简易程序的相关规定进行处理。

第三，小额诉讼程序适用的简单金钱给付案件标的额限制为各省、自治区、直辖市上年度就业人员年平均工资50%以下。该规定系考虑到我国各地经济发展水平不平衡，因此对标的额限额设置为相对标准，可以与各地经济发展水平相适应，较为灵活。

第四，小额诉讼程序一审终审。为了保证小额诉讼程序的简便和快捷，对于适用小额诉讼程序审理的案件实行一审终审，当事人不得提起上诉。为了保证司法公正，维护当事人的合法权益，对于小额诉讼程序仍应保证一定的程序救济手段，对于适用小额诉讼程序审理的民事案件，当事人虽然不能提起上诉，但可以通过审判监督程序提起再审的方式寻求救济。

二、小额诉讼程序的约定范围

本条第 2 款系新增条款，是关于当事人双方约定适用小额诉讼程序的规定，赋予当事人在一定条件下选择适用小额诉讼程序的权利。该款规定包含以下含义：

第一，当事人双方约定适用小额诉讼程序的简单金钱给付民事案件标的额限制为超过各省、自治区、直辖市上年度就业人员年平均工资 50% 但在 2 倍以下。由此可知，赋予当事人的程序选择权对案件标的额进行了限制，即标的额超出各省、自治区、直辖市上年度就业人员年平均工资 2 倍的，当事人无权约定适用小额诉讼程序。

第二，当事人约定适用小额诉讼程序的其他条件需要满足本条第 1 款除标的额限制之外的其他规定，即当事人约定适用小额诉讼程序的案件类型仅限事实清楚、权利义务关系明确、争议不大的简单金钱给付民事案件；适用的法院层级限于基层人民法院及其派出法庭，中级以上人民法院审理的案件不得约定适用小额诉讼程序。

第三，当事人双方约定适用小额诉讼程序，对约定的形式并无限制，既可以是口头形式，也可以是书面形式。

第四，与当事人约定适用简易程序相同，当事人双方约定适用小额诉讼程序，也应当在审理程序开始之前达成合意。审理程序开始之后，不能以当事人双方达成合意为由转为小额诉讼程序。

典型案例

杨铁涛、宋旭阳民间借贷纠纷案[1]

本案是一起小额民间借贷纠纷案件，适用小额诉讼程序审理。原告

---

〔1〕 参见河南省汝阳县人民法院（2021）豫 0326 民初 3741 号案例。

对被告微信转账支付凭证、微信清单及电话录音能够证实双方借款关系存在，借款合同成立并有效。根据诚实信用原则，原告借款给被告，被告应当依约定偿还原告借款。原被告双方没有约定利息，原告也没有主张利息。法院对利息不作评判。

实用小贴士

对于本条第1款所规定的案件类型限定为简单金钱给付案件应当作扩大解释，即此处所规定的金钱给付案件并非严格限定为以金钱作为给付标的的案件类型，对于金钱以外的其他给付标的的案件类型，只要可以以金钱作为代替给付，都可以将其理解为此处所规定的金钱给付案件。在代替给付的金钱数额符合本条第1款所规定的标的限额，即省、自治区、直辖市上年度就业人员年平均工资50%以下，就可以适用小额诉讼程序。在代替给付的金钱数额符合本条第2款所规定的标的限额时，当事人双方即享有程序选择权，可以在自愿的基础上达成合意，约定适用小额诉讼程序。

第一百六十六条　【不适用小额诉讼程序的案件类型】人民法院审理下列民事案件，不适用小额诉讼的程序：

（一）人身关系、财产确权案件；

（二）涉外案件；

（三）需要评估、鉴定或者对诉前评估、鉴定结果有异议的案件；

（四）一方当事人下落不明的案件；

（五）当事人提出反诉的案件；

（六）其他不宜适用小额诉讼的程序审理的案件。

条文对照

2017 年《民事诉讼法》	2021 年《民事诉讼法》
	第一百六十六条　人民法院审理下列民事案件，不适用小额诉讼的程序： （一）人身关系、财产确权案件； （二）涉外案件； （三）需要评估、鉴定或者对诉前评估、鉴定结果有异议的案件； （四）一方当事人下落不明的案件； （五）当事人提出反诉的案件； （六）其他不宜适用小额诉讼的程序审理的案件。

重点解读

本条是关于不适用小额诉讼程序审理的案件类型的规定。

本条系新增条款，在承袭《民诉法解释》第 275 条规定的基础上删除了“知识产权纠纷”，增设了“当事人提出反诉的案件”和“一方当事人下落不明的案件”两项除外类型。

第一，涉及人身关系的纠纷不适用小额诉讼程序。在追索赡养费、抚养费等涉及人身关系的纠纷中，主要存在以下两个方面的争议：一是原被告之间是否存在相应的人身关系；二是人身关系清楚，但双方当事人就给付的数额、时间、方式等存在争议。由于人身关系存在与否不仅涉及当事人双方的利益，还涉及多数关系人的利益，甚至进一步影响社会公共利益和国家利益。因此，对于涉及人身关系的诉讼，法官必须投入更多的时间和精力，发挥职权作用，查明案件客观真实，而这与小额诉讼程序简便快捷的特性不相符合。

第二,涉及财产确权的案件不适用小额诉讼程序。此处规定的财产确权案件主要指的是物权确认案件,包括所有权确认案件、用益物权案件、担保物权案件。在司法实践中,财产确权案件最常见的类型是涉及不动产的确权案件,由于不动产价值较大,本身很可能超出小额诉讼程序适用的标的额范围的限制,故而不动产确权案件基本上不可能适用小额诉讼程序。对于动产确权案件而言,由于动产本身价值明确较为复杂,往往需要经过财产价值评估,而这需要消耗一定的时间成本。故而在评估意见形成之后,再决定是否适用小额诉讼程序与小额诉讼程序追求诉讼效率的内在要求不相符合。

第三,涉外民事案件不适用小额诉讼程序。涉外民事案件,是指具有诉讼主体涉外、涉及诉讼标的的事实涉外以及诉讼标的物涉外三种情形之一的民事案件。对于涉外民事诉讼程序,《民事诉讼法》专设一编“涉外民事诉讼程序的特别程序”予以规定。通过该编规定可知,涉外民事案件的程序设计本身具有一定的特殊性。涉外民事案件的管辖法院一般是中级人民法院,送达期限和答辩期限较长,且没有审限要求。由于涉外民事案件的特殊性,其与小额诉讼程序本身是不相契合的。

第四,需要评估、鉴定或者对诉前评估、鉴定结果有异议的案件不适用小额诉讼程序。由于评估、鉴定结果具有较高的专业性,因此在对其存在异议的情形下,通常只能通过再次评估、鉴定予以处理,而这往往需要较长的时间才能得到结果,客观上无法满足小额诉讼程序快审快结的要求。

第五,一方当事人下落不明的案件不适用小额诉讼程序。首先,一方当事人下落不明的案件,法院只能通过公告送达的方式送达相关司法文书,而公告送达本身需要消耗较长的时间,这与小额诉讼程序快审快结的要求是相矛盾的。其次,由于当事人下落不明,也就不存在当事人的答辩意见,因而法院无法判断该民事案件是否符合“争议不大”这一小额诉讼程序适用条件,进而也就无法确定是否可以适用小额诉讼程序。

第六,当事人提出反诉的案件不适用小额诉讼程序。适用小额诉讼程序审理的民事案件需要满足“事实清楚、权利义务关系明确、争议不大”的条件，其中“争议不大”是指当事人对于案件的是非、责任承担以及诉讼标的的争议无原则性分歧。在当事人提出反诉的情形下，很难说是当事人对于案件的是非、责任承担以及诉讼标的的争议无原则性分歧，故而当事人提出反诉的案件通常都是不符合“争议不大”这一适用条件的。

第七，其他不宜适用小额诉讼程序审理的案件。该项作为弹性条款予以规定，赋予了法院一定的自由裁量权。在遇有某些认为不宜适用小额诉讼程序审理的新类型案件时，即便符合小额诉讼程序的适用条件，也可以决定不适用小额诉讼程序进行审理。

典型案例

沈井玲、崔维轩民间借贷纠纷案[1]

再审申请人申请再审称：一审法院在申请人提出书面反诉请求时，依然适用小额程序审理本案，剥夺了申请人的上诉权利，程序违法。《民诉法解释》第280条规定，因当事人申请增加或者变更诉讼请求、提出反诉、追加当事人等，致使案件不符合小额诉讼案件条件的，应当适用简易程序的其他规定审理。前款规定案件，应当适用普通程序审理的，裁定转为普通程序。而一审法院当庭驳回申请人的反诉请求，继续适用小额程序审理本案，2021年2月2日开庭，2月5日即作出一审判决，程序显然违法，剥夺了申请人上诉的权利。法院经审查认为，法院于2021年2月5日作出的(2021)桂0503民初259号民事判决书已经发生法律效力。申请人沈井玲现以双方并非民间借贷法律关系，而是被申请人崔维轩参与的一起非法融资行为，认为原审判决认定主要事实不清、定性错误、适用法律错误及程序违法为由申请再审，并向法院提交了申请人沈井玲与被申请

〔1〕 参见广西壮族自治区北海市银海区人民法院(2021)桂0503民申33号案例。

人崔维轩之间的微信聊天记录、江苏省南京市中级人民法院作出的(2020)苏01民终3297号民事裁定书等(上诉人王鉴明;被上诉人恒盛航空、沈吕根),作为其申请再审的新证据。根据沈井玲与崔维轩之间的微信聊天记录,双方2020年2月11日之前就恒盛航空公司投资项目事宜进行沟通联系,后崔维轩于2月11日去到沈井玲住所处。双方在微信上聊天了解投资方式、投资金额、投资回报、拉人投资等问题。转账的第二日即2月12日,崔维轩在微信聊天记录中陈述"到账了200元"。崔维轩在沈井玲出具案涉《借条》后,叫其朋友付心胜进行投资,且其本人于2020年6月26日以自己作为"推荐人"、沈井玲作为"居间商"还继续转账投资了2万元。案涉的17600元经崔维轩转账给沈井玲,沈井玲将该笔款项转账给案外人孙焱,再由孙焱汇入江苏恒空公司账户内。崔维轩清楚案涉钱款的流向,并通过其个人账户收取恒盛公司的回款。案涉的"借款"实际为崔维轩经沈井玲作为中间人后,向恒盛航空公司投资的款项。江苏省南京市中级人民法院作出的(2020)苏01民终3297号民事裁定书认定恒盛航空及其法定代表人沈吕根向社会不特定公众以理财为名进行借款,其行为可能涉嫌非法集资犯罪。综上所述,法院认为,申请人现提供的证据,已经足以推翻原判决,原判决认定事实错误,沈井玲的再审申请符合《民事诉讼法》第200条第1项规定的情形。

实用小贴士

虽然2021年《民事诉讼法》意图将小额诉讼程序从简易程序中独立出来,但从逻辑上出发,小额诉讼程序本质上仍然是在简易程序基础之上的进一步简化。故而,现行法律、司法解释规定不适用简易程序的案件,也不应适用小额诉讼程序。《民诉法解释》第257条规定了适用简易程序的除外情形,对于下列几类案件不适用简易程序:起诉时被告下落不明的;发回重审的;当事人一方人数众多的;适用审判监督程序的;涉及国家利益、社会公共利益的;第三人起诉请求改变或撤销生效判决、裁定、调解书的;其他不宜适用简易程序的案件。对于上述情形,也不应适用小额诉讼程序。

第一百六十七条　【小额诉讼开庭次数、宣判方式】人民法院适用小额诉讼的程序审理案件,可以一次开庭审结并且当庭宣判。

条文对照

2017 年《民事诉讼法》	2021 年《民事诉讼法》
	第一百六十七条　人民法院适用小额诉讼的程序审理案件,可以一次开庭审结并且当庭宣判。

重点解读

本条是关于小额诉讼程序实际运行过程中开庭次数和宣判方式的规定,是 2021 年《民事诉讼法》的新增条款。

根据本条的规定,小额诉讼案件一般应当一次开庭审结并且当庭宣判。首先,人民法院适用小额诉讼的程序审理民事案件可以一次开庭审结。这一方面是满足小额诉讼程序审理案件快审快结的内在要求,如果多次开庭必然造成时间成本的增加,在一定程度上导致诉讼效率的减损,与小额诉讼程序设计本身的内在价值追求不相符合。另一方面是由适用小额诉讼程序审理的案件类型是事实清楚、权利义务关系明确、争议不大的简单金钱给付民事案件所决定的。对于此类案件,由于其本身往往比较简单,审结案件所需查明的各项要素都较为清楚,法官审理案件所需解决的争议问题也较为容易,通常可以在一次庭审过程中予以解决。其次,人民法院适用小额诉讼程序审理民事案件,案件审理终结后原则上应当采用当庭宣判的方式。《民事诉讼法》第 151 条第 2 款规定了宣告判决的两种方式,“当庭宣判的,应当在十日内发送判决书;定期宣判的,宣判后立即发给判决书”。当庭宣判,是指在开庭审理之日,合议庭评议结束之后，由审判长宣布继续开庭并立即宣告判决结果；定期宣判，是指在开庭审理之日，合议庭评议案件结束后，由合议庭另行选择日期宣告判决。对于两种宣判方式的适用，法律并未作出规定，交由法院自主进行选择。一般认为，当庭宣判适用于较为简单的案件，即在合议庭评议结束后可以立即形成判决内容；定期宣判适用于案情较为复杂，合议庭评议结束后难以立即形成判决内容的情形，故另行选择日期进行宣判，给予法官一定的时间进行审慎判断，以形成公正的判决内容。对于适用小额诉讼程序审理的民事案件，由于其本身即为事实清楚、权利义务关系明确、争议不大的简单金钱给付民事案件，故而在实际审理过程中，法官通常在审理结束后立即形成公正准确的判决内容。为了契合小额诉讼程序快审快结的内在要求，尽快化解当事人纠纷，选择当庭宣判的方式是较为恰当的。通过当庭宣判使当事人之间的纠纷在庭审当日即得到圆满解决，免去了当事人等待定期宣判期日到来的急迫心理，有利于促进当事人对选择适用小额诉讼程序的积极性。

应注意的是，本条规定的是“可以一次开庭审结并且当庭宣判”而非“应当一次开庭审结并且当庭宣判”。故而本条在性质上并非强制性条款，仅具有宣示性作用，对人民法院适用小额诉讼的程序审理民事案件时提供一定的指引，法院本身对于开庭次数和宣告判决的方式享有自主决定权。在遇有特殊情况时，人民法院认为确有必要再次开庭的，可以再次开庭。程序的设计难免出现无法应对的情形，因此需要有一定的应对手段。小额诉讼程序开庭次数的限制仅是在通常情况下的限制，其本身在价值上劣于纠纷解决。因此，当出现有必要再次开庭的情况时，可以再次开庭。对于宣告判决方式的选择也是如此，当法官无法在庭审之后立即形成认为公正准确的判决内容时，可以选择采用定期宣判的方式，以获得一定的斟酌时间，确保最终宣告的判决是公正准确的，从而保证司法公正的实现。

实用小贴士

本条规定在性质上属于宣示性条款，并非强制性条款，对人民法院在适用小额诉讼的程序审理案件时，仅具有指导性作用，并无强制效力。法院在实际适用小额诉讼程序审理案件时，对于开庭次数和宣判方式，法院享有自主决定权，并非必须一次开庭审结，当庭宣判。若法院无法一次开庭审结时，再次开庭的次数也应当尽量控制在一次以内，如果需要多次开庭方可审结，那么法院需要审慎分析本案是否应适用小额诉讼程序审理，在必要时转为简易程序或普通程序进行审理。在选择不同宣判方式进行宣判时，对于裁判文书的发放，应当适用《民事诉讼法》第 151 条第 2 款的规定，即"当庭宣判的，应当在十日内发送判决书；定期宣判的，宣判后立即发给判决书"。对于该条规定在小额诉讼程序中适用时，由于适用小额诉讼程序审结的民事案件判决书的内容可以大幅度简化，故而法院在当庭宣判后，应当尽可能地早日发送判决书。

第一百六十八条　【小额诉讼的审理期限】人民法院适用小额诉讼的程序审理案件，应当在立案之日起两个月内审结。有特殊情况需要延长的，经本院院长批准，可以延长一个月。

条文对照

2017 年《民事诉讼法》	2021 年《民事诉讼法》
	第一百六十八条　人民法院适用小额诉讼的程序审理案件，应当在立案之日起两个月内审结。有特殊情况需要延长的，经本院院长批准，可以延长一个月。

重点解读

本条是关于小额诉讼程序审理期限的规定，属于2021年《民事诉讼法》的新增条款。

审理期限也称审限，是法律规定人民法院审理民事案件从立案到审结的法定期间限制。《民事诉讼法》针对法院审理民事案件所适用的程序不同，分别设定了不同的审理期限规定，第152条规定了人民法院适用普通程序审理第一审民事案件时，审理期限不得超过6个月；第164条规定了人民法院适用简易程序审理第一审民事案件时，审理期限不得超过3个月。2017年《民事诉讼法》并未对小额诉讼程序的审理期限作出规定，《民诉法解释》第283条规定："人民法院审理小额诉讼案件，本解释没有规定的，使用简易程序的其他规定。"亦即，小额诉讼程序依附于简易程序而存在，对于小额诉讼程序的审理期限应当适用简易程序的审理期限规定，即人民法院适用小额诉讼程序审理民事案件时，审理期限不得超过3个月。2021年《民事诉讼法》旨在将小额诉讼程序从简易程序的范畴中独立出来，该新增条文弥补了过去的立法空白，规定人民法院适用小额诉讼程序审理民事案件时，审理期限不得超过两个月。当事人将民事纠纷诉诸法院，其目的在于通过诉讼的方式解决纠纷，维护自身合法权益。过分迟延的诉讼程序和迟到的判决，可能会使当事人之间的矛盾激化，导致当事人对司法丧失信心，有损司法的公信力。审理期限的规定意味着一切诉讼行为的实施和完成都要遵循一定的时间要求，科学的审理期限有利于保证当事人及时行使诉讼权利，履行诉讼义务，促使法院及时履行自身的职责，推动诉讼进程的顺畅进行，保证诉讼效率的实现。

小额诉讼程序作为民事诉讼审理程序中特别的简化程序，其审理期限相较普通程序和简易程序应当更加简短。这一方面是基于小额诉讼程序本身作为诉讼程序的一种较为简化的表现形式而呈现出来的应有之义。小额诉讼程序在起诉、答辩、传唤、送达和庭审等程序以及裁判文书内容方面作出了简化，降低了时间成本的耗费，其审理期限当然要短于较为复杂的普通程序和简易程序的审理期限。另一方面是为了与诉讼实际相结合。小额诉讼程序所适用的民事案件本身是事实清楚、权利义务关系明确、争议不大的简单金钱给付民事案件，对于此类案件的审理通常较为简便，法院对此类案件往往可以较为快捷地审理清楚并作出判决。

本条还对人民法院适用小额诉讼程序审理民事案件的期限的延长作出了规定，"有特殊情况需要延长的，经本院院长批准，可以延长一个月"。制度在制定时难免存在不周延之处，因此关于审理期限的制度规定应当具有一定的弹性，避免因制度规定过于僵化而造成不必要的损失。对于何为审理期限延长的"特殊情况"，立法并未予以明确，而是交由法院自由裁量。法院需要结合案件审理的实际推进情况判断其是否属于需要延长审理期限的特殊情形，以保证审理期限的应用与案件审理的实际情况相适应。小额诉讼程序审理期限可以延长的时间为一个月，即人民法院适用小额诉讼程序审理民事案件的审理期限最长为 3 个月，这与人民法院适用简易程序审理民事案件的正常审理期限相同，该上限的设置与小额诉讼程序快审快结的内在要求相契合。因为延长审限在某种意义上就意味着该案件较为复杂，原定审限内无法审理完成，需要更多的时间进行审理。但是，小额诉讼程序审理期限的延长幅度是有限的。允许小额诉讼程序审理期限延长的前提是本来可以在两个月的审理期限内审结，只是在临近审限时因某些特殊情形无法在审限内及时审结，但只要稍作延长，案件即可审理完毕。因此，对于审理期限的延长不宜过长，故而 2021 年《民事诉讼法》将小额诉讼程序审理期限延长后的上限规定为 3 个月。

实用小贴士

法律明确规定了某些诉讼活动所耗费的时间不计入审理期限之中，这些规定不仅适用于普通程序，在小额诉讼程序中也予以适用。例如，因当事人、诉讼代理人申请通知新的证人到庭、调取新的证据、申请重新鉴定或者勘验，法院决定延期审理一个月之内的期间；公告、鉴定期间；审理当事人提出的管辖权异议和处理法院之间管辖权争议的期间；中止诉讼审理至恢复诉讼的期间等都不计入审理期限之中，从而保证审理期限能够得到实质充分的利用。

第一百六十九条 【小额诉讼程序的转化】人民法院在审理过程中，发现案件不宜适用小额诉讼的程序的，应当适用简易程序的其他规定审理或者裁定转为普通程序。

当事人认为案件适用小额诉讼的程序审理违反法律规定的，可以向人民法院提出异议。人民法院对当事人提出的异议应当审查，异议成立的，应当适用简易程序的其他规定审理或者裁定转为普通程序；异议不成立的，裁定驳回。

条文对照

2017 年《民事诉讼法》	2021 年《民事诉讼法》
	第一百六十九条 人民法院在审理过程中，发现案件不宜适用小额诉讼的程序的，应当适用简易程序的其他规定审理或者裁定转为普通程序。 当事人认为案件适用小额诉讼的程序审理违反法律规定的，可以向人民法院提出异议。人民法院对当事人提出的异议应当审查，异议成立的，应当适用简易程序的其他规定审理或者裁定转为普通程序；异议不成立的，裁定驳回。

重点解读

本条是关于将适用小额诉讼程序审理的案件转为适用简易程序或普通程序的规定，是2021年《民事诉讼法》的新增条款。

根据《民事诉讼法》第165条的规定，小额诉讼程序适用于“事实清楚、权利义务关系明确、争议不大”的简单金钱给付民事案件。这一规定主观性较强，在司法实践中进行实际判断时，应用性不强。故而在立案阶段，法院事实上不能完全准确地区分案件是否符合“事实清楚、权利义务关系明确、争议不大”的情形，故而不排除在进入审理程序后发现适用小额诉讼程序审理的案件实际上比较复杂，不应适用小额诉讼程序进行审理，从当事人的程序利益和实体权利保障的角度出发，应当转为适宜的诉讼程序进行审理。值得注意的是，对于不宜适用小额诉讼程序审理的案件，并非一律转为普通程序进行审理，而是要根据案件实际情况进行斟酌判断，在符合简易程序适用条件的情况下，应当转为简易程序进行审理。我国的三类民事诉讼程序即小额诉讼程序、简易程序、普通程序在复杂程度上存在由简到繁的逻辑演进。故而在当案件不宜适用最为简化的小额诉讼程序时，应当逐级向上推进，先判断是否符合简易程序的适用条件，若符合简易程序的适用条件，则应当转为适用简易程序进行审理；若不符合简易程序的适用条件，再转为适用普通程序进行审理，而非直接由小额诉讼程序转为普通程序进行审理。

关于程序转化的路径分别在本条第1款和第2款作了规定，第1款规定系人民法院依职权主动进行；第2款规定系当事人异议成立导致的转化。关于第2款规定，具体包含以下几层含义：

第一，该款所规定的当事人异议权系针对诉讼程序而言，涉及当事人双方的程序利益，故而原被告均有权向法院提出案件不应适用小额诉讼程序审理的异议。

第二，该款并未规定当事人提出异议的时间。相较于简易程序转为普通程序当事人提出异议的时间限定为开庭前，小额诉讼程序提出异议的时间不应限定于开庭前,在庭审开始之后也可以提出异议。一方面,第1款所规定的法院依职权将小额诉讼程序转为其他程序,这一诉讼行为的发生系在开庭之后庭审进行过程之中,且法院在开庭之前对于案件是否应适用小额诉讼程序的判断难免存在疏漏。法院能够最为准确地判断是否适用小额诉讼程序的阶段系在庭审进行之中,故而对于当事人提出异议的时间限定也应当放宽至庭审过程中。另一方面,相较于简易程序,小额诉讼程序更加简化,若将本应适用普通程序的案件适用简易程序进行审理,对于当事人的程序权利是极大的减损,且也很难保证通过小额诉讼程序审理之后得到的结果是公正的。最关键的是,适用小额诉讼程序审理的案件一审终审,一旦发生错误,当事人只能通过审判监督程序寻求再审的救济。因此,即便在开庭之后,只要法庭辩论尚未终结,当事人就可以提出案件不应适用小额诉讼程序的异议。如果法庭辩论终结前,当事人始终没有提出异议,就意味着当事人认可案件适用小额诉讼程序进行审理,法庭辩论终结后再提出异议更多的情况是当事人为了拖延诉讼进程。

第三,虽然该款并未明确当事人提出异议的形式,但考虑到小额诉讼程序本身的特征,应该可以允许当事人以口头方式提出异议。至于通过书面方式提出异议则在所不问。

第四,关于人民法院对异议是否成立的审查,首先应当从小额诉讼程序规定出发,准确判断是否符合“事实清楚、权利义务关系明确、争议不大”的简单金钱给付民事案件。适用法院层级和标的额限制在判断上较为直观,在庭审开始前可以准确判断,故而不属于此时审查的重点。经法院审查判断之后,若异议不成立,裁定驳回异议;若异议成立,则需要进入下一步的审查程序,即判断是否符合简易程序的适用条件。若符合简易程序的适用条件,则将案件转为简易程序进行审理;若不符合简易程序的适用条件,则将案件转为普通程序进行审理。

第五,本条明确规定了法院决定将案件由小额诉讼程序转为简易程序或普通程序进行审理,应当采用裁定的形式。

典型案例

王国明、吴益涛等机动车交通事故责任纠纷案[1]

原告王国明诉被告吴益涛、中国人民财产保险股份有限公司杭州市分公司第五营业部(以下简称中国人保)机动车交通事故责任纠纷一案,法院于2021年3月4日立案受理,依法由审判员郭宸光适用小额程序审理。后本案因案情复杂转为普通程序审理,根据《全国人民代表大会常务委员会关于授权最高人民法院在部分地区开展民事诉讼程序繁简分流改革试点工作的决定》,依法由审判员郭宸光适用普通程序独任审理。本案于2021年6月25日公开开庭进行了审理。原告王国明及其委托诉讼代理人金雪杨,被告吴益涛、被告中国人保委托诉讼代理人孙灿东到庭参加诉讼。双方申请和解3个月。本案现已审理终结。法院认为:机动车发生交通事故造成人身伤亡、财产损失的,由承保交强险的保险公司在责任限额范围内予以赔偿;不足部分由承保商业三者险的保险公司根据保险合同予以赔偿;仍有不足的,由侵权人根据过错责任比例承担赔偿责任。被告中国人保作为本案肇事车辆第三者责任强制保险的承保人,应当在交强险责任限额范围内对原告承担赔偿责任。被告吴益涛的过失行为造成原告损失,对超出交强险部分根据各方过错责任,由其承担赔偿责任。对被告吴益涛应当承担的赔偿责任,原告有权要求保险公司根据保险合同的约定在商业第三者责任险保险金额范围内转承担。

实用小贴士

案件在转为其他程序之前,已经在小额诉讼程序中予以确认的事实如何处理,目前尚无立法规定。但依据《民诉法解释》第283条,“人民法院审理小额诉讼案件,本解释没有规定的,适用简易程序的其他规定”,可以参照适用简易程序转为普通程

[1] 参见浙江省杭州市萧山区人民法院(2021)浙0109民初3947号案例。

序时的规定，即《民诉法解释》第 269 条第 3 款“转为普通程序前，双方当事人已确认的事实，可以不再进行举证、质证”。而该司法解释所使用的表述是“可以”，即并不排除在特别情形下，案件转为其他程序审理后，还有举证、质证的必要。因此，在案件由小额诉讼程序转为适用简易程序或普通程序进行审理前，已经在小额诉讼程序中予以确认的事实原则上可以不再进行举证、质证，但确有必要的，可以再次举证、质证。

第一百七十条　【简易程序转普通程序】人民法院在审理过程中，发现案件不宜适用简易程序的，裁定转为普通程序。

第十四章　第二审程序

第一百七十一条　【上诉】当事人不服地方人民法院第一审判决的，有权在判决书送达之日起十五日内向上一级人民法院提起上诉。

当事人不服地方人民法院第一审裁定的，有权在裁定书送达之日起十日内向上一级人民法院提起上诉。

第一百七十二条　【上诉状】上诉应当递交上诉状。上诉状的内容，应当包括当事人的姓名，法人的名称及其法定代表人的姓名或者其他组织的名称及其主要负责人的姓名；原审人民法院名称、案件的编号和案由；上诉的请求和理由。

第一百七十三条　【上诉方式】上诉状应当通过原审人民法院提出，并按照对方当事人或者代表人的人数提出副本。

当事人直接向第二审人民法院上诉的，第二审人民法院应当在五日内将上诉状移交原审人民法院。

第一百七十四条　【受理上诉】原审人民法院收到上诉状，应当在五日内将上诉状副本送达对方当事人，对方当事人在收到之日起十五日内提出答辩状。人民法院应当在收到答辩状之日起五日内将副本送达上诉人。对方当事人不提出答辩状的，不影响人民法院审理。

原审人民法院收到上诉状、答辩状，应当在五日内连同全部案

卷和证据，报送第二审人民法院。

第一百七十五条　【审查范围】第二审人民法院应当对上诉请求的有关事实和适用法律进行审查。

第一百七十六条　【二审的审理方式】第二审人民法院对上诉案件应当开庭审理。经过阅卷、调查和询问当事人，对没有提出新的事实、证据或者理由，人民法院认为不需要开庭审理的，可以不开庭审理。

第二审人民法院审理上诉案件，可以在本院进行，也可以到案件发生地或者原审人民法院所在地进行。

条文对照

2017 年《民事诉讼法》	2021 年《民事诉讼法》
第一百六十九条　第二审人民法院对上诉案件，应当~~组成合议庭，~~开庭审理。经过阅卷、调查和询问当事人，对没有提出新的事实、证据或者理由，合议庭认为不需要开庭审理的，可以不开庭审理。 第二审人民法院审理上诉案件，可以在本院进行，也可以到案件发生地或者原审人民法院所在地进行。	**第一百七十六条**　第二审人民法院对上诉案件**应当开庭审理**。经过阅卷、调查和询问当事人，对没有提出新的事实、证据或者理由，**人民法院**认为不需要开庭审理的，可以不开庭审理。 第二审人民法院审理上诉案件，可以在本院进行，也可以到案件发生地或者原审人民法院所在地进行。

重点解读

本条是关于二审审判组织、审理方式和审理地点选择的规定。

本条系 2021 年《民事诉讼法》修改的条款，本条修改主要是与新修正的本法第41条第2款相对应。亦即,该条增加了二审中适用独任制审理的规定,即“中级人民法院对第一审适用简易程序审结或者不服裁定提起上诉的第二审民事案件,事实清楚、权利义务关系明确的,经双方当事人同意,可以由审判员一人独任审理”。

本条第1款是关于二审人民法院审判组织和审理上诉案件审理方式选择的规定。2021年《民事诉讼法》修改的条款,主要对第二审人民法院审理上诉案件的审判组织进行了调整,增加了独任法官对上诉案件进行审理的规定。在二审法院受理上诉案件后,应当首先明确该案件一审适用的诉讼程序是否为简易程序。若为简易程序,则要对该案件的具体情况进行判断分析,是否符合“事实清楚、权利义务关系明确”的要求。只有在符合该条件的前提下,二审法院才可以适用独任制对该上诉案件进行审理。亦即,并非一审程序系适用简易程序审理结案的上诉案件都可以适用独任制进行审理,还需要满足“事实清楚、权利义务关系明确”和“经双方当事人同意”的条件。除此之外,其他情形下的上诉案件,仍然适用合议庭进行审理。二审的合议庭与一审不同,二审的合议庭只能由审判员组成,不得包括陪审员。

关于二审人民法院审理上诉案件的审理方式,原则上应当开庭审理。但是,对于当事人没有提出新的事实、证据或者理由的上诉案件,经过阅卷、调查和询问当事人,合议庭或者独任审判员如果认为事实清楚,权利义务关系明确,上诉人双方提出的事实基本一致,纠纷较为清楚,不需要开庭进行审理的,法院可以不开庭审理。如果事实和权利义务关系较为复杂,上诉人双方提出的事实分歧较大,或者当事人又提出了新的事实、证据或理由的,则法院应当开庭审理。

本条第2款是关于第二审人民法院审理上诉案件审理地点的选择,可以在本院进行,也可以到案件发生地或者原审人民法院所在地进行。该款规定的适用以二审法院选择开庭审理为前提,只有在选择开庭审理时才会面临审理地点选择的问题。二审法院选择本院进行审理的,可以便于本院安排审理工作;选择案件发生地进行审理的,可以便于查明案件事实;选择原审人民法院所在地进行审理的,可以便于当事人参加诉讼。总体而言,本款规定的目的在于方便法院对案件进行审理,便于当事人参诉,便于事实的查明,提高诉讼效率,保障当事人的合法权益。

典型案例

中山市艾普电器有限公司、欧普照明股份有限公司侵害商标权纠纷案〔1〕

上诉人中山市艾普电器有限公司因与被上诉人欧普照明股份有限公司侵害商标权及不正当竞争纠纷一案,不服广东省中山市第二人民法院(2016)粤2072民初3751号民事判决,向法院提起上诉。法院于2017年1月4日立案后,依法组成合议庭,经过阅卷,询问,审查上诉意见,认为本案事实清楚,决定不开庭审理。后法院依双方申请给予了一个半月时间调解,但双方调解未果。本案现已审理终结。法院认为,注册商标权人非在核定使用商品范围内使用注册商标,构成商标侵权。域名持有人注册域名系对他人字号和驰名商标主要部分的复制或音译,对域名的使用不享有权益,并具有一定的恶意,足以造成公众的误认,构成不正当竞争。

实用小贴士

《民诉法解释》第333条明确规定了不开庭审理的几种案件类型:其一,不服不予受理、管辖权异议和驳回起诉裁定的。其二,当事人提出的上诉请求明显不能成立的。这主要是指当事人的上诉请求明显与案件的事实认定和法律适用没有关系的情形。其三,原判决、裁定认定事实清楚,但适用法律错误的。在诉讼进程中,适用法律是专属于法官的职责。既然对于事实认定不存在问题,仅认为适用法律错

〔1〕 参见广东省中山市中级人民法院(2017)粤20民终38号案例。

误，那么仅需要法官发挥自身作用进行纠正，故而此类案件可以不开庭审理。其四，原判决严重违反法定程序，需要发回重审的。此类案件主要是法律无法进行补救，直接改判难免损害当事人的程序权益，因此通过不开庭审理的方式直接发回重审。由上述规定可以推知，人民法院不开庭审理的案件需要满足二审审理所依据的事实清楚且不开庭审理不会妨碍当事人依法行使诉权的条件。因此，二审法院审理上诉案件的审判组织不能在没有进行必要的调查和询问工作之前就决定不开庭审理，审判组织只有在完成了这些必备工作之后，才能够对于案件是否属于不开庭审理的情形作出判断。

第一百七十七条　【上诉案件的处理】第二审人民法院对上诉案件，经过审理，按照下列情形，分别处理：

（一）原判决、裁定认定事实清楚，适用法律正确的，以判决、裁定方式驳回上诉，维持原判决、裁定；

（二）原判决、裁定认定事实错误或者适用法律错误的，以判决、裁定方式依法改判、撤销或者变更；

（三）原判决认定基本事实不清的，裁定撤销原判决，发回原审人民法院重审，或者查清事实后改判；

（四）原判决遗漏当事人或者违法缺席判决等严重违反法定程序的，裁定撤销原判决，发回原审人民法院重审。

原审人民法院对发回重审的案件作出判决后，当事人提起上诉的，第二审人民法院不得再次发回重审。

重点解读

本条是关于上诉案件如何处理的规定。

本条第1款规定，第二审人民法院对上诉案件根据不同情况应该作出不同的处理：

第一，原判决、裁定认定事实清楚，适用法律正确的，以判决、裁定方式驳回上诉,维持原判决、裁定。在驳回上诉的方式选择上,应当与针对对象保持一致,即针对判决提起上诉的,以判决方式驳回上诉;针对裁定提起上诉的,以裁定方式驳回上诉。驳回上诉,以原判决、裁定认定事实清楚、适用法律正确为条件,事实认定和法律适用两方面同时保持适当的情形下方可驳回上诉。

第二,原判决、裁定认定事实错误或者适用法律错误的,以判决、裁定方式依法改判、撤销或者变更。本项规定所针对的情形包括以下三类:认定事实错误;适用法律错误;认定事实和适用法律都存在错误。对于这三类情形的处理,法院的应对方式较为灵活,针对判决,可以在直接改判和撤销原判发回重审之间进行选择;针对裁定,可以在变更原裁定和撤销原裁定之间进行选择。

第三,原判决认定基本事实不清的,裁定撤销原判决,发回原审人民法院重审,或者查清事实后改判。本项所指的基本事实是指《民诉法解释》第335条规定的“用以确定当事人主体资格、案件性质、民事权利义务等对原判决、裁定的结果有实质性影响的事实”。基本事实不清,是指法院对于该事实具体情况为何并不清楚,无法对该事实作出认定。对于本项规定第一审法院认定基本事实不清的情形下,第二审人民法院如何在“发回原审人民法院重审”和“查清事实后改判”之间作出选择呢?从诉讼经济的原则出发,如果第二审人民法院较为容易地查清案件事实,此时第二审人民法院查清事实并依法改判所消耗的诉讼成本小于发回重审所消耗的诉讼成本,则宜选择在查清事实后直接改判;如果第二审人民法院查清基本事实较为困难,此时第二审人民法院查清事实并依法改判所消耗的诉讼成本大于发回重审所消耗的诉讼成本,则适宜选择通过发回重审的方式进行处理。

第四,原判决遗漏当事人或者违法缺席判决等严重违反法定程序的,裁定撤销原判决,发回原审人民法院重审。原判决严重违反法定程序的,第二审人民法院只能选择通过发回重审的方式处理。这是因为严重违反法定程序给当事人造成了损害,通过发回重审的方式重新进行一遍诉讼的程序可以弥补当事人受损的程序利益；而如果选择直接改判的方式，法律无法补救当事人遭受减损的程序利益。对于如何予以界定本项规定中的严重违反法定程序，《民诉法解释》第325条作出了明确规定，具体包括以下四种情形：审判组织的组成不合法的；应当回避的审判人员未回避的；无诉讼行为能力人未经法定代理人代为诉讼的；违法剥夺当事人辩论权利的。

本条第2款是对于二审人民法院发回重审次数限制的规定。由于发回重审的案件，第一审人民法院仍然按照一审程序对其进行审理，作出的判决和裁定仍然属于一审判决和裁定，可以再次提起上诉。本款规定将二审法院发回重审的次数限定为一次，即对于发回重审后再次上诉的同一案件，二审法院不得再次发回重审。

典型案例

甘肃居立门业有限责任公司与庆阳市太一热力有限公司、李昕军公司盈余分配纠纷案[1]

法院经审理，对一审法院查明的事实予以确认。法院认为，根据双方当事人的上诉请求和答辩意见，本案的争议焦点是：一、太一热力公司是否应向居立门业公司进行盈余分配；二、如何确定居立门业公司应分得的盈余数额；三、太一热力公司是否应向居立门业公司支付盈余分配款的利息；四、李昕军是否应对太一热力公司的盈余分配给付不能承担赔偿责任。根据本案审理查明的事实和相关法律规定，分析评判后，认为太一热力公司、李昕军的上诉请求部分成立。法院依照《民事诉讼法》第170条第1款第2项之规定，判决如下：一、撤销甘肃省高级人民法院(2013)甘民二初字第8号民

[1] 参见最高人民法院(2016)最高法民终528号案例。

事判决；二、庆阳市太一热力有限公司于本判决生效后10日内给付甘肃居立门业有限责任公司盈余分配款16313436.72元；三、庆阳市太一热力有限公司到期不能履行上述给付义务，由李昕军承担赔偿责任；四、驳回甘肃居立门业有限责任公司的其他诉讼请求。

实用小贴士

对于本条第1款第4项规定“原判决遗漏当事人或者违法缺席判决等严重违反法定程序”中的“严重违反法定程序”的理解，首先，当然包含本项规定中明确指出的两种类型——“原判决遗漏当事人”和“违法缺席判决”。其次，《民诉法解释》第325条对此进行了封闭式的细化规定，列举出以下四类情形，即“（一）审判组织的组成不合法的；（二）应当回避的审判人员未回避的；（三）无诉讼行为能力人未经法定代理人代为诉讼的；（四）违法剥夺当事人辩论权利的”。需要注意的是，本条第1款第4项规定在表述上系模糊性规定，而司法解释中的规定系对本条模糊性规定的细化而非补充，且在司法解释中并不存在所谓兜底性条款的内容。因此，对于严重违反法定程序的认定系封闭式的，即只有在符合上述六种情形的前提下，才可以发回重审，不允许法院在判断是否严重违反法定程序时进行自由裁量。

第一百七十八条 【裁定上诉处理】第二审人民法院对不服第一审人民法院裁定的上诉案件的处理，一律使用裁定。

第一百七十九条 【二审调解】第二审人民法院审理上诉案件，可以进行调解。调解达成协议，应当制作调解书，由审判人员、书记员署名，加盖人民法院印章。调解书送达后，原审人民法院的判决即视为撤销。

第一百八十条 【撤回上诉】第二审人民法院判决宣告前，上诉人申请撤回上诉的，是否准许，由第二审人民法院裁定。

第一百八十一条 【二审适用程序】第二审人民法院审理上诉案件，除依照本章规定外，适用第一审普通程序。

第一百八十二条 【二审裁判效力】第二审人民法院的判决、

裁定，是终审的判决、裁定。

第一百八十三条 【二审审限】人民法院审理对判决的上诉案件，应当在第二审立案之日起三个月内审结。有特殊情况需要延长的，由本院院长批准。

人民法院审理对裁定的上诉案件，应当在第二审立案之日起三十日内作出终审裁定。

第十五章　特 别 程 序

第一节　一 般 规 定

第一百八十四条　【适用范围】人民法院审理选民资格案件、宣告失踪或者宣告死亡案件、认定公民无民事行为能力或者限制民事行为能力案件、认定财产无主案件、确认调解协议案件和实现担保物权案件，适用本章规定。本章没有规定的，适用本法和其他法律的有关规定。

第一百八十五条　【审级及审判组织】依照本章程序审理的案件，实行一审终审。选民资格案件或者重大、疑难的案件，由审判员组成合议庭审理；其他案件由审判员一人独任审理。

第一百八十六条　【特别程序转化】人民法院在依照本章程序审理案件的过程中，发现本案属于民事权益争议的，应当裁定终结特别程序，并告知利害关系人可以另行起诉。

第一百八十七条　【审限】人民法院适用特别程序审理的案件，应当在立案之日起三十日内或者公告期满后三十日内审结。有特殊情况需要延长的，由本院院长批准。但审理选民资格的案件除外。

第二节　选民资格案件

第一百八十八条　【起诉与受理】公民不服选举委员会对选民资格的申诉所作的处理决定，可以在选举日的五日以前向选区所在地基层人民法院起诉。

第一百八十九条　【审限与判决】人民法院受理选民资格案件后，必须在选举日前审结。

审理时，起诉人、选举委员会的代表和有关公民必须参加。

人民法院的判决书，应当在选举日前送达选举委员会和起诉人，并通知有关公民。

第三节　宣告失踪、宣告死亡案件

第一百九十条　【宣告失踪】公民下落不明满二年，利害关系人申请宣告其失踪的，向下落不明人住所地基层人民法院提出。

申请书应当写明失踪的事实、时间和请求，并附有公安机关或者其他有关机关关于该公民下落不明的书面证明。

第一百九十一条　【宣告公民死亡的条件及案件的审理程序】公民下落不明满四年，或者因意外事件下落不明满二年，或者因意外事件下落不明，经有关机关证明该公民不可能生存，利害关系人申请宣告其死亡的，向下落不明人住所地基层人民法院提出。

申请书应当写明下落不明的事实、时间和请求，并附有公安机关或者其他有关机关关于该公民下落不明的书面证明。

条文对照

2017 年《民事诉讼法》	2021 年《民事诉讼法》
第一百八十四条　公民下落不明满四年，或者因意外事故下落不明满二年，或者因意外事故下落不明，经有关机关证明该公民不可能生存，利害关系人申请宣告其死亡的，向下落不明人住所地基层人民法院提出。 申请书应当写明下落不明的事实、时间和请求，并附有公安机关或者其他有关机关关于该公民下落不明的书面证明。	**第一百九十一条**　公民下落不明满四年，或者因**意外事件**下落不明满二年，或者因**意外事件**下落不明，经有关机关证明该公民不可能生存，利害关系人申请宣告其死亡的，向下落不明人住所地基层人民法院提出。 申请书应当写明下落不明的事实、时间和请求，并附有公安机关或者其他有关机关关于该公民下落不明的书面证明。

重点解读

本条是关于宣告公民死亡申请的提出条件以及相关主体向人民法院申请宣告死亡时应提交的材料的要求的规定。

本条是在《民法典》出台后根据《民法典》的相关内容进行的配套性调整。意外事件，一般定义为较为重大的、会对一定人群产生一定影响的、意料之外的事情；而“意外事故”一词则有着更浓厚的情感色彩，具体指人（个人或集体）在为实现某种意图而进行的活动过程中突然发生的，违反人意志的，造成死亡、疾病、伤害、损坏或者其他损失的意外情况，通常认为意外事故含有迫使活动暂时或者永久停止的意思。将“意外事故”改为“意外事件”，在语义层面拓宽了本条涵盖的范围，将一些之前对“意外事故”作扩大理解的案件正式纳入适用范围，同时也减少了在事实认定上的主观色彩，使本条在适用上更加严谨、完善。

宣告死亡对于公民的民事权利能力以及与其有关的众多人身财产民事法律关系有着重要的影响。虽然我国有宣告失踪程序存在，但是公民失踪宣告中的财产代管制度仅仅是一种临时性的安排,是一种为了该公民的利益进行的有限度的管理,仍有大量的民事法律关系处于不确定状态。这种不确定状态过于长久地存在,可能会给与下落不明人有关的人带来不利的影响,从更广阔的角度来说,也不利于经济的发展与生活秩序的稳定。自然人被宣告死亡与自然死亡在法律上有大致相同的效力,都将发生丧失民事主体资格、发生遗产继承、婚姻关系自然解除等效果。但是如果该自然人实际上并未死亡,其在被宣告死亡期间实施的民事法律行为的效力不受死亡宣告的影响,其民事权利能力只能于自然死亡时终止。

因此,相比宣告失踪,宣告死亡的程序适用有着更加严格的条件。申请宣告公民失踪需要该公民下落不明满两年,申请宣告公民死亡需要该公民下落不明满4年。在出现意外事件的情况下,由于该下落不明的公民存活的可能性降低,因此申请条件缩短为两年。如果是因为意外事件下落不明且经有关机关证明不可能存活的,则没有必要再要求两年的下落不明的时间,可直接申请宣告死亡。

宣告申请应当向下落不明的人住所地的基层人民法院提出,申请必须载明公民下落不明的事实以及时间等必要信息,并附有公安机关或者其他机关出具的下落不明的证明。人民法院接受申请人的宣告失踪或者死亡的书面申请以及有关证明之后,认为不符合条件的,应当裁定驳回申请;认为符合法定条件的,应当受理案件。利害关系人包括宣告失踪人的配偶、父母、子女、兄弟姐妹、祖父母、外祖父母、孙子女、外孙子女以及其他与被申请人有民事权利义务关系的人,申请人的范围较为宽泛。如果有多个符合法律规定的利害关系人申请宣告失踪或者死亡的,为共同申请人。

宣告失踪与宣告死亡是两个存在一定联系但相对独立的程序。人民法院宣告死亡不必先经过宣告失踪的程序,只要满足条件,利害关系人可以直接申请宣告死亡。有的利害关系人申请宣告失踪,有的申请宣告死亡的,若该公民满足宣告死亡条件,人民法院应当宣告其死亡。在人民法院宣告失踪后，利害关系人向人民法院申请宣告该失踪人死亡的，宣告失踪的判决即可作为该公民失踪的证明。自失踪之日起年满4年的，人民法院应当受理，但仍应当按照本法规定重新进行公告。

典型案例

左秀芬申请宣告公民死亡案〔1〕

下落不明人张占平于2016年10月14日接其孙子放学途中走失，杳无音信，至今已5年之久，申请人左秀芬系被申请人张占平配偶，有权申请宣告张占平死亡。法院受理后，依法发出了公告，在法定期间内仍无人与法院联系，故应确认宣告张占平死亡的事实。

实用小贴士

在人民法院受理案件后作出判决之前，如果申请人撤回申请的，由于特别程序不涉及权利义务争议处理，人民法院不必对该撤回申请进行正当性、合法性等审查，应直接裁定终结案件，但是共同申请人不同意或者有其他利害关系人加入并要求继续审理的除外。

第一百九十二条　【宣告失踪、宣告死亡案件的审理程序】人民法院受理宣告失踪、宣告死亡案件后，应当发出寻找下落不明人的公告。宣告失踪的公告期间为三个月，宣告死亡的公告期间为一年。因意外事件下落不明，经有关机关证明该公民不可能生存的，宣告死亡的公告期间为三个月。

〔1〕参见河北省承德市双桥区人民法院（2020）冀0802民特18号案例。

公告期间届满，人民法院应当根据被宣告失踪、宣告死亡的事实是否得到确认，作出宣告失踪、宣告死亡的判决或者驳回申请的判决。

条文对照

2017 年《民事诉讼法》	2021 年《民事诉讼法》
第一百八十五条 人民法院受理宣告失踪、宣告死亡案件后，应当发出寻找下落不明人的公告。宣告失踪的公告期间为三个月，宣告死亡的公告期间为一年。因意外事故下落不明，经有关机关证明该公民不可能生存的，宣告死亡的公告期间为三个月。 公告期间届满，人民法院应当根据被宣告失踪、宣告死亡的事实是否得到确认，作出宣告失踪、宣告死亡的判决或者驳回申请的判决。	**第一百九十二条** 人民法院受理宣告失踪、宣告死亡案件后，应当发出寻找下落不明人的公告。宣告失踪的公告期间为三个月，宣告死亡的公告期间为一年。因**意外事件**下落不明，经有关机关证明该公民不可能生存的，宣告死亡的公告期间为三个月。 公告期间届满，人民法院应当根据被宣告失踪、宣告死亡的事实是否得到确认，作出宣告失踪、宣告死亡的判决或者驳回申请的判决。

重点解读

本条是关于人民法院受理宣告失踪、宣告死亡案件之后发出公告寻找相关下落不明人员的规定。

本条是在《民法典》出台后根据《民法典》的相关内容进行的配套性调整。将“意外事故”改为“意外事件”，在语义层面拓宽了本条涵盖的范围，使本条在适用上更加严谨、完善。

人民法院受理申请宣告失踪或者宣告死亡的案件后，应当发出寻找下落不明的人的公告。公告应当在人民法院的公告栏内粘贴，并且在适当的报纸或者刊物上刊登。公告应当载明下落不明的人的姓名、性别、年龄、职业、相貌特征;该公民失去音信的最后时间;公告期间以及知情者向受申请法院陈述该公民的下落和信息的渠道或者方法,以便于对该公民进行寻找以及相关信息的收集确定。宣告失踪的公告期为3个月,宣告死亡的公告期为1年;因为意外事件下落不明的,经过有关机关证明不能生存的,宣告死亡的公告期为3个月。

公告期满,该公民仍下落不明,人民法院应当认定失踪事实,并且依法作出宣告失踪或者宣告死亡的判决,作出死亡宣告判决的时间即为其死亡时间。如果公民是因为意外事件下落不明,则意外事件发生的时间即为该公民死亡的时间。如果在公告期间,失踪的公民出现或者已经确认其下落,人民法院应当作出驳回申请的判决。宣告公民失踪或者宣告公民死亡的判决,都是一审终审不得上诉。人民法院作出判决,判决书除了应当送达申请的利害关系人之外,还应当在人民法院所在地以及被宣告死亡人的住所地进行公告。

若该被宣告失踪或者宣告死亡的公民重新出现,经本人或者利害关系人申请,人民法院应当作出新裁判,撤销原判决。死亡宣告撤销,婚姻关系自动恢复,但是配偶已经再婚或者向民政局书面声明不愿恢复的除外。其子女被合法收养的,即使死亡宣告被撤销,收养关系也不因为未经过该被宣告死亡的人的同意而无效。依照继承获得被宣告死亡的人的财产的,应当返还;不能返还的,应当给予适当补偿。如果利害关系人明知该公民的真实情况并隐瞒,导致该公民被宣告死亡从而取得其财产的,还应对财产损失承担赔偿责任。值得注意的是,该返还责任是有限制的,如当第三人通过正当交易从继承人手中购得“遗产”,该公民无权要求第三人返还,但是可以要求继承人给予补偿。

公民被依法宣告失踪之后,由财产代管人代为行使其财产管理方面的权利义务,财产代管人从配偶、成年子女、父母或者其他愿意担任代管人的人中产生。财产代管人的权限包括除了保存与改良行为外,还包括必要的经营以及处分行为。代管人对失踪人的财产管理应当尽到与管理自己的财产一样的善良管理人的注意义务，因故意或重大过失造成失踪人财产损失的，应承担赔偿责任。如果代管人不能良好地行使代管行为，失踪人的利害关系人可以向法院申请变更财产代管人。

典型案例

黄健申请宣告公民失踪案[1]

自然人下落不明满2年的，利害关系人可以向下落不明人住所地基层人民法院申请宣告该自然人为失踪人。李幸运自2015年中秋节与家人最后一次联系至今已长达6年，2016年10月11日经李幸运弟弟李实权向辖区派出所报失踪案，仍未找到李幸运。本案立案后，法院以多种公告方式寻找，也没有任何人向法院提供有关李幸运的下落情况，李幸运仍下落不明。申请人黄健作为李幸运的母亲，有权提出宣告失踪的申请。综上，本案符合法律规定的申请宣告自然人失踪的条件，对申请人黄健请求宣告李幸运失踪的申请依法予以支持。

实用小贴士

寻找下落不明人的公告应当记载下列内容：(1)被申请人应当在规定期间内向受理法院申报其具体地址及其联系方式。否则，被申请人将被宣告失踪、宣告死亡；(2)凡知悉被申请人生存现状的人，应当在公告期间内将其所知道情况向受理法院报告。

---

〔1〕 参见广西壮族自治区北流市人民法院(2021)桂0981民特49号案例。

第一百九十三条　【判决撤销】被宣告失踪、宣告死亡的公民重新出现，经本人或者利害关系人申请，人民法院应当作出新判决，撤销原判决。

第四节　认定公民无民事行为能力、限制民事行为能力案件

第一百九十四条　【申请认定公民无民事行为能力、限制民事行为能力】申请认定公民无民事行为能力或者限制民事行为能力，由利害关系人或者有关组织向该公民住所地基层人民法院提出。

申请书应当写明该公民无民事行为能力或者限制民事行为能力的事实和根据。

条文对照

2017年《民事诉讼法》	2021年《民事诉讼法》
第一百八十七条　申请认定公民无民事行为能力或者限制民事行为能力，由其近亲属或者其他利害关系人向该公民住所地基层人民法院提出。 申请书应当写明该公民无民事行为能力或者限制民事行为能力的事实和根据。	**第一百九十四条**　申请认定公民无民事行为能力或者限制民事行为能力，由**利害关系人或者有关组织**向该公民住所地基层人民法院提出。 申请书应当写明该公民无民事行为能力或者限制民事行为能力的事实和根据。

重点解读

本条是关于认定公民无民事行为能力或限制民事行为能力的申请人范围以及申请人向法院提交的申请书应包含的内容的规定。

本条的修改，是在《民法典》出台后根据其相关内容进行的配套性调整。将申请主体由被申请人的近亲属或其他利害关系人变更为利害关系人或者有关组织，实际上扩大了申请人的范围，而原规定中的近亲属可纳入利害关系人的范围内。在原先规定的基础上，2021 年《民事诉讼法》赋予有关组织申请认定公民无民事行为能力或者限制民事行为能力的主体资格。根据《民法典》的规定，此处的有关组织包括居民委员会、村民委员会、学校、医疗机构、妇女联合会、残疾人联合会、依法设立的老年人组织、民政部门等。这些组织本身多从事弱势群体帮扶保护或者基层治理工作，在 2021 年《民事诉讼法》修改前就已经或多或少参与到无民事行为能力或者限制民事行为能力人相关的工作中。2021 年《民事诉讼法》将其纳入申请主体的范围，是对无民事行为能力或者限制民事行为能力人合法权益保护的进一步强化。

根据《民法典》的规定，我国民事行为能力分为完全民事行为能力、限制民事行为能力以及无民事行为能力三个层次。其中，完全民事行为能力人可以独立实施民事法律行为；限制民事行为能力人只能独立实施与其年龄、智力相适应的民事法律行为以及纯获利益的民事法律行为，不属于其可以独立实施范围的民事法律行为效力待定，经过其法定代理人同意或者追认有效；无民事行为能力人实施的民事法律行为无效，由其监护人代理实施民事法律行为。

在我国，年满 18 周岁的人以及年满 16 周岁并以自己的劳动收入为主要生活来源的人为完全民事行为能力人，可以独立实施民事法律行为。未满 18 周岁的人为未成年人，其中 8 周岁以上的未成年人为限制民事行为能力人，8 周岁以下的为无民事行为能力人。但是，由于人年龄增长、疾病或者意外等各种各样的原因，自然人可能出现与上述年龄划分不相符的不能辨认自己的行为或者不能完全辨认自己的行为的情况。为了保护当事人及其有民事权利义务关系的利害关系人的合法权益,维护民事活动的正常秩序,法律规定了认定公民为无民事行为能力、限制民事行为能力的特别程序,个案评定当事人丧失其民事行为能力的情况,作出判决。

由于作为被申请人的公民存在具有一定精神障碍的可能,而公民的民事行为能力认定对公民的日常生活至关重要,为充分维护其权益,人民法院审理此类案件时,应当先为该公民确定代理人。代理人为除申请人之外的该公民的近亲属,近亲属相互推诿不愿意担任代理人时,由人民法院在其中指定。被申请人无近亲属的,可以指定其他亲属为代理人。如果被申请人没有亲属,则可以指定与被申请人关系密切的朋友,但是该关系密切的朋友必须经过被申请人所在的单位或者住所地的居民委员会、村民委员会同意。如果没有符合上述要求的人选,则由被申请人所在单位或者居民委员会、村委会或者民政部门担任代理人。

此处的代理人并非当然成为该公民的监护人。在设立中,如果该公民的健康状况允许的,法庭应当询问其本人意见。如果被申请人不能到庭,则应就地询问本人,告知其申请书的内容,也通过与其本人的接触,了解其精神状况。必要时,应当对该公民进行行为能力鉴定,如果申请人自己提供鉴定意见的,应当对该鉴定意见进行审查。人民法院对鉴定意见的审查包括形式上的审查以及实质的审查两个层面,鉴定意见应当具备作为民事证据的全部条件,人民法院对该鉴定意见有疑问的,可以指定鉴定单位重新鉴定。

如果人民法院认为该公民精神正常,难以被认定为无民事行为能力或限制民事行为能力,申请人的申请没有依据,则应当判决驳回申请。如果经过审理,人民法院认为该公民不能辨认或者不能完全辨认自己的行为,精神不正常,则应当支持申请人的申请,判决认定该公民为限制民事行为能力人或无民事行为能力人。

典型案例

王某甲、王某乙申请宣告王某无民事行为能力案[1]

特别程序案件中的当事人不享有提出管辖权异议的权利。人民法院受理特别程序案件后，被申请人向法院提出管辖权异议的，人民法院应当告知当事人对其提出的异议不予审查。但人民法院应依职权对管辖权进行审查，如经审查发现受理的特别程序案件确实不属于该院管辖的，应当将案件移送有管辖权的人民法院。

实用小贴士

代理人的指定有顺位要求，只有在无前一顺位的人可以担任代理人时，才考虑指定后一顺位人选；另外，代理人的人数限制为两人。被申请人是否真正丧失或者部分丧失民事行为能力，人民法院应当综合各方面信息对其状态进行判断，尤其是司法精神病学鉴定或者医院的诊断，因为年龄增大而导致的身体机能的衰退并不一定意味着民事行为能力的丧失。部分仅以年纪大、行动不便、记忆力衰退等理由提出的申请经常面临被驳回的局面。

第一百九十五条　【医学鉴定】人民法院受理申请后，必要时应当对被请求认定为无民事行为能力或者限制民事行为能力的公民进行鉴定。申请人已提供鉴定意见的，应当对鉴定意见进行审查。

第一百九十六条　【代理人、审理与判决】人民法院审理认定公民无民事行为能力或者限制民事行为能力的案件，应当由该公

[1] 参见北京市第一中级人民法院(2014)一中民终字第2350号案例。

民的近亲属为代理人，但申请人除外。近亲属互相推诿的，由人民法院指定其中一人为代理人。该公民健康情况许可的，还应当询问本人的意见。

人民法院经审理认定申请有事实根据的，判决该公民为无民事行为能力或者限制民事行为能力人；认定申请没有事实根据的，应当判决予以驳回。

第一百九十七条 【撤销认定公民无民事行为能力或者限制民事行为能力的判决】人民法院根据被认定为无民事行为能力人、限制民事行为能力人本人、利害关系人或者有关组织的申请，证实该公民无民事行为能力或者限制民事行为能力的原因已经消除的，应当作出新判决，撤销原判决。

条文对照

2017 年《民事诉讼法》	2021 年《民事诉讼法》
第一百九十条 人民法院根据被认定为无民事行为能力人、限制民事行为能力人或者他的监护人的申请，证实该公民无民事行为能力或者限制民事行为能力的原因已经消除的，应当作出新判决，撤销原判决。	**第一百九十七条** 人民法院根据被认定为无民事行为能力人、限制民事行为能力人**本人、利害关系人或者有关组织**的申请，证实该公民无民事行为能力或者限制民事行为能力的原因已经消除的，应当作出新判决，撤销原判决。

重点解读

本条是关于原本被认定为无民事行为能力或者限制民事行为能力的公民恢复其民事行为能力后的处理程序的规定。

本条的修改，是《民法典》出台后根据其相关内容进行的配套性调整。与本法第194条申请认定公民无民事行为能力或者限制民事行为能力的申请主体的范围扩张相同，在导致公民无民事行为能力或者限制民事行为能力的原因消除后，在强调该公民本人可以申请的同时，也相应增加了利害关系人、有关组织的申请权。此处的有关组织包括居民委员会、村民委员会、学校、医疗机构、妇女联合会、残疾人联合会、依法设立的老年人组织、民政部门等，其中民政部门为兜底规定。在其他申请主体由于种种原因无法申请时，民政部门应当向法院申请。原规定中的无民事行为能力人、限制民事行为能力人的监护人则纳入利害关系人的范畴中。

公民被宣告为无民事行为能力人或者限制民事行为能力人后，应当为其确认监护人。监护人代理被监护人实施民事法律行为，保护被监护人的人身财产权利等合法权益。监护人应当具备监护能力，按照顺位从该无民事行为能力人或者限制民事行为能力人的配偶、父母子女、其他近亲属、经过监护人所在地的居民委员会或村民委员会同意的其他愿意担任监护人的个人或组织中指定。除此之外，监护人的指定方式还包括被监护人父母担任监护人时的遗嘱指定监护以及有监护资格的人之间的协议确定监护。具有完全民事行为能力的成年人也可以与其近亲属或者愿意担任其监护人的个人或组织协商，以书面形式确定在其丧失或者部分丧失民事行为能力之后的监护人。民政部门或者具备履行监护职责条件的居民委员会或者村民委员会是没有符合条件的监护人时的兜底性选择，属于公职监护人，并且在由于特殊情况导致监护人无法履行职责时提供必要的临时照料措施。

监护人指定后不得擅自变更，擅自变更也不影响该被指定的人的监护责任。监护人有争议的，可由被监护人住所地的村民委员会或者居民委员会指定，有关当事人不服的可以向人民法院申请指定，也可以不经过村民委员会或居民委员会的指定而直接向人民法院申请。监护人的指定应当尊重被监护人的真实意愿，并按照最大限度保护被监护人利益的原则进行。监护人不履行监护职责造成被监护人或其他第三人损失的，应对此承担责任，非为维护被监护人的利益不得处分被监护人的财产。

当造成公民无法辨认或者无法完全辨认其行为的原因消失后，如精神疾病获得治愈，法律应当重新承认该公民独自实施民事行为的能力，认定其为完全民事行为能力人。这一目的也同样通过本特别程序完成。民事行为能力认定的变动依申请启动，未经适格主体申请，即使人民法院知道该公民已经重新取得民事行为能力，也不得自行启动程序撤销原判决。由于认定公民无民事行为能力或者限制民事行为能力属于特殊程序，一审终审不得上诉，也不适用审判监督程序，因此经人民法院查证申请内容属实，该公民确实恢复了民事行为能力，应当撤销原判决，作出新判决。这在法律层面恢复了该公民的民事行为能力，同时撤销原来关于监护的安排。如果该公民丧失了原本存有的部分辨识自己行为的能力，法院应当依照申请，重新判决该公民为无民事行为能力人。判决一经宣告即发生法律效力。

典型案例

何豪恢复民事行为能力案[1]

被申请人何豪颅脑损伤经治疗和恢复，诊断精神活动、智力正常，经鉴定具有完全民事行为能力，证实该公民为限制民事行为能力的原因已经消除。申请人辜晓红申请宣告被申请人何豪恢复完全民事行为能力的请求符合法律规定，法院依法予以支持。

实用小贴士

被指定的监护人不服居民委员会、村民委员会或者民政部门指定，应当自接到通知之日起30日内向人民法院提出异议。经审理，认为指定并无不当的，裁定驳回异议；认为指定不当的，判决撤销指定，同时另行指定监护人。判决书应当送达异议

〔1〕 参见四川省崇州市人民法院(2018)川0184民特22号案例。

人、原指定单位及判决指定的监护人。有关当事人依法直接向人民法院申请指定监护人的，适用特别程序审理，判决指定监护人。判决书应当送达申请人和判决指定的监护人。

第五节　认定财产无主案件

第一百九十八条　【管辖与申请书】申请认定财产无主，由公民、法人或者其他组织向财产所在地基层人民法院提出。

申请书应当写明财产的种类、数量以及要求认定财产无主的根据。

第一百九十九条　【公告与判决】人民法院受理申请后，经审查核实，应当发出财产认领公告。公告满一年无人认领的，判决认定财产无主，收归国家或者集体所有。

第二百条　【认定财产无主判决的撤销】判决认定财产无主后，原财产所有人或者继承人出现，在民法典规定的诉讼时效期间可以对财产提出请求，人民法院审查属实后，应当作出新判决，撤销原判决。

条文对照

2017年《民事诉讼法》	2021年《民事诉讼法》
第一百九十三条　判决认定财产无主后，原财产所有人或者继承人出现，在民法通则规定的诉讼时效期间可以对财产提出请求，人民法院审查属实后，应当作出新判决，撤销原判决。	**第二百条**　判决认定财产无主后，原财产所有人或者继承人出现，在**民法典**规定的诉讼时效期间可以对财产提出请求，人民法院审查属实后，应当作出新判决，撤销原判决。

重点解读

本条是关于法院作出认定财产无主的判决后，又有人对财产提出请求的处理规定。

2021 年《民事诉讼法》并未对本条作出实质性改变。只是由于原《民法通则》被新出台的《民法典》取代，故将本条中的《民法通则》变更为《民法典》。

公民的财产权受法律保护，财产的所有权包括对财产的占有、使用、处分、收益等权利，任何组织和个人不得侵犯。但是，在某些情况下会出现财产本身与其所有权人分离并且所有权人不明的情形，为了更加充分并且有效率地使用社会资源，减少在无主财产管理上的资源消耗，预防或解决由于财产所有权人不明而导致的侵占与纠纷，需要一种能够兼顾公平与效率的程序，去实现对财产的合理处理。所谓定分止争，通过为该无主财产重新确定明确的所有人，解决由此引发的纠纷，使该财产能够重新被保护和充分利用，进而保障社会的安定，促进经济发展。

常见的认定财产无主案件的情形有：遗失物（包括漂流物或者失散的动物），无继承人的财产，所有人不明的隐藏物、埋藏物被发现，没有登记的不动产或者特殊动产长期所有权人不明，等等。归纳起来大致可以分为两类：一类是新发现了所有权不明的财产；另一类是财产的所有权明确，但是该所有权人死亡，其没有继承人或者继承人不明确。没有继承人的情形应当作广义理解，除了常见的继承人都已经死亡，还包括全体继承人都放弃继承或者继承人被剥夺继承权的情形。此外，根据《民法典》第 318 条、第 319 条的规定，遗失物经过公安机关或有关单位自发布招领公告满一年后无人认领的，可直接收归国家所有。拾得漂流物、发现埋藏物或者隐藏物的，参照适用拾得遗失物的有关规定。

无主财产认定的申请人应当提交申请书，申请书要写明财产的种类、数量以及要求认定财产无主的根据。人民法院决定受理该案件之后，应当首先进行审查核实。值得注意的是，为了便利财产所有权情况的查明以及所有权人的找寻与通知,对认定财产无主案件有管辖权的人民法院为财产所在地的人民法院,而非一般情况下的申请人或者被申请人所在地人民法院。

如果经审查发现,该财产可以确定是有主的财产,则应当驳回申请并通知所有人对该财产进行认领;如果经审查核实之后,认为确实存在财产所有人不明或者不存在的情况,则应当发出财产认领的公告以寻找财产所有人或者继承人,为财产所有人或者继承人提供认领财产的机会。公告应当载明申请人的名称、住所,财产的种类、数量、形状,公告期间以及财产所有人或继承人认领财产的途径。公告期间为 1 年。公告期内,如果有人对该财产的所有权提出申请,主张是该财产的所有权人,法院则应当作出裁定终止本认定财产无主的特别程序,并告知申请人另行起诉,此时该诉讼适用普通程序审理。公告期内有人对财产的所有权提出申请,表明此时财产的所有权情况在申请人与认领人之间存在争议,该争议在特别程序启动之后出现,而特别程序并不解决争议,民事权益纠纷只能通过一般的民事诉讼程序审理。

若公告期满,该财产仍然无人认领,人民法院应当作出认定财产无主的判决。应当注意的是,此处所指的对财物的所有权提出请求限于对财产主张所有权的情形。司法实践中存在承认该财产无主的前提之下,提出请求要求将无主的财产归为己有的情形,不属于此处所指的对财产所有权提出请求。

然而,在现实中,经过本程序被认定为无主的财产并不一定是真正的无主财产,有可能是所有权人由于种种情况不知道或者无法在公告期内向发出公告的人民法院提出申请。为了保护公民的所有权,法律允许所有权人或者继承人在法院对某财产作出认定无主的判决之后主张权利。但是,考虑到民事关系的稳定性以及效率性,本规则与诉讼时效相衔接,要求原所有权人或者继承人在诉讼时效内提出请求。亦即,若财产的原所有权人或者其继承人在该认定财产无主的判决作出后的诉讼时效期间内向法院提出请求,法院不得以公告期已过为由径行驳回,而应当对当事人的请求进行审查,审查成立的应当撤销原判决。

典型案例

北京市西城区人民政府展览路街道办事处申请认定财产无主案[1]

人民法院受理认定财产无主申请后，经审查核实，发出财产认领公告满一年无人认领的，判决认定财产无主，收归国家或集体所有。据此，依照《民事诉讼法》第192条之规定，判决如下：于兰君名下账号为×××的北京银行定期储蓄存单、账号为×××的北京银行定期储蓄存单、账号为×××的北京银行定期储蓄存单、账号为×××的北京银行存折、账号为×××的北京银行存折、账号为×××的北京银行存折、账号为×××的北京银行存折内的全部款项以及现金7984.13元为无主财产，收归申请人北京市西城区人民政府展览路街道办事处所有。本判决为终审判决。

实用小贴士

根据不同情况，无主财产可能收归国家所有，也可能收归集体所有。公告期间可由人民法院指定专人对财产进行管理，如果该财产被他人占有，则应当自判决之日交归国家或者集体。收归集体所有的财产为集体组织成员死亡后无人继承的财产。收归国有的财产，可由国家授权的机关或者单位进行使用或经营管理。收归国有之后财产真正权利人出现的，有关单位和机关应当返还财物。若该财物有消耗或者折旧，应当给予权利人适当补偿。若该财物已经灭失，则应当按照财物的实际价值进行折价。

[1] 参见北京市西城区人民法院（2020）京0102民特347号案例。

第六节　确认调解协议案件

第二百零一条　【申请司法确认调解协议】经依法设立的调解组织调解达成调解协议，申请司法确认的，由双方当事人自调解协议生效之日起三十日内，共同向下列人民法院提出：

（一）人民法院邀请调解组织开展先行调解的，向作出邀请的人民法院提出；

（二）调解组织自行开展调解的，向当事人住所地、标的物所在地、调解组织所在地的基层人民法院提出；调解协议所涉纠纷应当由中级人民法院管辖的，向相应的中级人民法院提出。

条文对照

2017 年《民事诉讼法》	2021 年《民事诉讼法》
第一百九十四条　申请司法确认调解协议，由双方当事人依照人民调解法等法律，自调解协议生效之日起三十日内，共同向调解组织所在地基层人民法院提出。	**第二百零一条**　经依法设立的调解组织调解达成调解协议，申请司法确认的，由双方当事人自调解协议生效之日起三十日内，共同向下列人民法院提出： **（一）人民法院邀请调解组织开展先行调解的，向作出邀请的人民法院提出；** **（二）调解组织自行开展调解的，向当事人住所地、标的物所在地、调解组织所在地的基层人民法院提出；调解协议所涉纠纷应当由中级人民法院管辖的，向相应的中级人民法院提出。**

重点解读

本条是关于确认调解协议申请程序的规定。

2021 年《民事诉讼法》对确认调解协议案件的管辖法院进行了变更。按照 2017 年《民事诉讼法》的规定，申请司法确认调解协议，当事人向调解组织所在地基层人民法院提出。依据 2021 年《民事诉讼法》规定，人民法院邀请调解组织开展先行调解的，向作出邀请的人民法院提出；调解组织自行开展调解的，向当事人住所地、标的物所在地、调解组织所在地的基层人民法院提出；调解协议所涉纠纷应当由中级人民法院管辖的，向相应的中级人民法院提出。

调解协议的司法确认程序是依据双方当事人的申请，对当事人在诉讼程序之外达成的民事调解协议进行自愿性、合法性审查，对符合法律规定的协议予以确认的制度。在性质上，调解协议的司法确认程序属于非讼程序。法院在对调解协议进行审查确认的过程中，原则上应当遵循非讼原理，在管辖以及审查方式等方面都有其独特性。

人民调解以及司法确认制度脱胎于"枫桥经验"，是具有中国特色的社会基层治理以及人民内部矛盾解决方式，于我国的历史传统以及具体国情有重要意义。但随着社会的发展以及改革开放的逐步加深，人们的思想观念以及经济格局发生了巨大变化，非诉调解逐渐呈现出"合意易、执行难"的问题。如何使调解协议最终能够落到实处，成为非诉调解制度进一步发展要解决的问题。经过多年的尝试与总结，2009 年最高人民法院出台《关于建立健全诉讼与非诉讼相衔接的矛盾纠纷解决机制的若干意见》，对司法确认程序进行了初步设定。随后 2010 年《人民调解法》第 33 条对司法确认制度在立法层面予以了肯定。2012 年修改《民事诉讼法》时，在第 194 条对诸如管辖等程序事项作出了更为细致的规定。2021 年《民事诉讼法》对于调解协议司法确认制度的安排，主要来自最高人民法院《繁简分流办法》中"优化司法确认程序"部分，并在其基础上结合各地试点情况等作出相应的调整。

可以申请司法确认的调解协议的范围并不限于人民调解协议，还可以包括行政机关、商事调解组织等其他有调解职能的组织调解达成的协议。在调解的主体上，《繁简分流办法》新增一类调解主体，除了原本的人民调解委员会之外，还包括特邀调解组织。在纠纷纷繁复杂、涉及领域宽泛的经济环境中，这一创新进一步挖掘和应用了我们紧密联系人民群众的历史经验，将更多或是在纠纷领域具有专业性或是具有特殊社会地位等有助于纠纷解决的调解组织纳入司法确认体系，促进案件繁简分流乃至纠纷的多元化解决的发展。在缓解法院审判业务压力的同时，也能够帮助当事人更有效率且更有保障地解决矛盾。

在管辖上，2021 年《民事诉讼法》也作出了相比 2017 年《民事诉讼法》更加细致的规定。《最高人民法院关于人民调解协议司法确认程序的若干规定》规定，当事人申请确认调解协议的，由主持调解的人民调解委员会所在地基层人民法院或者它派出的法庭管辖，不属于人民法院受理民事案件范围或不属于接受申请的人民法院管辖的，不予受理。即申请司法确认须满足两个条件，实际上对司法确认的案件范围进行了更进一步的限缩。在调解组织自行开展调解的案件中，新增设当事人住所地、标的物所在地、调解组织所在地人民法院可以管辖。这一方面更加便利当事人的申请以及法院的执行，另一方面也体现出对于非诉调解作为纠纷解决方式与诉讼解决的对应性。

此外，对比《繁简分流办法》，将"委派调解"的表述更改为"邀请调解"，更加突出了调解的非诉性质以及当事人的主体地位。应当注意的是，原本司法确认程序应当是在调解完成、调解协议生效之后的 30 日内，由双方当事人共同向法院申请司法确认，之后再由法院立案审查。"委派调解"以及实践中"一站式"司法确认制度的尝试都存在法院提前介入调解程序的趋势。事实上，拓展诉前调解是推动司法确认程序的一个重要改革方向。通过法院积极主动拓展诉前调解，可以提升司法确认程序的适用量，甚至实现诉前调解与司法确认的"一站式"无缝衔接。

典型案例

贵州省环境保护厅与息烽诚诚劳务有限公司等生态环境损害赔偿案

——生态环境损害赔偿行政磋商协议的司法确认[1]

本案是全国首例生态环境损害赔偿行政磋商案，也是首起经司法确认的生态环境损害赔偿行政磋商案。根据《生态环境损害赔偿制度改革试点方案》、《贵州省生态环境损害赔偿制度改革试点工作实施方案》（黔委厅字〔2016〕72号）规定及国务院授权，贵州省政府是本行政区域内生态环境损害赔偿权利人，省环境保护等职能部门具体负责各自职责范围内的生态环境损害赔偿工作。省环境保护厅经省试点工作领导小组同意后，作为省政府代表，与贵阳开磷化肥有限公司和息烽诚诚劳务有限公司共同委托贵州省律师协会作为第三方机构，就息烽县小寨坝镇大鹰田工业废渣造成生态环境损害进行磋商，达成赔偿协议，并据黔委厅字〔2016〕72号文件及相关法律规定共同向清镇市人民法院申请司法确认。人民法院认为符合司法确认调解协议法定条件，依法裁定该协议有效。

实用小贴士

人民法院受理调解协议司法确认申请后，经审查，符合法律规定的，裁定调解协议有效，一方当事人拒绝履行或者未全部履行的，对方当事人可以向人民法院申请执行；不符合法律规定的，裁定驳回申请，当事人可以通过调解方式变更原调解协议或者达成新的调解协议，也可以向人民法院提起诉讼。

---

〔1〕 参见贵州省清镇市人民法院(2017)黔法0181民特6号案例。

第二百零二条　【裁定与执行】人民法院受理申请后,经审查,符合法律规定的,裁定调解协议有效,一方当事人拒绝履行或者未全部履行的,对方当事人可以向人民法院申请执行;不符合法律规定的,裁定驳回申请,当事人可以通过调解方式变更原调解协议或者达成新的调解协议,也可以向人民法院提起诉讼。

第七节　实现担保物权案件

第二百零三条　【实现担保物权案件的申请】申请实现担保物权,由担保物权人以及其他有权请求实现担保物权的人依照民法典等法律,向担保财产所在地或者担保物权登记地基层人民法院提出。

条文对照

2017年《民事诉讼法》	2021年《民事诉讼法》
第一百九十六条　申请实现担保物权,由担保物权人以及其他有权请求实现担保物权的人依照物权法等法律,向担保财产所在地或者担保物权登记地基层人民法院提出。	**第二百零三条**　申请实现担保物权,由担保物权人以及其他有权请求实现担保物权的人依照**民法典**等法律,向担保财产所在地或者担保物权登记地基层人民法院提出。

重点解读

本条是关于申请实现担保物权程序的申请人、管辖法院以及实体法依据的规定。

2021 年《民事诉讼法》并未对本条作出实质性改变。只是由于《物权法》被新出台的《民法典》取代,故将本条中的《物权法》变更为《民法典》。

担保物权是为了确保债权实现,进而直接以支配特定财产的交换价值为内容的物权。在我国,担保物权可以通过向人民法院提起诉讼得以实现,但是这种实现方式程序复杂并且时间较长。此外,担保物权人也可以通过特别程序拍卖、变卖担保财产,就拍卖所得的价款直接优先受偿实现。当然,在不需要公权力介入的情况下,当事人也可以通过自己拍卖、变卖或者协议折价等方式解决。为了方便法院对当事人申请的审查以及执行措施的实施,担保物权的实现程序由担保财产所在地或者担保物权登记地的基层人民法院管辖。

本程序的申请主体包括两类:一为担保物权人,包括抵押权人、质权人以及留置权人;二为其他有权实现担保物权的人,如留置权人怠于行使权利,长期单纯地留置财产却不实现债权,此行为可能导致留置物价值下跌,债务人有权通过此程序启动留置物换价程序以避免损失,质权人实现质权的条件已经满足却怠于行使权利时同理。从适用范围来看,担保物权的实现程序可以适用于抵押权、质权、留置权,由于特别程序不产生有既判力的判决以及其本身的效率追求,不管担保物权是否登记,都可以适用本程序。

实现担保物权程序的审查一般由一名审判员独任完成,遇到重大疑难案件如担保财产的标的物超过基层人民法院管辖的情形,应当组成合议庭进行审查。与其他特别程序相同,当事人申请时应当提供法院要求的所有材料,并且对材料的真实性负责。提交的材料有疏漏的,申请人应当在法院规定的时间内补齐材料,否则按撤回申请处理。

经审查,法院认为当事人的申请符合法律规定,应当作出拍卖、变卖担保财产的裁定,该裁定可以作为执行依据,向人民法院申请强制执行。若人民法院经审查发现当事人的申请不符合实现担保物权的条件,则应当驳回其申请。特别程序一审终审,不能上诉,但是当事人可以通过另行起诉获得救济。

根据《民诉法解释》第371条的规定，人民法院应当就主合同的效力、期限、履行情况，担保物权是否有效设立、担保财产的范围、被担保的债权范围、被担保的债权是否已届清偿期等担保物权实现的条件，以及是否损害他人合法权益等内容进行审查。归纳而言，特别程序中担保物权实现的条件一般认为有三个：一是担保合同合法有效；二是担保债权履行期限届满或者约定的履行条件实现；三是债务未受清偿。此外，还应对合同是否损害第三人合法权益以及被申请人或者其他利害关系人提出的异议进行审查。

应当注意的是，由于特别程序不解决民事争议，一般情况下对申请人或其他利害关系人的异议的审查，司法实践中主要有两种做法：一是要求被申请人对其实体异议提供一定的证据，若审查发现确实存在民事争议，则驳回担保物权实现申请，并告知当事人可通过另诉解决。二是书面通知提出异议的人在限定期限内向法院提起诉讼，否则实现担保物权的程序仍继续进行。对异议的审查要坚持特别程序不解决实体纠纷的原则，对异议的审查不宜过于深入。为尽快实现担保物权，本程序对当事人的实质争议作了部分争议与全部争议的区分。若当事人对担保物权无异议且担保物权的实现条件成就，法院即应裁定准许拍卖、变卖担保财产。如果当事人对实现担保物权有部分实质争议的，可以就无争议部分实现担保物权。

典型案例

沧州银行股份有限公司桥西支行与沧州科达船务有限公司申请实现担保物权案[1]

宁波海事法院2016年6月24日作出(2016)浙72民特397号民事裁

[1] 参见宁波海事法院(2016)浙72民特397号案例。

定：对科达公司所有的“润达116”轮准予采取拍卖、变卖等方式依法变价，沧州银行对变价后所得款项在最高债权限额（本金余额2500万元及主债权利息和实现债权等费用）的范围内优先受偿。（2016）浙72民特397号民事裁定生效后，沧州银行申请执行。2016年7月12日，宁波海事法院作出（2016）浙72执1070号民事裁定，拍卖被执行人沧州科达船务有限公司所有的“润达116”轮，并发出公告，要求与该轮有关的债权人登记债权。2016年10月11日，“润达116”轮以1698万元拍卖成交。

实用小贴士

实现担保物权案件，人民法院裁定拍卖、变卖担保财产的，申请费由债务人、担保人负担；人民法院裁定驳回申请的，申请费由申请人负担。申请人另行起诉的，其已经交纳的申请费可以从案件受理费中扣除。此外，被担保的债权既有物的担保又有人的担保，当事人对实现担保物权的顺序有约定，实现担保物权的申请违反该约定的，人民法院裁定不予受理；没有约定或者约定不明的，人民法院应当受理。

第二百零四条　【裁定与执行】人民法院受理申请后，经审查，符合法律规定的，裁定拍卖、变卖担保财产，当事人依据该裁定可以向人民法院申请执行；不符合法律规定的，裁定驳回申请，当事人可以向人民法院提起诉讼。

第十六章　审判监督程序

第二百零五条　【法院依职权提起再审】各级人民法院院长对本院已经发生法律效力的判决、裁定、调解书，发现确有错误，认为需要再审的，应当提交审判委员会讨论决定。

最高人民法院对地方各级人民法院已经发生法律效力的判决、裁定、调解书，上级人民法院对下级人民法院已经发生法律效力的判决、裁定、调解书，发现确有错误的，有权提审或者指令下级人民法院再审。

第二百零六条　【当事人申请再审】当事人对已经发生法律效力的判决、裁定，认为有错误的，可以向上一级人民法院申请再审；当事人一方人数众多或者当事人双方为公民的案件，也可以向原审人民法院申请再审。当事人申请再审的，不停止判决、裁定的执行。

第二百零七条　【申请再审的条件】当事人的申请符合下列情形之一的，人民法院应当再审：

（一）有新的证据，足以推翻原判决、裁定的；

（二）原判决、裁定认定的基本事实缺乏证据证明的；

（三）原判决、裁定认定事实的主要证据是伪造的；

（四）原判决、裁定认定事实的主要证据未经质证的；

（五）对审理案件需要的主要证据，当事人因客观原因不能自行收集，书面申请人民法院调查收集，人民法院未调查收集的；

（六）原判决、裁定适用法律确有错误的；

（七）审判组织的组成不合法或者依法应当回避的审判人员没有回避的；

（八）无诉讼行为能力人未经法定代理人代为诉讼或者应当参加诉讼的当事人，因不能归责于本人或者其诉讼代理人的事由，未参加诉讼的；

（九）违反法律规定，剥夺当事人辩论权利的；

（十）未经传票传唤，缺席判决的；

（十一）原判决、裁定遗漏或者超出诉讼请求的；

（十二）据以作出原判决、裁定的法律文书被撤销或者变更的；

（十三）审判人员审理该案件时有贪污受贿，徇私舞弊，枉法裁判行为的。

第二百零八条　【对调解书申请再审】当事人对已经发生法律效力的调解书，提出证据证明调解违反自愿原则或者调解协议的内容违反法律的，可以申请再审。经人民法院审查属实的，应当再审。

第二百零九条　【离婚判决、调解不得再审】当事人对已经发生法律效力的解除婚姻关系的判决、调解书，不得申请再审。

第二百一十条　【当事人申请再审程序】当事人申请再审的，应当提交再审申请书等材料。人民法院应当自收到再审申请书之日起五日内将再审申请书副本发送对方当事人。对方当事人应当自收到再审申请书副本之日起十五日内提交书面意见；不提交书面意见的，不影响人民法院审查。人民法院可以要求申请人和对方当事人补充有关材料，询问有关事项。

第二百一十一条　【再审申请的审查与再审案件的审级】人民

法院应当自收到再审申请书之日起三个月内审查，符合本法规定的，裁定再审；不符合本法规定的，裁定驳回申请。有特殊情况需要延长的，由本院院长批准。

因当事人申请裁定再审的案件由中级人民法院以上的人民法院审理，但当事人依照本法第二百零六条的规定选择向基层人民法院申请再审的除外。最高人民法院、高级人民法院裁定再审的案件，由本院再审或者交其他人民法院再审，也可以交原审人民法院再审。

第二百一十二条 【当事人申请再审期限】当事人申请再审，应当在判决、裁定发生法律效力后六个月内提出；有本法第二百零七条第一项、第三项、第十二项、第十三项规定情形的，自知道或者应当知道之日起六个月内提出。

第二百一十三条 【再审对执行程序的效力】按照审判监督程序决定再审的案件，裁定中止原判决、裁定、调解书的执行，但追索赡养费、扶养费、抚养费、抚恤金、医疗费用、劳动报酬等案件，可以不中止执行。

条文对照

2017 年《民事诉讼法》	2021 年《民事诉讼法》
第二百零六条 按照审判监督程序决定再审的案件，裁定中止原判决、裁定、调解书的执行，但追索赡养费、扶养费、抚育费、抚恤金、医疗费用、劳动报酬等案件，可以不中止执行。	**第二百一十三条** 按照审判监督程序决定再审的案件，裁定中止原判决、裁定、调解书的执行，但追索赡养费、扶养费、**抚养费**、抚恤金、医疗费用、劳动报酬等案件，可以不中止执行。

重点解读

本条是关于审判监督程序中决定再审对原裁判执行程序的效力的相关规定。

2021年《民事诉讼法》并未对本条进行实质性修改,将“抚育费”变更为“抚养费”,是在《民法典》出台后根据其相关内容进行的配套性调整。

审判监督程序可由当事人申请、作出生效判决的法院或其上级法院以及人民检察院的检察建议或者抗诉而启动。享有再审申请权的当事人,包括原、被告双方以及第三人。当事人可以申请再审的案件类型亦有限制,对于已经发生法律效力的解除婚姻关系的判决,已经经过了再审并且维持原判的案件,当事人不能申请再审。特别程序案件有自己的救济途径,也不适用审判监督程序。本条适用于所有途径启动的再审。

对于当事人申请的再审而言,再审程序的启动构造包括申请再审与决定再审两个阶段,总体体现出“宽进严出”的特点。亦即,对于当事人的申请只进行形式要求,但是法院最终决定再审需要严格具备法定事由。这一方面体现出对案件真实的追求与对当事人权益的尊重,为对判决不服的当事人提供进一步救济的途径,倡导依法维权,促进社会的和谐与稳定;另一方面,司法的公信力与生效判决的稳定性需求都要求我们不能随意否认生效判决,否则会影响社会生活的稳定,使已经确定的法律关系再次回到波动的不确定的状态。因此,当事人申请再审的,不停止判决、裁定的执行。这一规定除了基于执行本身对于效率的要求外,更在于申请再审本身“宽进严出”的制度设计。如果执行会因当事人简单的再审申请而中止,则会出现大量的当事人为阻挠执行滥用申请再审的权利,使执行工作难以开展下去,从而损害其他当事人的正当权益,损害司法公信力。法院对再审申请的审查期为3个月,虽然执行不因当事人申请再审中止,但是一旦法院裁定再审,原则上应当裁定中止原判决、裁定的执行。法院审查之后裁定再审,意味着原审在程序上或者实体上存在法律规定的需要通过审判监督程序进行纠正的错误,继续执行原审判决、裁定或者调解书会损害再审申请人的利益,也会给将来可能的执行回转程序带来更重的负担。

但是从另一个方面来说,由于部分案件如追索赡养费、扶养费、抚养费、抚恤金等通常具有紧迫性,中止执行将会给原告方当事人的生活带来巨大的影响,甚至连基本生活都无法得到保障。基于此,考虑到决定再审仅仅是再审的启动,而案件最终也不一定会改判。对于追索劳动报酬、医疗费用、抚养费、扶养费等涉及生命健康、基本生活的案件,一旦中止执行将造成无法挽回的后果,而不中止执行更加符合以人为本、扶危济困的价值追求。况且,追索赡养费、扶养费、抚养费、抚恤金、医疗费用、劳动报酬等案件属于可以申请先予执行的案件范围。换言之,即使案件尚未作出判决,也可以申请先予执行。更何况,已经有生效判决摆在面前,更加可以继续执行。因此,权衡之下,本条规定了裁定再审后不中止执行的例外情形。此外,有的再审申请人本身在原审中就是胜诉方,由于其诉讼请求未能得到全部支持而申请再审。如果决定再审一律导致原审执行的中止,该债权人的债权实现则会面临更长久的拖延。

典型案例

陈晓梅、中国人民财产保险股份有限公司泉州市分公司等机动车交通事故责任纠纷案[1]

再审申请人陈晓梅因与被申请人中国人民财产保险股份有限公司泉州市分公司、刘金华机动车交通事故责任纠纷一案,不服福建省泉州市中级人民法院(2020)闽05民终1390号民事判决,向法院申请再审。法院依法组成合议庭进行了审查,现已审查终结。法院认为,陈晓梅的再审申请符合《民事诉讼法》第200条第6项规定的情形。依照《民事诉讼法》第

〔1〕 参见福建省高级人民法院(2021)闽民申1310号案例。

204 条、第 206 条,《民诉法解释》第 395 条第 1 款规定,裁定如下:一、本案由该院提审;二、再审期间,不中止原判决的执行。

实用小贴士

人民法院对已经发生法律效力的判决、裁定、调解书依法决定再审,依照《民事诉讼法》规定需要中止执行的,应当在再审裁定中同时写明中止原判决、裁定、调解书的执行;情况紧急的,可以将中止执行裁定口头通知负责执行的人民法院,并在通知后 10 日内发出裁定书。

第二百一十四条 【再审审理程序】人民法院按照审判监督程序再审的案件,发生法律效力的判决、裁定是由第一审法院作出的,按照第一审程序审理,所作的判决、裁定,当事人可以上诉;发生法律效力的判决、裁定是由第二审法院作出的,按照第二审程序审理,所作的判决、裁定,是发生法律效力的判决、裁定;上级人民法院按照审判监督程序提审的,按照第二审程序审理,所作的判决、裁定是发生法律效力的判决、裁定。

人民法院审理再审案件,应当另行组成合议庭。

第二百一十五条 【检察院提出抗诉或者检察建议】最高人民检察院对各级人民法院已经发生法律效力的判决、裁定,上级人民检察院对下级人民法院已经发生法律效力的判决、裁定,发现有本法第二百零七条规定情形之一的,或者发现调解书损害国家利益、社会公共利益的,应当提出抗诉。

地方各级人民检察院对同级人民法院已经发生法律效力的判决、裁定,发现有本法第二百零七条规定情形之一的,或者发现调解书损害国家利益、社会公共利益的,可以向同级人民法院提出检察建议,并报上级人民检察院备案;也可以提请上级人民检察院向同级人民法院提出抗诉。

各级人民检察院对审判监督程序以外的其他审判程序中审判人员的违法行为，有权向同级人民法院提出检察建议。

第二百一十六条 【当事人申请检察建议或者抗诉】有下列情形之一的，当事人可以向人民检察院申请检察建议或者抗诉：

（一）人民法院驳回再审申请的；

（二）人民法院逾期未对再审申请作出裁定的；

（三）再审判决、裁定有明显错误的。

人民检察院对当事人的申请应当在三个月内进行审查，作出提出或者不予提出检察建议或者抗诉的决定。当事人不得再次向人民检察院申请检察建议或者抗诉。

第二百一十七条 【检察院的调查权】人民检察院因履行法律监督职责提出检察建议或者抗诉的需要，可以向当事人或者案外人调查核实有关情况。

第二百一十八条 【抗诉案件的审理】人民检察院提出抗诉的案件，接受抗诉的人民法院应当自收到抗诉书之日起三十日内作出再审的裁定；有本法第二百零七条第一项至第五项规定情形之一的，可以交下一级人民法院再审，但经该下一级人民法院再审的除外。

第二百一十九条 【抗诉书】人民检察院决定对人民法院的判决、裁定、调解书提出抗诉的，应当制作抗诉书。

第二百二十条 【检察员出庭】人民检察院提出抗诉的案件，人民法院再审时，应当通知人民检察院派员出席法庭。

第十七章 督促程序

第二百二十一条 【支付令的申请】债权人请求债务人给付金钱、有价证券,符合下列条件的,可以向有管辖权的基层人民法院申请支付令:

(一)债权人与债务人没有其他债务纠纷的;

(二)支付令能够送达债务人的。

申请书应当写明请求给付金钱或者有价证券的数量和所根据的事实、证据。

重点解读

本条规定了申请支付令的条件。

支付令,是指在债权债务关系中,债权人向有管辖权的法院申请,由受理的法院依法作出的督促债务人承担一定给付义务的法律文书。与诉讼程序相比,在督促程序中申请支付令的优势体现在程序相对简单,而且申请费按照财产案件受理费标准的 1/3 交纳,因此成本较低。根据本条以及《民诉法解释》第 429 条的规定,申请支付令应当满足如下条件:(1)请求给付的对象为金钱或汇票、本票、支票、股票、债券、国库券、可转让的存款单等有价证券。有价证券,是指券面所表示的财产权利必须实际持有其券才得以实现的证券,如本票、汇票、支票、股票、公债、国库券、提货单、抵押单等。其他物的给付请求或者行为给付请求,不得适用督促程序。(2)债权已经到期且数额明确,并写明了请求所根据的事实、证据。尚未到期或者虽然到期,但数额不确定的债权不得适用督促程序。(3)债权人没有对等给付义务,即债权人与债务人之间没有其他债务纠纷,债务关系是单向的,如果债权人对债务人也负有给付义务则不适用督促程序。(4)债务人在我国境内且不存在下落不明的情况。(5)支付令能够送达债务人。原因在于,债务人的权利是对支付令提出书面异议,如果支付令未能送达债务人,便无法保障债务人行使对支付令的异议权。需要注意的是,如果向债务人本人送达支付令而债务人拒绝接收,人民法院可以留置送达支付令。(6)收到申请书的人民法院有管辖权。债权人应当向债务人住所地的基层人民法院提出申请,基层人民法院受理债权人依法申请支付令的案件,不受争议金额的限制。共同债务人住所地、经常居住地不在同一基层人民法院辖区,各有关人民法院都有管辖权的,债权人可以向其中任何一个基层人民法院申请支付令;债权人向两个以上有管辖权的人民法院申请支付令的,由最先立案的人民法院管辖。(7)债权人未向人民法院申请诉前保全,这是因为债权人不能同时获得诉讼程序和非讼程序的救济。

法院应当在当事人提出申请后 5 日内通知其是否受理。法院受理申请后,经审查债权人提供的事实、证据,对债权债务关系明确、合法的,应当在受理之日起 15 日内向债务人发出支付令;申请不成立的,裁定驳回申请,该裁定不得上诉。基于督促程序的非讼特点,人民法院发出支付令仅对债权人提交的证据进行形式上的审查,即人民法院只根据债权人提供的书面材料进行审查,而不经过债务人的答辩,并且法院不对支付令申请进行实质性的开庭调查与审理。

对人民法院发布的支付令,债务人自收到支付令之日起 15 日内没有清偿债务,也没有向人民法院提出书面异议,支付令即发生法律效力,债权人可以向法院申请强制执行。若债务人提出书面异议,法院经形式审查认为债务人提出的书面异议成立的,应当裁定终结督促程序,支付令自行失效。支付令失效后,案件自动转入诉讼程序。申请支付令的一方当事人不同意提起诉讼的,应当自收到终结督促程序裁定之日起 7 日内向受理申请的人民法院提出。支付令失效后,申请支付令的一方当事人自收到终结督促程序裁定之日起 7 日内未向受理申请的人民法院表明不同意提起诉讼的,视为向受理申请的人民法院起诉。债权人提出支付令申请的时间,即为向人民法院起诉的时间。

典型案例

重庆市博庆物业服务有限公司与常兵申请支付令案[1]

被申请人常兵在收到支付令之日起 15 日内向法院提出异议申请,认为申请人履行物业服务协议不到位。被申请人常兵的异议成立,终结本案的督促程序。依照《民事诉讼法》第 217 条第 1 款、《民诉法解释》第 437 条第 4 项之规定,裁定如下:终结本案的督促程序。(2021)渝 0102 民督 273 号支付令自行失效。

实用小贴士

债权人基于同一债权债务关系,在同一支付令申请中向债务人提出多项支付请求,债务人仅就其中一项或者几项请求提出异议的,不影响其他各项请求的效力。

第二百二十二条 【受理】债权人提出申请后,人民法院应当在五日内通知债权人是否受理。

第二百二十三条 【支付令的审理、异议和执行】人民法院受理申请后,经审查债权人提供的事实、证据,对债权债务关系明确、

〔1〕 参见重庆市涪陵区人民法院(2021)渝 0102 民督 273 号案例。

合法的，应当在受理之日起十五日内向债务人发出支付令；申请不成立的，裁定予以驳回。

债务人应当自收到支付令之日起十五日内清偿债务，或者向人民法院提出书面异议。

债务人在前款规定的期间不提出异议又不履行支付令的，债权人可以向人民法院申请执行。

第二百二十四条 【终结督促程序】人民法院收到债务人提出的书面异议后，经审查，异议成立的，应当裁定终结督促程序，支付令自行失效。

支付令失效的，转入诉讼程序，但申请支付令的一方当事人不同意提起诉讼的除外。

第十八章　公示催告程序

第二百二十五条　【公示催告程序的启动】按照规定可以背书转让的票据持有人，因票据被盗、遗失或者灭失，可以向票据支付地的基层人民法院申请公示催告。依照法律规定可以申请公示催告的其他事项，适用本章规定。

申请人应当向人民法院递交申请书，写明票面金额、发票人、持票人、背书人等票据主要内容和申请的理由、事实。

重点解读

本条是关于申请公示催告的相关规定，该规定的目的在于催促利害关系人在一定时期内向受理申请的法院申报权利，是否有利害关系人申报权利会产生不同的法律后果。

公示催告程序是票据丧失后失票人保全和恢复其票据权利的重要补救措施，能够解决因票据被盗、遗失或者灭失而引起的票据权利主体不明问题。因此，公示催告主要解决两个问题：一是解除票据的效力，使票据失权；二是确定申请人享有票据上的权利。

1. 公示催告的适用范围。公示催告（包括公示催告程序）的适用范围包括可以背书转让的票据被盗、遗失或灭失以及其他依照法律规定可以申请公示催告的事项（如记名股票、提单、仓单等）。可以背书转让的票据包括本票、汇票和支票，背书转让是指票据持有人在票据背面签名，将票据上的权利转让给他人。

2. 公示催告的申请与受理。申请人必须是享有权利凭证的最后合法持有人，即票据被盗、遗失或者灭失前的最后持有人，但无明确的相对人；申请的对象是可以背书转让的票据以及法律规定允许公示催告的事项；票据被盗、遗失或者灭失；申请人应当向票据支付地的基层人民法院申请，且一审终审，不得申请再审，不得上诉。法院收到公示催告的申请后，应当进行书面审查并在 7 日内决定是否受理。法院经审查认为申请不符合条件的，应当裁定驳回申请；经审查认为申请符合条件的，应在受理案件的同时发出停止支付的通知。支付人收到法院的停止支付通知后，应当停止支付，直至公示催告程序终结；法院的止付通知，是具有强制力的司法决定，因此支付人应当执行。支付人收到止付通知后拒不止付的，支付人仍应承担票据责任。另外，法院受理公示催告申请后，应当在 3 日内发出公告，告知相关利害关系人催促其向法院申报权利，且公示催告期间，转让票据权利的行为无效。

3. 权利申报与审查。如果在公告期间届满仍然没有利害关系人申报权利，申请人可以在公告期限届满的一个月内申请法院作出判决，以法院的判决要求付款人付款。如果公告期内或者公告期届满后法院作出判决前利害关系人申报权利的，人民法院通知公示催告申请人前来查看票据（形式审查），如果经确认票据核对一致，那么人民法院会终结公示催告程序，并及时通知支付人。这是因为公示催告程序属于非诉程序，不解决当事人之间的实质性纠纷。

典型案例

中山市玺盛塑胶制品有限公司申请公示催告案[1]

申请人中山市玺盛塑胶制品有限公司申请公示催告一案，法院于2021年10月14日立案后，依法于2021年10月20日发出公告，催促利害关系人在60日内申报权利。现公示催告期间已满，无人向法院提出申报。依照《民事诉讼法》第222条、《民诉法解释》第452条规定，出票人中山市玺盛塑胶制品有限公司，票面金额空白的普通支票1张无效。

实用小贴士

恶意申请公示催告（票据出卖方以票据丢失为由恶意向人民法院申请公示催告，阻止合法持票人行使票据权利）在实践中时有发生，因此最高人民法院于2019年11月8日印发的《全国法院民商事审判工作会议纪要》中对恶意公示催告的救济作出了回应。在适用公示催告程序时，应当区别付款人是否已经付款等情形而作出不同认定：(1)在除权判决作出后，付款人尚未付款的情况下，最后合法持票人可以根据《民事诉讼法》的规定，在法定期限内请求撤销除权判决，待票据恢复效力后再依法行使票据权利。最后合法持票人也可以基于基础法律关系向其直接前手退票并请求其直接前手另行给付基础法律关系项下的对价。(2)除权判决作出后，付款人已经付款的，因恶意申请公示催告并持除权判决获得票款的行为损害了最后合法持票人的权利，最后合法持票人请求申请人承担侵权损害赔偿责任的，人民法院依法予以支持。可见，在恶意申请公示催告的情形下，合法持票人除了可以依据基础法律关系向前手主张权利外，还可以向恶意公示催告申请人提起票据损害责任纠纷之诉。

---

〔1〕 参见广东省中山市第二人民法院(2021)粤2072民催222号案例。

第二百二十六条 【公告及期限】人民法院决定受理申请，应当同时通知支付人停止支付，并在三日内发出公告，催促利害关系人申报权利。公示催告的期间，由人民法院根据情况决定，但不得少于六十日。

第二百二十七条 【停止支付】支付人收到人民法院停止支付的通知，应当停止支付，至公示催告程序终结。

公示催告期间，转让票据权利的行为无效。

第二百二十八条 【申报票据权利】利害关系人应当在公示催告期间向人民法院申报。

人民法院收到利害关系人的申报后，应当裁定终结公示催告程序，并通知申请人和支付人。

申请人或者申报人可以向人民法院起诉。

第二百二十九条 【公示催告判决】没有人申报的，人民法院应当根据申请人的申请，作出判决，宣告票据无效。判决应当公告，并通知支付人。自判决公告之日起，申请人有权向支付人请求支付。

第二百三十条 【利害关系人起诉】利害关系人因正当理由不能在判决前向人民法院申报的，自知道或者应当知道判决公告之日起一年内，可以向作出判决的人民法院起诉。

第三编　执 行 程 序

第十九章　一 般 规 定

第二百三十一条　【执行根据、管辖】发生法律效力的民事判决、裁定，以及刑事判决、裁定中的财产部分，由第一审人民法院或者与第一审人民法院同级的被执行的财产所在地人民法院执行。

法律规定由人民法院执行的其他法律文书，由被执行人住所地或者被执行的财产所在地人民法院执行。

第二百三十二条　【对违法执行行为的异议】当事人、利害关系人认为执行行为违反法律规定的，可以向负责执行的人民法院提出书面异议。当事人、利害关系人提出书面异议的，人民法院应当自收到书面异议之日起十五日内审查，理由成立的，裁定撤销或者改正；理由不成立的，裁定驳回。当事人、利害关系人对裁定不服的，可以自裁定送达之日起十日内向上一级人民法院申请复议。

第二百三十三条　【变更执行法院】人民法院自收到申请执行书之日起超过六个月未执行的，申请执行人可以向上一级人民法院申请执行。上一级人民法院经审查，可以责令原人民法院在一定期限内执行，也可以决定由本院执行或者指令其他人民法院执行。

第二百三十四条 【案外人异议】执行过程中，案外人对执行标的提出书面异议的，人民法院应当自收到书面异议之日起十五日内审查，理由成立的，裁定中止对该标的的执行；理由不成立的，裁定驳回。案外人、当事人对裁定不服，认为原判决、裁定错误的，依照审判监督程序办理；与原判决、裁定无关的，可以自裁定送达之日起十五日内向人民法院提起诉讼。

第二百三十五条 【执行机构、程序】执行工作由执行员进行。

采取强制执行措施时，执行员应当出示证件。执行完毕后，应当将执行情况制作笔录，由在场的有关人员签名或者盖章。

人民法院根据需要可以设立执行机构。

第二百三十六条 【委托执行】被执行人或者被执行的财产在外地的，可以委托当地人民法院代为执行。受委托人民法院收到委托函件后，必须在十五日内开始执行，不得拒绝。执行完毕后，应当将执行结果及时函复委托人民法院；在三十日内如果还未执行完毕，也应当将执行情况函告委托人民法院。

受委托人民法院自收到委托函件之日起十五日内不执行的，委托人民法院可以请求受委托人民法院的上级人民法院指令受委托人民法院执行。

第二百三十七条 【执行和解】在执行中，双方当事人自行和解达成协议的，执行员应当将协议内容记入笔录，由双方当事人签名或者盖章。

申请执行人因受欺诈、胁迫与被执行人达成和解协议，或者当事人不履行和解协议的，人民法院可以根据当事人的申请，恢复对原生效法律文书的执行。

第二百三十八条 【执行担保】在执行中，被执行人向人民法院提供担保，并经申请执行人同意的，人民法院可以决定暂缓执行及暂缓执行的期限。被执行人逾期仍不履行的，人民法院有权执行被执行人的担保财产或者担保人的财产。

第二百三十九条　【执行承担】作为被执行人的公民死亡的，以其遗产偿还债务。作为被执行人的法人或者其他组织终止的，由其权利义务承受人履行义务。

第二百四十条　【执行回转】执行完毕后，据以执行的判决、裁定和其他法律文书确有错误，被人民法院撤销的，对已被执行的财产，人民法院应当作出裁定，责令取得财产的人返还；拒不返还的，强制执行。

第二百四十一条　【调解书执行】人民法院制作的调解书的执行，适用本编的规定。

第二百四十二条　【民事执行法律监督】人民检察院有权对民事执行活动实行法律监督。

第二十章　执行的申请和移送

第二百四十三条　【申请执行和移送执行】发生法律效力的民事判决、裁定，当事人必须履行。一方拒绝履行的，对方当事人可以向人民法院申请执行，也可以由审判员移送执行员执行。

调解书和其他应当由人民法院执行的法律文书，当事人必须履行。一方拒绝履行的，对方当事人可以向人民法院申请执行。

第二百四十四条　【仲裁裁决执行】对依法设立的仲裁机构的裁决，一方当事人不履行的，对方当事人可以向有管辖权的人民法院申请执行。受申请的人民法院应当执行。

被申请人提出证据证明仲裁裁决有下列情形之一的，经人民法院组成合议庭审查核实，裁定不予执行：

（一）当事人在合同中没有订有仲裁条款或者事后没有达成书面仲裁协议的；

（二）裁决的事项不属于仲裁协议的范围或者仲裁机构无权仲裁的；

（三）仲裁庭的组成或者仲裁的程序违反法定程序的；

（四）裁决所根据的证据是伪造的；

（五）对方当事人向仲裁机构隐瞒了足以影响公正裁决的证据的；

（六）仲裁员在仲裁该案时有贪污受贿，徇私舞弊，枉法裁决行为的。

人民法院认定执行该裁决违背社会公共利益的，裁定不予执行。

裁定书应当送达双方当事人和仲裁机构。

仲裁裁决被人民法院裁定不予执行的，当事人可以根据双方达成的书面仲裁协议重新申请仲裁，也可以向人民法院起诉。

第二百四十五条　【公证债权文书执行】对公证机关依法赋予强制执行效力的债权文书，一方当事人不履行的，对方当事人可以向有管辖权的人民法院申请执行，受申请的人民法院应当执行。

公证债权文书确有错误的，人民法院裁定不予执行，并将裁定书送达双方当事人和公证机关。

第二百四十六条　【申请执行期限】申请执行的期间为二年。申请执行时效的中止、中断，适用法律有关诉讼时效中止、中断的规定。

前款规定的期间，从法律文书规定履行期间的最后一日起计算；法律文书规定分期履行的，从最后一期履行期限届满之日起计算；法律文书未规定履行期间的，从法律文书生效之日起计算。

条文对照

2017 年《民事诉讼法》	2021 年《民事诉讼法》
第二百三十九条　申请执行的期间为二年。申请执行时效的中止、中断，适用法律有关诉讼时效中止、中断的规定。 前款规定的期间，从法律文书规定履行期间的最后一日起计算；法律文书	**第二百四十六条**　申请执行的期间为二年。申请执行时效的中止、中断，适用法律有关诉讼时效中止、中断的规定。 前款规定的期间，从法律文书规定履行期间的最后一日起计算；法律文书

续表

2017 年《民事诉讼法》	2021 年《民事诉讼法》
规定分期履行的，**从规定的每次履行期间的最后一日起计算**；法律文书未规定履行期间的，从法律文书生效之日起计算。	规定分期履行的，**从最后一期履行期限届满之日起计算**；法律文书未规定履行期间的，从法律文书生效之日起计算。

重点解读

本条是关于申请执行期限的规定。

一、申请执行时效的含义

申请执行时效，是当事人申请人民法院对具有执行内容的生效法律文书进行执行的保护期限。根据本条规定，申请执行的期限为 2 年，不同于 1991 年《民事诉讼法》规定的 1 年或 6 个月短期申请执行时限，2 年的申请执行期限有利于保护权利人这一执行时效的受益者。但这并不意味债权人可以“躺在权利上睡觉”，申请执行人必须严格遵守 2 年的申请执行期限规定。在义务人不主动履行生效法律文书的情况下，为了保护自己的合法权益，权利人可以在期限届满前向法院申请执行。

《民法典》第 188 条中规定：“向人民法院请求保护民事权利的诉讼时效期间为三年。”在《民法典》出台之后，是否有必要对应诉讼时效期间来修改执行时效期间？学者们对于本条规定的申请执行时效是否为诉讼时效在执行程序中的体现存在不同的观点，但由于 2021 年《民事诉讼法》本着“对标民法典，修改完善民事案件申请执行时效制度”这一理念，已经对分期履行的起算点进行了修改，与《民法典》规定的“自最后一期履行期限届满之日起计算”相一致。因此，如果将来修改申请执行的期间为 3 年，则有利于避免出现申请执行期间与普通诉讼时效期间这两种制度不一致的情况，以保持逻辑的一贯性。

二、申请执行时效中止、中断的事由以及法律效果

就申请执行时效的中止而言，根据《最高人民法院关于适用〈中华人民共和国民事诉讼法〉执行程序若干问题的解释》第19条的规定，在申请执行时效期间的最后6个月内，因不可抗力或者其他障碍不能行使请求权的，申请执行时效中止。从中止时效的原因消除之日起，申请执行时效期间继续计算。具体来讲，不可抗力是指不能预见、不能避免并不能克服的客观情况，而“其他障碍”情形可以参照《民法典》第194条第1款第2～5项的规定予以适用。

就申请执行时效的中断而言，根据《最高人民法院关于适用〈中华人民共和国民事诉讼法〉执行程序若干问题的解释》第20条的规定，申请执行时效因申请执行、当事人双方达成和解协议、当事人一方提出履行要求或者同意履行义务而中断。从中断时起，申请执行时效期间重新计算。例如，如果债务人提出分期履行、部分履行、提供担保等，可以认定为当事人同意履行义务，产生申请执行时效中断的效力。

三、申请执行期间的起算点

根据本条规定，申请执行的期间从法律文书规定履行期间的最后一日起计算；若为分期履行，则从最后一期履行期限届满之日起计算。但是，2017年《民事诉讼法》规定，分期履行申请执行的期间从规定的每次履行期间的最后一日起计算。之所以进行修改，是为了与《民法典》的相关规定保持一致。《民法典》第189条规定，“当事人约定同一债务分期履行的，诉讼时效期间自最后一期履行期限届满之日起计算”。因此，立法者为了维护既存法律秩序的安定，修改了分期履行情况下申请执行期间的起算点。

四、超过申请执行时效申请执行的法律后果

根据《民诉法解释》第483条的规定，申请执行人超过申请执行时效

期间向人民法院申请强制执行的,人民法院应予受理。被执行人对申请执行时效期间提出异议,人民法院经审查异议成立的,裁定不予执行。被执行人履行全部或者部分义务后,又以不知道申请执行时效期间届满为由请求执行回转的,人民法院不予支持。据此,一方面,申请执行人超过执行时效期间申请强制执行,法院应当依法受理。与诉讼时效相一致,法院不得主动释明申请执行时效期间,也不得主动适用执行时效期间的规定进行裁判。另一方面,在债权人超过执行时效期间申请强制执行的情况下,法律也赋予了债务人相应的救济方式。根据《最高人民法院关于人民法院办理执行异议和复议案件若干问题的规定》第1条的规定,债务人应当以书面形式提出异议,要求裁定不予执行。因此,法院对申请执行时效期间是否届满的审查应当以被执行人提出异议为前提。

典型案例

李峰对申请执行时效期间提出异议案[1]

申请执行时效期间,又称申请执行期限、执行时效,是人民法院依国家强制力对生效法律文书所确认的执行债权保护的期限,即根据生效法律文书享有权利的一方当事人,在对方当事人拒绝履行义务时向人民法院申请强制执行的期限。法律规定申请执行时效期间的目的,在于促使当事人及时行使生效法律文书所确认的权利,促使生效法律文书所确定的内容及早实现,尽快稳定交易秩序,加速民事流转,促进社会发展。《最高人民法院关于人民法院执行工作若干问题的规定(试行)》第18条将"在法定期限内提出申请"规定为法院受理执行案件的必要条件。我国立法上对消灭时效期间届满的法律效果采抗辩权发生主义,即消灭时效援引与否应首先取决于义务人是否以此作为抗辩理由,如果义务人不以消

〔1〕 参见湖南省长沙市中级人民法院(2017)湘01执复58号案例。

灭时效抗辩，那么法院不主动审查时效问题，更不主动援引时效驳回原告的执行请求。申请执行时效期间的性质为消灭时效，不再由法院主动加以审查，而是视被执行人是否就期间届满问题提出异议而定。执行法院(2011)芙民初字第1120号民事判决生效后，李峰已在申请执行时效期限内申请执行了两次。第三次没有在申请执行时效期限内申请执行，且没有提供证据证明有时效的中止、中断法定情形。故异议人的异议理由成立，依法应当裁定不予执行。

实用小贴士

抵押权的执行期限受主债权执行期限的限制。一方面，抵押权具有从属性，其成立、变更和消灭均从属于主债权，抵押权的执行期限与主债权的申请执行期限相一致，法律后果相同；另一方面，我国现行法律没有对抵押权的强制执行申请权作出特别规定，基于抵押权的从属性，抵押权的执行期限受主债权执行申请期限的限制。

第二百四十七条　【执行通知】执行员接到申请执行书或者移交执行书，应当向被执行人发出执行通知，并可以立即采取强制执行措施。

第二十一章　执 行 措 施

第二百四十八条　【被执行人报告义务】被执行人未按执行通知履行法律文书确定的义务，应当报告当前以及收到执行通知之日前一年的财产情况。被执行人拒绝报告或者虚假报告的，人民法院可以根据情节轻重对被执行人或者其法定代理人、有关单位的主要负责人或者直接责任人员予以罚款、拘留。

第二百四十九条　【查询、扣押、冻结、划拨、变价金融资产】被执行人未按执行通知履行法律文书确定的义务，人民法院有权向有关单位查询被执行人的存款、债券、股票、基金份额等财产情况。人民法院有权根据不同情形扣押、冻结、划拨、变价被执行人的财产。人民法院查询、扣押、冻结、划拨、变价的财产不得超出被执行人应当履行义务的范围。

人民法院决定扣押、冻结、划拨、变价财产，应当作出裁定，并发出协助执行通知书，有关单位必须办理。

第二百五十条　【扣留、提取收入】被执行人未按执行通知履行法律文书确定的义务，人民法院有权扣留、提取被执行人应当履行义务部分的收入。但应当保留被执行人及其所扶养家属的生活必需费用。

人民法院扣留、提取收入时，应当作出裁定，并发出协助执行通知书，被执行人所在单位、银行、信用合作社和其他有储蓄业务的单位必须办理。

第二百五十一条　【查封、扣押、冻结、拍卖、变卖被执行人财产】被执行人未按执行通知履行法律文书确定的义务，人民法院有权查封、扣押、冻结、拍卖、变卖被执行人应当履行义务部分的财产。但应当保留被执行人及其所扶养家属的生活必需品。

采取前款措施，人民法院应当作出裁定。

第二百五十二条　【查封、扣押财产程序】人民法院查封、扣押财产时，被执行人是公民的，应当通知被执行人或者他的成年家属到场；被执行人是法人或者其他组织的，应当通知其法定代表人或者主要负责人到场。拒不到场的，不影响执行。被执行人是公民的，其工作单位或者财产所在地的基层组织应当派人参加。

对被查封、扣押的财产，执行员必须造具清单，由在场人签名或者盖章后，交被执行人一份。被执行人是公民的，也可以交他的成年家属一份。

第二百五十三条　【查封财产保管】被查封的财产，执行员可以指定被执行人负责保管。因被执行人的过错造成的损失，由被执行人承担。

第二百五十四条　【拍卖、变卖财产】财产被查封、扣押后，执行员应当责令被执行人在指定期间履行法律文书确定的义务。被执行人逾期不履行的，人民法院应当拍卖被查封、扣押的财产；不适于拍卖或者当事人双方同意不进行拍卖的，人民法院可以委托有关单位变卖或者自行变卖。国家禁止自由买卖的物品，交有关单位按照国家规定的价格收购。

第二百五十五条　【搜查被执行人财产】被执行人不履行法律文书确定的义务，并隐匿财产的，人民法院有权发出搜查令，对被执行人及其住所或者财产隐匿地进行搜查。

采取前款措施，由院长签发搜查令。

第二百五十六条 【指定交付】法律文书指定交付的财物或者票证，由执行员传唤双方当事人当面交付，或者由执行员转交，并由被交付人签收。

有关单位持有该项财物或者票证的，应当根据人民法院的协助执行通知书转交，并由被交付人签收。

有关公民持有该项财物或者票证的，人民法院通知其交出。拒不交出的，强制执行。

第二百五十七条 【强制迁出】强制迁出房屋或者强制退出土地，由院长签发公告，责令被执行人在指定期间履行。被执行人逾期不履行的，由执行员强制执行。

强制执行时，被执行人是公民的，应当通知被执行人或者他的成年家属到场；被执行人是法人或者其他组织的，应当通知其法定代表人或者主要负责人到场。拒不到场的，不影响执行。被执行人是公民的，其工作单位或者房屋、土地所在地的基层组织应当派人参加。执行员应当将强制执行情况记入笔录，由在场人签名或者盖章。

强制迁出房屋被搬出的财物，由人民法院派人运至指定处所，交给被执行人。被执行人是公民的，也可以交给他的成年家属。因拒绝接收而造成的损失，由被执行人承担。

第二百五十八条 【财产权证照转移】在执行中，需要办理有关财产权证照转移手续的，人民法院可以向有关单位发出协助执行通知书，有关单位必须办理。

第二百五十九条 【对行为执行】对判决、裁定和其他法律文书指定的行为，被执行人未按执行通知履行的，人民法院可以强制执行或者委托有关单位或者其他人完成，费用由被执行人承担。

第二百六十条　【迟延履行】被执行人未按判决、裁定和其他法律文书指定的期间履行给付金钱义务的，应当加倍支付迟延履行期间的债务利息。被执行人未按判决、裁定和其他法律文书指定的期间履行其他义务的，应当支付迟延履行金。

第二百六十一条　【继续履行】人民法院采取本法第二百四十九条、第二百五十条、第二百五十一条规定的执行措施后，被执行人仍不能偿还债务的，应当继续履行义务。债权人发现被执行人有其他财产的，可以随时请求人民法院执行。

第二百六十二条　【对被执行人的限制措施】被执行人不履行法律文书确定的义务的，人民法院可以对其采取或者通知有关单位协助采取限制出境，在征信系统记录、通过媒体公布不履行义务信息以及法律规定的其他措施。

第二十二章　执行中止和终结

第二百六十三条　【执行中止】有下列情形之一的，人民法院应当裁定中止执行：

（一）申请人表示可以延期执行的；

（二）案外人对执行标的提出确有理由的异议的；

（三）作为一方当事人的公民死亡，需要等待继承人继承权利或者承担义务的；

（四）作为一方当事人的法人或者其他组织终止，尚未确定权利义务承受人的；

（五）人民法院认为应当中止执行的其他情形。

中止的情形消失后，恢复执行。

第二百六十四条　【执行终结】有下列情形之一的，人民法院裁定终结执行：

（一）申请人撤销申请的；

（二）据以执行的法律文书被撤销的；

（三）作为被执行人的公民死亡，无遗产可供执行，又无义务承担人的；

（四）追索赡养费、扶养费、抚养费案件的权利人死亡的；

（五）作为被执行人的公民因生活困难无力偿还借款，无收入来源，又丧失劳动能力的；

（六）人民法院认为应当终结执行的其他情形。

条文对照

2017 年《民事诉讼法》	2021 年《民事诉讼法》
第二百五十七条 有下列情形之一的，人民法院裁定终结执行： （一）申请人撤销申请的； （二）据以执行的法律文书被撤销的； （三）作为被执行人的公民死亡，无遗产可供执行，又无义务承担人的； （四）追索赡养费、扶养费、**抚育费**案件的权利人死亡的； （五）作为被执行人的公民因生活困难无力偿还借款，无收入来源，又丧失劳动能力的； （六）人民法院认为应当终结执行的其他情形。	**第二百六十四条** 有下列情形之一的，人民法院裁定终结执行： （一）申请人撤销申请的； （二）据以执行的法律文书被撤销的； （三）作为被执行人的公民死亡，无遗产可供执行，又无义务承担人的； （四）追索赡养费、扶养费、**抚养费**案件的权利人死亡的； （五）作为被执行人的公民因生活困难无力偿还借款，无收入来源，又丧失劳动能力的； （六）人民法院认为应当终结执行的其他情形。

重点解读

本条是关于执行终结的规定。

2021 年《民事诉讼法》并未对本条进行实质性修改，将“抚育费”变更为“抚养费”，是在《民法典》出台后根据其相关内容进行的配套性调整。

一、执行终结的相关概念及意义

执行终结，是指在民事执行程序中，由于出现法定特殊事由，执行机关对于没有必要执行或者不可能继续实施执行而结束民事执行程序的制度。可见，执行终结意味着执行程序不再继续，原则上不再恢复执行，因此执行终结具有防止执行案件拖延、减少积案的发生以及提高执行效率的特点。

此处需要厘清与执行终结相关的几个概念:1.终结本次执行程序,是指被执行人无财产可供执行或者发现的财产不能处置的,由人民法院暂时中止执行程序并作结案处理,之后若发现可供执行财产再继续恢复执行的一项制度。其与执行终结的不同之处在于终结本次执行不是彻底的执行终结,是暂时性地退出,即执行程序还可以恢复或重新启动。2.执行程序终结,包括执行完毕、终结执行、销案、不予执行和驳回申请五种情形,但不包含前述的终结本次执行程序。其中执行完毕是指生效法律文书确定的执行内容经被执行人自动履行、由人民法院强制执行生效法律文书的内容已经全部执行,或者当事人达成执行和解协议,且执行和解协议履行完毕。因此,终结执行与执行完毕有所不同,执行终结后申请执行人的目的并未完全实现。以"销案"方式结案的情形有:(1)被执行人提出管辖异议,经审查异议成立,将案件移送有管辖权的法院或申请执行人撤回申请的;(2)发现其他有管辖权的人民法院已经立案在先的;(3)受托法院报经高级人民法院同意退回委托的。不予执行是指执行立案后,被执行人对仲裁裁决或公证债权文书提出不予执行申请,人民法院经审查裁定不予执行。驳回申请是指执行实施案件立案后,经审查发现不符合《最高人民法院关于人民法院执行工作若干问题的规定(试行)》第18条规定的受理条件,裁定驳回申请的情形。

二、人民法院裁定终结执行的情形

人民法院裁定终结执行的情形如下:(1)申请人撤销申请的。由于向有管辖权的人民法院申请执行是当事人依法享有的重要权利,因此在法律允许的范围内,申请执行人有权以自己的意志处分其合法权益以撤销执行申请。此时,执行程序再继续已毫无意义,法院应当终结执行。(2)据以执行的法律文书被撤销的。此处的生效法律文书是指执行根据,主要包括以下几种类型:①生效的法院民事、行政判决、裁定、调解书,刑事附带民事判决、裁定、调解书,支付令。②我国仲裁机构作出的仲裁裁决和调解书。③公证机关依法赋予强制执行效力的债权文书。④经人民法院裁定，承认其效力的外国法院作出的判决、裁定，以及国外仲裁机构作出的仲裁裁决。⑤法律规定由人民法院执行的其他法律文书。(3)作为被执行人的公民死亡，无遗产可供执行，又无义务承担人的。(4)追索赡养费、扶养费、抚养费案件的权利人死亡的。赡养费、扶养费、抚养费涉及特定人身关系，属于与人身有关的专属性财产权。此种专属性决定了权利主体消灭后，则该权利也随之消灭，义务人的义务即不存在，因此应当终结执行。(5)作为被执行人的公民因生活困难无力偿还借款，无收入来源，又丧失劳动能力的。即被执行人没有收入，没有劳动能力，也没有有效的可供执行财产。(6)人民法院认为应当终结执行的其他情形。

除此之外，《最高人民法院关于执行案件立案、结案若干问题的意见》第17条第1款规定以“终结执行”方式结案的情形有：(1)申请人撤销申请或者是当事人双方达成执行和解协议，申请执行人撤回执行申请的；(2)据以执行的法律文书被撤销的；(3)作为被执行人的公民死亡，无遗产可供执行，又无义务承担人的；(4)追索赡养费、扶养费、抚育费案件的权利人死亡的；(5)作为被执行人的公民因生活困难无力偿还借款，无收入来源，又丧失劳动能力的；(6)作为被执行人的企业法人或其他组织被撤销、注销、吊销营业执照或者歇业、终止后既无财产可供执行，又无义务承受人，也没有能够依法追加变更执行主体的；(7)依照《刑法》第53条规定免除罚金的；(8)被执行人被人民法院裁定宣告破产的；(9)行政执行标的灭失的；(10)案件被上级人民法院裁定提级执行的；(11)案件被上级人民法院裁定指定由其他法院执行的；(12)按照《最高人民法院关于委托执行若干问题的规定》，办理了委托执行手续，且收到受托法院立案通知书的；(13)人民法院认为应当终结执行的其他情形。

典型案例

丹东益阳投资有限公司申请
丹东市中级人民法院错误执行国家赔偿案[1]

最高人民法院赔偿委员会认为,执行程序终结不是国家赔偿程序启动的绝对标准。一般来讲,执行程序只有终结以后,才能确定错误执行行为给当事人造成的损失数额,才能避免执行程序和赔偿程序之间的并存交叉,也才能对赔偿案件在穷尽其他救济措施后进行终局性的审查处理。但是,这种理解不应当绝对化和形式化,应当从实质意义上进行理解。在人民法院执行行为长期无任何进展、也不可能再有进展,被执行人实际上已经彻底丧失清偿能力,申请执行人等已因错误执行行为遭受无法挽回的损失的情况下,应当允许其提出国家赔偿申请。否则,有错误执行行为的法院只要不作出执行程序终结的结论,国家赔偿程序就不能启动,这样理解与《国家赔偿法》以及相关司法解释的目的是背道而驰的。本案中,丹东中院的执行行为已经长达11年没有任何进展,其错误执行行为亦已被证实给益阳公司造成了无法通过其他渠道挽回的实际损失,故应依法承担国家赔偿责任。辽宁高院赔偿委员会以执行程序尚未终结为由决定驳回益阳公司的赔偿申请,属于适用法律错误,应予纠正。

实用小贴士

执行终结后可以再恢复执行主要有以下情形:(1)申请执行人因受欺诈、胁迫与被执行人达成和解协议,申请恢复执行原生效法律文书的;(2)一方当事人不履行或不完全履行执行和解协议,对方当事人申请恢复执行原生效法律文书的;(3)执行实施案件以裁定终结本次执行程序方式报结后,如发现被执行人有财产可供执行,申

[1] 参见最高人民法院(2018)最高法委赔提3号案例(指导案例116号)。

请执行人申请或者人民法院依职权恢复执行的；(4)执行实施案件因委托执行结案后，确因委托不当被已立案的受托法院退回委托的；(5)依照《民事诉讼法》的规定而终结执行的案件，申请执行的条件具备时，申请执行人申请恢复执行的。

第二百六十五条　【中止、终结裁定效力】中止和终结执行的裁定，送达当事人后立即生效。

第四编　涉外民事诉讼程序的特别规定

第二十三章　一 般 原 则

第二百六十六条　【适用本国法】在中华人民共和国领域内进行涉外民事诉讼，适用本编规定。本编没有规定的，适用本法其他有关规定。

第二百六十七条　【国际条约优先】中华人民共和国缔结或者参加的国际条约同本法有不同规定的，适用该国际条约的规定，但中华人民共和国声明保留的条款除外。

第二百六十八条　【外交特权与豁免】对享有外交特权与豁免的外国人、外国组织或者国际组织提起的民事诉讼，应当依照中华人民共和国有关法律和中华人民共和国缔结或者参加的国际条约的规定办理。

第二百六十九条　【语言文字】人民法院审理涉外民事案件，应当使用中华人民共和国通用的语言、文字。当事人要求提供翻译的，可以提供，费用由当事人承担。

第二百七十条　【中国律师代理】外国人、无国籍人、外国企业和组织在人民法院起诉、应诉，需要委托律师代理诉讼的，必须委托中华人民共和国的律师。

第二百七十一条　【公证和认证】在中华人民共和国领域内没有住所的外国人、无国籍人、外国企业和组织委托中华人民共和国律师或者其他人代理诉讼，从中华人民共和国领域外寄交或者托交的授权委托书，应当经所在国公证机关证明，并经中华人民共和国驻该国使领馆认证，或者履行中华人民共和国与该所在国订立的有关条约中规定的证明手续后，才具有效力。

第二十四章　管　　辖

第二百七十二条　【特殊地域管辖】因合同纠纷或者其他财产权益纠纷，对在中华人民共和国领域内没有住所的被告提起的诉讼，如果合同在中华人民共和国领域内签订或者履行，或者诉讼标的物在中华人民共和国领域内，或者被告在中华人民共和国领域内有可供扣押的财产，或者被告在中华人民共和国领域内设有代表机构，可以由合同签订地、合同履行地、诉讼标的物所在地、可供扣押财产所在地、侵权行为地或者代表机构住所地人民法院管辖。

第二百七十三条　【专属管辖】因在中华人民共和国履行中外合资经营企业合同、中外合作经营企业合同、中外合作勘探开发自然资源合同发生纠纷提起的诉讼，由中华人民共和国人民法院管辖。

第二十五章　送达、期间

第二百七十四条　【送达方式】人民法院对在中华人民共和国领域内没有住所的当事人送达诉讼文书，可以采用下列方式：

（一）依照受送达人所在国与中华人民共和国缔结或者共同参加的国际条约中规定的方式送达；

（二）通过外交途径送达；

（三）对具有中华人民共和国国籍的受送达人，可以委托中华人民共和国驻受送达人所在国的使领馆代为送达；

（四）向受送达人委托的有权代其接受送达的诉讼代理人送达；

（五）向受送达人在中华人民共和国领域内设立的代表机构或者有权接受送达的分支机构、业务代办人送达；

（六）受送达人所在国的法律允许邮寄送达的，可以邮寄送达，自邮寄之日起满三个月，送达回证没有退回，但根据各种情况足以认定已经送达的，期间届满之日视为送达；

（七）采用传真、电子邮件等能够确认受送达人收悉的方式送达；

（八）不能用上述方式送达的，公告送达，自公告之日起满三个月，即视为送达。

第二百七十五条　【答辩期间】被告在中华人民共和国领域内

没有住所的，人民法院应当将起诉状副本送达被告，并通知被告在收到起诉状副本后三十日内提出答辩状。被告申请延期的，是否准许，由人民法院决定。

第二百七十六条 【上诉期间】在中华人民共和国领域内没有住所的当事人，不服第一审人民法院判决、裁定的，有权在判决书、裁定书送达之日起三十日内提起上诉。被上诉人在收到上诉状副本后，应当在三十日内提出答辩状。当事人不能在法定期间提起上诉或者提出答辩状，申请延期的，是否准许，由人民法院决定。

第二百七十七条 【审理期限】人民法院审理涉外民事案件的期间，不受本法第一百五十二条、第一百八十三条规定的限制。

第二十六章　仲　　裁

第二百七十八条　【涉外仲裁与诉讼关系】涉外经济贸易、运输和海事中发生的纠纷，当事人在合同中订有仲裁条款或者事后达成书面仲裁协议，提交中华人民共和国涉外仲裁机构或者其他仲裁机构仲裁的，当事人不得向人民法院起诉。

当事人在合同中没有订有仲裁条款或者事后没有达成书面仲裁协议的，可以向人民法院起诉。

第二百七十九条　【涉外仲裁保全】当事人申请采取保全的，中华人民共和国的涉外仲裁机构应当将当事人的申请，提交被申请人住所地或者财产所在地的中级人民法院裁定。

第二百八十条　【涉外仲裁效力】经中华人民共和国涉外仲裁机构裁决的，当事人不得向人民法院起诉。一方当事人不履行仲裁裁决的，对方当事人可以向被申请人住所地或者财产所在地的中级人民法院申请执行。

第二百八十一条　【涉外仲裁裁决不予执行】对中华人民共和国涉外仲裁机构作出的裁决，被申请人提出证据证明仲裁裁决有下列情形之一的，经人民法院组成合议庭审查核实，裁定不予执行：

（一）当事人在合同中没有订有仲裁条款或者事后没有达成书面仲裁协议的；

（二）被申请人没有得到指定仲裁员或者进行仲裁程序的通知，或者由于其他不属于被申请人负责的原因未能陈述意见的；

（三）仲裁庭的组成或者仲裁的程序与仲裁规则不符的；

（四）裁决的事项不属于仲裁协议的范围或者仲裁机构无权仲裁的。

人民法院认定执行该裁决违背社会公共利益的，裁定不予执行。

第二百八十二条 【救济途径】仲裁裁决被人民法院裁定不予执行的，当事人可以根据双方达成的书面仲裁协议重新申请仲裁，也可以向人民法院起诉。

第二十七章　司 法 协 助

第二百八十三条　【协助原则】根据中华人民共和国缔结或者参加的国际条约，或者按照互惠原则，人民法院和外国法院可以相互请求，代为送达文书、调查取证以及进行其他诉讼行为。

外国法院请求协助的事项有损于中华人民共和国的主权、安全或者社会公共利益的，人民法院不予执行。

第二百八十四条　【协助途径】请求和提供司法协助，应当依照中华人民共和国缔结或者参加的国际条约所规定的途径进行；没有条约关系的，通过外交途径进行。

外国驻中华人民共和国的使领馆可以向该国公民送达文书和调查取证，但不得违反中华人民共和国的法律，并不得采取强制措施。

除前款规定的情况外，未经中华人民共和国主管机关准许，任何外国机关或者个人不得在中华人民共和国领域内送达文书、调查取证。

第二百八十五条　【文字要求】外国法院请求人民法院提供司法协助的请求书及其所附文件，应当附有中文译本或者国际条约规定的其他文字文本。

人民法院请求外国法院提供司法协助的请求书及其所附文件，应当附有该国文字译本或者国际条约规定的其他文字文本。

第二百八十六条 【协助程序】人民法院提供司法协助,依照中华人民共和国法律规定的程序进行。外国法院请求采用特殊方式的,也可以按照其请求的特殊方式进行,但请求采用的特殊方式不得违反中华人民共和国法律。

第二百八十七条 【申请外国法院承认和执行】人民法院作出的发生法律效力的判决、裁定,如果被执行人或者其财产不在中华人民共和国领域内,当事人请求执行的,可以由当事人直接向有管辖权的外国法院申请承认和执行,也可以由人民法院依照中华人民共和国缔结或者参加的国际条约的规定,或者按照互惠原则,请求外国法院承认和执行。

中华人民共和国涉外仲裁机构作出的发生法律效力的仲裁裁决,当事人请求执行的,如果被执行人或者其财产不在中华人民共和国领域内,应当由当事人直接向有管辖权的外国法院申请承认和执行。

第二百八十八条 【提出申请对外国法院判决的承认和执行】外国法院作出的发生法律效力的判决、裁定,需要中华人民共和国人民法院承认和执行的,可以由当事人直接向中华人民共和国有管辖权的中级人民法院申请承认和执行,也可以由外国法院依照该国与中华人民共和国缔结或者参加的国际条约的规定,或者按照互惠原则,请求人民法院承认和执行。

第二百八十九条 【审查对外国法院裁判的承认执行的申请】人民法院对申请或者请求承认和执行的外国法院作出的发生法律效力的判决、裁定,依照中华人民共和国缔结或者参加的国际条约,或者按照互惠原则进行审查后,认为不违反中华人民共和国法律的基本原则或者国家主权、安全、社会公共利益的,裁定承认其效力,需要执行的,发出执行令,依照本法的有关规定执行。违反中华人民共和国法律的基本原则或者国家主权、安全、社会公共利益的，不予承认和执行。

第二百九十条　【外国仲裁裁决的承认与执行】国外仲裁机构的裁决，需要中华人民共和国人民法院承认和执行的，应当由当事人直接向被执行人住所地或者其财产所在地的中级人民法院申请，人民法院应当依照中华人民共和国缔结或者参加的国际条约，或者按照互惠原则办理。

第二百九十一条　【施行日期】本法自公布之日起施行，《中华人民共和国民事诉讼法（试行）》同时废止。

附录

《民事诉讼法》新旧条文序号对照表[1]

2007 年修正文本	2012 年修正文本	2021 年修正文本
第 1 条	第 1 条	第 1 条
第 2 条	第 2 条	第 2 条
第 3 条	第 3 条	第 3 条
第 4 条	第 4 条	第 4 条
第 5 条	第 5 条	第 5 条
第 6 条	第 6 条	第 6 条
第 7 条	第 7 条	第 7 条
第 8 条	第 8 条	第 8 条
第 9 条	第 9 条	第 9 条
第 10 条	第 10 条	第 10 条
第 11 条	第 11 条	第 11 条
第 12 条	第 12 条	第 12 条
第 13 条	第 13 条	第 13 条
第 14 条	第 14 条	第 14 条
第 15 条	第 15 条	第 15 条
第 16 条		

〔1〕 2017 年《民事诉讼法》修改时只有部分条文内容发生了变动，条文序号没有变化，同 2012 年修正文本一致。——编者注

续表

2007 年修正文本	2012 年修正文本	2021 年修正文本
		第 16 条
第 17 条	第 16 条	第 17 条
第 18 条	第 17 条	第 18 条
第 19 条	第 18 条	第 19 条
第 20 条	第 19 条	第 20 条
第 21 条	第 20 条	第 21 条
第 22 条	第 21 条	第 22 条
第 23 条	第 22 条	第 23 条
第 24 条	第 23 条	第 24 条
第 25 条	（第 34 条）	
第 26 条	第 24 条	第 25 条
第 27 条	第 25 条	第 26 条
	第 26 条	第 27 条
第 28 条	第 27 条	第 28 条
第 29 条	第 28 条	第 29 条
第 30 条	第 29 条	第 30 条
第 31 条	第 30 条	第 31 条
第 32 条	第 31 条	第 32 条
第 33 条	第 32 条	第 33 条
第 34 条	第 33 条	第 34 条
（第 25 条）	第 34 条	第 35 条

续表

2007 年修正文本	2012 年修正文本	2021 年修正文本
第 35 条	第 35 条	第 36 条
第 36 条	第 36 条	第 37 条
第 37 条	第 37 条	第 38 条
第 38 条	（第 127 条）	
第 39 条	第 38 条	第 39 条
第 40 条	第 39 条	第 40 条
第 41 条	第 40 条	第 41 条
		第 42、43 条
第 42 条	第 41 条	第 44 条
第 43 条	第 42 条	第 45 条
第 44 条	第 43 条	第 46 条
第 45 条	第 44 条	第 47 条
第 46 条	第 45 条	第 48 条
第 47 条	第 46 条	第 49 条
第 48 条	第 47 条	第 50 条
第 49 条	第 48 条	第 51 条
第 50 条	第 49 条	第 52 条
第 51 条	第 50 条	第 53 条
第 52 条	第 51 条	第 54 条
第 53 条	第 52 条	第 55 条
第 54 条	第 53 条	第 56 条

续表

2007 年修正文本	2012 年修正文本	2021 年修正文本
第 55 条	第 54 条	第 57 条
	第 55 条	第 58 条
第 56 条	第 56 条	第 59 条
第 57 条	第 57 条	第 60 条
第 58 条	第 58 条	第 61 条
第 59 条	第 59 条	第 62 条
第 60 条	第 60 条	第 63 条
第 61 条	第 61 条	第 64 条
第 62 条	第 62 条	第 65 条
第 63 条	第 63 条	第 66 条
第 64 条	第 64 条	第 67 条
	第 65 条	第 68 条
	第 66 条	第 69 条
第 65 条	第 67 条	第 70 条
第 66 条	第 68 条	第 71 条
第 67 条	第 69 条	第 72 条
第 68 条	第 70 条	第 73 条
第 69 条	第 71 条	第 74 条
第 70 条	第 72 ~ 74 条	第 75 ~ 77 条
第 71 条	第 75 条	第 78 条
第 72 条	第 76 ~ 78 条	第 79 ~ 81 条

续表

2007 年修正文本	2012 年修正文本	2021 年修正文本
	第 79 条	第 82 条
第 73 条	第 80 条	第 83 条
第 74 条	第 81 条	第 84 条
第 75 条	第 82 条	第 85 条
第 76 条	第 83 条	第 86 条
第 77 条	第 84 条	第 87 条
第 78 条	第 85 条	第 88 条
第 79 条	第 86 条	第 89 条
	第 87 条	第 90 条
第 80 条	第 88 条	第 91 条
第 81 条	第 89 条	第 92 条
第 82 条	第 90 条	第 93 条
第 83 条	第 91 条	第 94 条
第 84 条	第 92 条	第 95 条
第 85 条	第 93 条	第 96 条
第 86 条	第 94 条	第 97 条
第 87 条	第 95 条	第 98 条
第 88 条	第 96 条	第 99 条
第 89 条	第 97 条	第 100 条
第 90 条	第 98 条	第 101 条
第 91 条	第 99 条	第 102 条

续表

2007 年修正文本	2012 年修正文本	2021 年修正文本
第 92 条	第 100 条	第 103 条
第 93 条	第 101 条	第 104 条
第 94 条 第 1 款	第 102 条	第 105 条
第 94 条 第 2、3、4 款	第 103 条	第 106 条
第 95 条	第 104 条	第 107 条
第 96 条	第 105 条	第 108 条
第 97 条	第 106 条	第 109 条
第 98 条	第 107 条	第 110 条
第 99 条	第 108 条	第 111 条
第 100 条	第 109 条	第 112 条
第 101 条	第 110 条	第 113 条
第 102 条	第 111 条	第 114 条
	第 112 条	第 115 条
	第 113 条	第 116 条
第 103 条	第 114 条	第 117 条
第 104 条	第 115 条	第 118 条
第 105 条	第 116 条	第 119 条
第 106 条	第 117 条	第 120 条
第 107 条	第 118 条	第 121 条

续表

2007 年修正文本	2012 年修正文本	2021 年修正文本
第 108 条	第 119 条	第 122 条
第 109 条	第 120 条	第 123 条
第 110 条	第 121 条	第 124 条
	第 122 条	第 125 条
第 112 条	第 123 条	第 126 条
第 111 条	第 124 条	第 127 条
第 113 条	第 125 条	第 128 条
第 114 条	第 126 条	第 129 条
（第 38 条）	第 127 条	第 130 条
第 115 条	第 128 条	第 131 条
第 116 条	第 129 条	第 132 条
第 117 条	第 130 条	第 133 条
第 118 条	第 131 条	第 134 条
第 119 条	第 132 条	第 135 条
	第 133 条	第 136 条
第 120 条	第 134 条	第 137 条
第 121 条	第 135 条	第 138 条
第 122 条	第 136 条	第 139 条
第 123 条	第 137 条	第 140 条
第 124 条	第 138 条	第 141 条
第 125 条	第 139 条	第 142 条

续表

2007 年修正文本	2012 年修正文本	2021 年修正文本
第 126 条	第 140 条	第 143 条
第 127 条	第 141 条	第 144 条
第 128 条	第 142 条	第 145 条
第 129 条	第 143 条	第 146 条
第 130 条	第 144 条	第 147 条
第 131 条	第 145 条	第 148 条
第 132 条	第 146 条	第 149 条
第 133 条	第 147 条	第 150 条
第 134 条	第 148 条	第 151 条
第 135 条	第 149 条	第 152 条
第 136 条	第 150 条	第 153 条
第 137 条	第 151 条	第 154 条
第 138 条	第 152 条	第 155 条
第 139 条	第 153 条	第 156 条
第 140 条	第 154 条	第 157 条
第 141 条	第 155 条	第 158 条
	第 156 条	第 159 条
第 142 条	第 157 条	第 160 条
第 143 条	第 158 条	第 161 条
第 144 条	第 159 条	第 162 条
第 145 条	第 160 条	第 163 条

续表

2007 年修正文本	2012 年修正文本	2021 年修正文本
第 146 条	第 161 条	第 164 条
	第 162 条	第 165 条
		第 166～169 条
	第 163 条	第 170 条
第 147 条	第 164 条	第 171 条
第 148 条	第 165 条	第 172 条
第 149 条	第 166 条	第 173 条
第 150 条	第 167 条	第 174 条
第 151 条	第 168 条	第 175 条
第 152 条	第 169 条	第 176 条
第 153 条	第 170 条	第 177 条
第 154 条	第 171 条	第 178 条
第 155 条	第 172 条	第 179 条
第 156 条	第 173 条	第 180 条
第 157 条	第 174 条	第 181 条
第 158 条	第 175 条	第 182 条
第 159 条	第 176 条	第 183 条
第 160 条	第 177 条	第 184 条
第 161 条	第 178 条	第 185 条
第 162 条	第 179 条	第 186 条
第 163 条	第 180 条	第 187 条

续表

2007 年修正文本	2012 年修正文本	2021 年修正文本
第 164 条	第 181 条	第 188 条
第 165 条	第 182 条	第 189 条
第 166 条	第 183 条	第 190 条
第 167 条	第 184 条	第 191 条
第 168 条	第 185 条	第 192 条
第 169 条	第 186 条	第 193 条
第 170 条	第 187 条	第 194 条
第 171 条	第 188 条	第 195 条
第 172 条	第 189 条	第 196 条
第 173 条	第 190 条	第 197 条
第 174 条	第 191 条	第 198 条
第 175 条	第 192 条	第 199 条
第 176 条	第 193 条	第 200 条
	第 194 条	第 201 条
	第 195 条	第 202 条
	第 196 条	第 203 条
	第 197 条	第 204 条
第 177 条	第 198 条	第 205 条
第 178 条	第 199 条	第 206 条
第 179 条	第 200 条	第 207 条
第 182 条	第 201 条	第 208 条

续表

2007 年修正文本	2012 年修正文本	2021 年修正文本
第 183 条	第 202 条	第 209 条
第 180 条	第 203 条	第 210 条
第 181 条	第 204 条	第 211 条
第 184 条	第 205 条	第 212 条
第 185 条	第 206 条	第 213 条
第 186 条	第 207 条	第 214 条
第 187 条	第 208 条	第 215 条
	第 209 条	第 216 条
	第 210 条	第 217 条
第 188 条	第 211 条	第 218 条
第 189 条	第 212 条	第 219 条
第 190 条	第 213 条	第 220 条
第 191 条	第 214 条	第 221 条
第 192 条	第 215 条	第 222 条
第 193 条	第 216 条	第 223 条
第 194 条	第 217 条	第 224 条
第 195 条	第 218 条	第 225 条
第 196 条	第 219 条	第 226 条
第 197 条	第 220 条	第 227 条
第 198 条	第 221 条	第 228 条
第 199 条	第 222 条	第 229 条

续表

2007 年修正文本	2012 年修正文本	2021 年修正文本
第 200 条	第 223 条	第 230 条
第 201 条	第 224 条	第 231 条
第 202 条	第 225 条	第 232 条
第 203 条	第 226 条	第 233 条
第 204 条	第 227 条	第 234 条
第 205 条	第 228 条	第 235 条
第 206 条	第 229 条	第 236 条
第 207 条	第 230 条	第 237 条
第 208 条	第 231 条	第 238 条
第 209 条	第 232 条	第 239 条
第 210 条	第 233 条	第 240 条
第 211 条	第 234 条	第 241 条
	第 235 条	第 242 条
第 212 条	第 236 条	第 243 条
第 213 条	第 237 条	第 244 条
第 214 条	第 238 条	第 245 条
第 215 条	第 239 条	第 246 条
第 216 条	第 240 条	第 247 条
第 217 条	第 241 条	第 248 条
第 218 条	第 242 条	第 249 条
第 219 条	第 243 条	第 250 条

续表

2007 年修正文本	2012 年修正文本	2021 年修正文本
第 220 条	第 244 条	第 251 条
第 221 条	第 245 条	第 252 条
第 222 条	第 246 条	第 253 条
第 223 条	第 247 条	第 254 条
第 224 条	第 248 条	第 255 条
第 225 条	第 249 条	第 256 条
第 226 条	第 250 条	第 257 条
第 227 条	第 251 条	第 258 条
第 228 条	第 252 条	第 259 条
第 229 条	第 253 条	第 260 条
第 230 条	第 254 条	第 261 条
第 231 条	第 255 条	第 262 条
第 232 条	第 256 条	第 263 条
第 233 条	第 257 条	第 264 条
第 234 条	第 258 条	第 265 条
第 235 条	第 259 条	第 266 条
第 236 条	第 260 条	第 267 条
第 237 条	第 261 条	第 268 条
第 238 条	第 262 条	第 269 条
第 239 条	第 263 条	第 270 条
第 240 条	第 264 条	第 271 条

续表

2007 年修正文本	2012 年修正文本	2021 年修正文本
第 241 条	第 265 条	第 272 条
第 242 条		
第 243 条		
第 244 条	第 266 条	第 273 条
第 245 条	第 267 条	第 274 条
第 246 条	第 268 条	第 275 条
第 247 条	第 269 条	第 276 条
第 248 条	第 270 条	第 277 条
第 249 条		
第 250 条		
第 251 条		
第 252 条		
第 253 条		
第 254 条		
第 255 条	第 271 条	第 278 条
第 256 条	第 272 条	第 279 条
第 257 条	第 273 条	第 280 条
第 258 条	第 274 条	第 281 条
第 259 条	第 275 条	第 282 条
第 260 条	第 276 条	第 283 条
第 261 条	第 277 条	第 284 条

续表

2007 年修正文本	2012 年修正文本	2021 年修正文本
第 262 条	第 278 条	第 285 条
第 263 条	第 279 条	第 286 条
第 264 条	第 280 条	第 287 条
第 265 条	第 281 条	第 288 条
第 266 条	第 282 条	第 289 条
第 267 条	第 283 条	第 290 条
第 268 条	第 284 条	第 291 条